"十三五"国家重点出版物出版规划项目

转型时代的中国财经战略论丛

本书得到国家社会科学基金一般项目的资助
项目名称："资本成本锚定的国有企业投资效率提升机制研究"
项目编号： 15 BJY013

资本成本锚定的
国有企业投资效率提升机制研究

陈 艳 著

中国财经出版传媒集团
经济科学出版社
Economic Science Press

图书在版编目（CIP）数据

资本成本锚定的国有企业投资效率提升机制研究/
陈艳著 . —北京：经济科学出版社，2020.10
（转型时代的中国财经战略论丛）
ISBN 978 - 7 - 5218 - 2013 - 3

Ⅰ. ①资… Ⅱ. ①陈… Ⅲ. ①国有企业 - 投资效率 -
研究 - 中国 Ⅳ. ①F279. 241

中国版本图书馆 CIP 数据核字（2020）第 207343 号

责任编辑：于海汛 李 林
责任校对：隗立娜
责任印制：李 鹏 范 艳

资本成本锚定的国有企业投资效率提升机制研究
陈 艳 著
经济科学出版社出版、发行 新华书店经销
社址：北京市海淀区阜成路甲 28 号 邮编：100142
总编部电话：010 - 88191217 发行部电话：010 - 88191522
网址：www. esp. com. cn
电子邮箱：esp@ esp. com. cn
天猫网店：经济科学出版社旗舰店
网址：http：//jjkxcbs. tmall. com
北京季蜂印刷有限公司印装
710×1000 16 开 17.5 印张 280000 字
2020 年 12 月第 1 版 2020 年 12 月第 1 次印刷
ISBN 978 - 7 - 5218 - 2013 - 3 定价：76. 00 元
（图书出现印装问题，本社负责调换。电话：010 - 88191510）
（版权所有 侵权必究 打击盗版 举报热线：010 - 88191661
QQ：2242791300 营销中心电话：010 - 88191537
电子邮箱：dbts@ esp. com. cn）

总　序

　　山东财经大学《转型时代的中国财经战略论丛》（以下简称《论丛》）系列学术专著是"'十三五'国家重点出版物出版规划项目"，是山东财经大学与经济科学出版社合作推出的系列学术专著。

　　山东财经大学是一所办学历史悠久、办学规模较大、办学特色鲜明，以经济学科和管理学科为主，兼有文学、法学、理学、工学、教育学、艺术学八大学科门类，在国内外具有较高声誉和知名度的财经类大学。学校于 2011 年 7 月 4 日由原山东经济学院和原山东财政学院合并组建而成，2012 年 6 月 9 日正式揭牌。2012 年 8 月 23 日，财政部、教育部、山东省人民政府在济南签署了共同建设山东财经大学的协议。2013 年 7 月，经国务院学位委员会批准，学校获得博士学位授予权。2013 年 12 月，学校入选山东省"省部共建人才培养特色名校立项建设单位"。

　　党的十九大以来，学校科研整体水平得到较大跃升，教师从事科学研究的能动性显著增强，科研体制机制改革更加深入。近三年来，全校共获批国家级项目 103 项，教育部及其他省部级课题 311 项。学校参与了国家级协同创新平台中国财政发展 2011 协同创新中心、中国会计发展 2011 协同创新中心，承担建设各类省部级以上平台 29 个。学校高度重视服务地方经济社会发展，立足山东、面向全国，主动对接"一带一路"、新旧动能转换、乡村振兴等国家及区域重大发展战略，建立和完善科研科技创新体系，通过政产学研用的创新合作，以政府、企业和区域经济发展需求为导向，采取多种形式，充分发挥专业学科和人才优势为政府和地方经济社会建设服务，每年签订横向委托项目 100 余项。学校的发展为教师从事科学研究提供了广阔的平台，创造了良好的学术生态。

习近平总书记在全国教育大会上的重要讲话，从党和国家事业发展全局的战略高度，对新时代教育工作进行了全面、系统、深入的阐述和部署，为我们的科研工作提供了根本遵循和行动指南。习近平总书记在庆祝改革开放 40 周年大会上的重要讲话，发出了新时代改革开放再出发的宣言书和动员令，更是对高校的发展提出了新的目标要求。在此背景下，《论丛》集中反映了我校学术前沿水平、体现相关领域高水准的创新成果，《论丛》的出版能够更好地服务我校一流学科建设，展现我校"特色名校工程"建设成效和进展。同时，《论丛》的出版也有助于鼓励我校广大教师潜心治学，扎实研究，充分发挥优秀成果和优秀人才的示范引领作用，推进学科体系、学术观点、科研方法创新，推动我校科学研究事业进一步繁荣发展。

伴随着中国经济改革和发展的进程，我们期待着山东财经大学有更多更好的学术成果问世。

山东财经大学校长

2018 年 12 月 28 日

目　录

第1章 导 论

国有企业投资效率不仅决定国有企业价值，也决定我国企业投资效率的总体方向，构成整个国家宏观经济的微观基础。21世纪以来，我国为了刺激国内需求而实行积极财政政策，国有企业的投资一直保持着较大规模和较高增长速度，但不断提高的投资规模却伴随着较低投资效率。目前，中国宏观经济进入新常态，经济结构和增长路径处在向发达经济阶段的收敛期间，结构性减速在所难免，迫切要求国有企业增长方式由资本驱动向效率驱动转换，全面提升国有企业投资效率成为深化国有企业改革的重点和难点之一。

1.1 研究背景

中国经济处于由高速增长阶段向高质量发展阶段攻关期，国有企业作为我国经济发展"压舱石"，其投资效率高低对中国经济质量影响至关重要。在拉动经济"三驾马车"中，由于本土消费拉动作用不足，我国经济增长对投资的依赖程度远高于其他国家，地方政府对经济增长目标的追逐造成国有企业普遍存在非效率投资现象。在经济高速发展阶段，企业非效率投资行为的不利影响一定程度上会被经济增长所掩盖和弥补，然而随着经济增长速度下降，尤其是面对新冠疫情全球性大流行所造成的经济危机，如何有效治理国有企业非效率投资行为，切实提高国有企业投资质量，成为我国深化国有企业改革、稳定经济增长的关键。

莫迪格莱尼和米勒（Modigliani and Miller，1958）在其开启企业投资理论现代化进程的经典之作《资本成本、公司理财与投资理论》

中，严谨证明了资本成本对企业投资决策具有基准作用，从此以后在欧美国家的企业投资实践中，作为投资决策截止点的资本成本一直发挥着重要影响作用。欧元区各国企业投资率的资本成本长期敏感性系数在 $-0.2 \sim -1$ 之间；美国企业投资的资本成本长期敏感性系数在 $-0.5 \sim -1$ 之间。然而，在中国，由于受多种因素制约，微观经济主体尤其是企业新增投资对利率变动不敏感，利率调控中国企业投资行为有效性存在争议，而国有产权和金融抑制被认为是影响企业投资效率低下及投资对资本成本不敏感的重要制度因素。由于国有企业承担了部分社会功能、非市场化功能以及预算软约束客观存在，其投资决策更是一直忽视资本成本的基准作用，造成国有企业投资普遍对资本成本敏感性较低以及投资效率低下的现状。对此，尽管中国政府对国有企业、金融业以及宏观调控体系进行了一系列转型经济改革，企业和银行的激励约束机制得到了一定改善，中国货币政策调控的微观基础和市场环境发生了一定变化，但只要政府仍然对国有企业有较强干预和保护，单纯的市场化改革对国有企业投资冲动及预算软约束的影响就会比较有限，对国有企业投资资本成本敏感性的改善效果就不会非常明显，相比之下，混合所有制改革以及将产权改制为非国有控股后企业投资的资本成本敏感性能得到显著提高。

理论研究上，为了治理我国企业投资过度和投资不足的非效率行为，我国学者主要从投资机会视角，通过分析现金流与投资机会的交互影响来研究企业非效率投资行为的现状和制约机制，与此对应，我国政府近几年也从管理和调控现金流供给方面对国有企业非效率投资进行约束和治理，通过建立强制国有企业现金分红制度来治理国有企业自由现金流过度投资。但是，通过投资机会与现金流交叉项来研究企业非效率投资制约机制只是关于影响趋势的定性分析，以此为依据的治理措施缺乏量化指导，过低现金分红比率无法有效遏制过度投资，而过高现金分红比率又会导致企业投资的融资约束。企业投资效率的提升不能仅仅依靠对非效率投资趋势的制约，缺失资本成本基准约束作用的投资规则和强制性现金分红制度都不能有效治理国有企业投资低效。

因此，把资本成本的基准作用和锚定效应理论引入国有企业投资决策，探讨资本成本对国有企业投资决策的锚定和调整效应机理，以此为基础实证检验我国国有企业投资效率现状，充分发挥资本成本的锚定效应和作为宏微观经济活动传导工具的传导作用，构建经济新常态下基于资本成本锚的国有企业现金分红政策和投资效率提升机制，建立低效率企业出清机制，这对于完善政府宏观调控政策、深化国有企业改革具有重要的现实意义。

1.2 国内外相关研究学术史梳理及研究动态

自 1936 年凯恩斯提出"资本边际效率递减"等三大规律和有效需求理论以后，西方投资理论开始建立。依据凯恩斯理论，企业投资由资本边际效率和利率共同决定，但是企业的资本来源远远不只是债务融资，随着资本市场的发展，股权融资已经成为最重要的资本来源之一，股权资本的成本并不能简单等同于利率。莫迪格莱尼和米勒（Modigliani and Miller，1958）在严格假设基础上，运用无套利证明方法导出企业投资决策的截止点在任何情况下都是资本成本 K，而资本成本 K 与融资来源无关。企业无论采用何种融资方式，一个企业的边际资本成本等同于其资本平均成本，同时等同于其所属类的非杠杆经营流的资本化率。尽管资本成本对企业投资决策基准作用的论点科学而严谨，但是关于资本成本与融资来源无关的结论是建立在信息对称、理性人和资本市场完善有效的假设基础上，在实证上并不成功，现实经济环境的不完美导致决定企业投资决策的基准资本成本不仅与项目的风险有关，而且受到融资渠道以及融资环境等因素的影响。托宾（Tobin，1969）将资本资产的市场价值与其重置成本之比定义为 q，用来反映企业面临的投资机会，并提出企业投资支出与投资机会成正比。但是用 q 值代表投资机会的有效性一直受到质疑。上述经典理论由于建立在完美假设基础上而遭遇实证困难，却给现代企业投资理论的发展奠定了坚实理论基础，即企业效率投资的实现取决于如下约束条件：一是投资机会，二是资本成本。

为了实证解释企业投资效率的现状和成因，20 世纪 70 年代以后，经济学者将信息经济学、委托代理理论的研究成果引入企业投资理论，基于投资机会视角解释逆向选择和代理冲突对企业投资效率的影响效应，完全忽视了资本成本的基准作用。在综合考虑信息不对称和代理冲突对企业投资机会利用效率影响的基础上，经济学家发现无论是企业投资具有融资困难还是留存大量的自由现金流，都会影响企业决策层对投资机会的解读和判断。这就形成所谓的融资约束理论和自由现金流理论，并在实证上得到了检验。1988 年，法扎里等（Fazzari et al.，1988）首次构建了一个公司在不同融资方式下的投资决策模型，将内部现金流变量引入投资 q 方程，在控制投资机会的基础上，用经验数据证明了企业投资的融资约束假设。詹森（Jensen，1986）提出企业满足投资机会后的自由现金流存在过度投资倾向，并指出派发现金股利、举借债务可以有效制约过度投资行为。沃格特（Vogt，1994）、唐雪松等（2007）通过建立企业投资机会与内部现金流交叉项，实证检验企业投资支出与现金流敏感性的成因，如果投资机会提高了投资—现金流敏感性，则证明企业投资存在融资约束导致的投资不足非效率行为，反之，如果投资机会降低了投资—现金流敏感性则证明企业存在自由现金流的过度投资行为。可见，由于内部现金流数据比较容易获得，而资本成本测算工作困难且复杂，上述实证研究都是从现金流视角分析和判断企业内部现金流与投资机会对企业投资的影响效应，把资本成本排除在投资模型之外，忽视资本成本的基准作用。

凯恩斯经典研究早已表明，企业投资决策影响宏观经济环境，而不同经济环境下人们的预期又会影响企业的有效投资需求。但纵观企业投资理论学术史发展以及研究现状，宏观经济环境因素通过资本成本传导机制对企业投资效率的影响作用始终被摒弃在微观企业投资模型之外，出现了研究微观公司行为的会计与财务学术界和研究宏观经济政策的经济学术界之间严重割裂的现状（姜国华和饶品贵，2011）。近年来很多学者开始尝试将宏观经济因素引入微观企业投资模型，并取得了一定研究进展。喻坤等（2014）、王义中和宋敏（2014）分析了宏观经济不确定性以及货币政策等宏观经济环境对企业投资的影响效应，但都没有超越现金流和投资机会视角，不仅漠视资本成本的锚定效应，而且忽视资本成本对宏观经济环境影响微观企业投资效率的传导作用。徐明东和田素华（2013）分析了我国企业投资的资本成本敏感性，以及不同转型经济改革方式对国有企业投资资本成本敏感性的差异化影响，把资本成本因素引入企业投资模型，但模型中资本成本变量采用了资本使用成本指标，不能体现资本成本作为期望报酬率和机会成本的本质，从而失去锚定效应。

综上，企业投资效率低下是微观组织运行缺乏效率的一种具体表现，既可以通过外部市场交易来改善，也能够通过企业管控效率的内在提升得以优化。但无论通过市场交易还是政府管控来提升国有企业投资效率，都只有通过改善投资机会利用和资本成本约束效应两条途径。其中，从内部现金流影响企业投资机会利用视角进行的研究比较充分，而从资本成本约束投资机会视角的研究仅仅处于起步阶段。

因此，本书从资本成本视角分析国有企业投资现状，把锚定效应理论应用于国有企业投资决策和效率优化体制中，建立资本成本锚定的国有企业投资效率提升机制，通过分层级测算国有企业资本成本，建立项目资本成本锚定的国有企业投资规则和国有股权资本成本锚定的强制国有企业现金分红制度，充分发挥资本成本的锚定作用和宏观经济环境传导作用，实现国有企业投资效率的提升。

1.3　研究内容

依据《中共中央国务院关于深化国有企业改革的指导意见》（以下简称《指导意见》），我国国有企业分为公益类和商业类两类，通过界定功能、划分类别，国家对这两类国有企业进行分类改革和管理。其中，公益类国有企业以保障民生、服务社会、提供公共产品和服务作为企业的主要目标。为了提高公共服务效率，公益类国有企业也引入市场机制。因此，公益类国有企业具有"经济人"身份和"准政治人"身份的双重身份，肩负着社会公共目标（满足消费者福利）和企业财务目标（股东财富最大化）的双重目标，可以说，这类国有企业在本质上是政府职能的延伸，是政府确保其经济政策得以实施、其经济调控职能得以发挥的重要手段和工具。这类国有企业职能的特殊性决定了这类企业事实上难以做到完全的"政企分开"，政府为保证其公益性目标的实现，会较多地介入到企业的经营管理活动中（顾功耘和胡改蓉，2014）。而商业类国有企业是按照市场化要求，依法独立自主开展生产经营活动的企业形式。它的主要目标是实现国有资产保值增值，对主业处于充分竞争行业的商业类国有企业而言，国有资本可以绝对控股、相对控股，也可以参股。即使是主业处于关系国家安全或国民经济命脉的商业类国有企业，国家也支持非国有资本参股。因此，商业类国有企业首要目标是追求股东财富最大化，而非社会公共目标，这类企业在参与市场竞争时，是以经济效益为导向。

对于国有企业的确认，我们从实际控制人性质的角度进行界定。CSMAR 数据库将实际控制人性质分为国有、民营、非企业单位和自然人四大类，本书参照喻坤等（2014）的做法，将实际控制人是国有企业和非企业单位的（除了自治组织之外）均定义为国有，其他定义为非国有。根据《指导意见》，国有企业分类按照"谁出资谁分类"原则进行，"各地区可结合实际，划分并动态调整本地区国有企业功能类别"，这意味着各地区公益类和商业类国有企业的分类并没有统一明确的标准，而是由各地区政府弹性分类。本研究在划分国有企业类别时，基于《指导意见》对两类国有企业的经营目标及功能定位，并结合一些专家学者的划分，如孙学玉和周义程（2007）以及汪平等（2014），将那些提供以保障民生为目的的公共产品和公共服务的国有企业分类为公益类国有企业（包括供水，节水，排水，电力，供热，供气，公共交通，污水处理，垃圾处理，电信，邮政，城市绿化，环境卫生，道路与桥梁，以及其他如运河、港口、机场、防洪、管道、设备安装工程等）。其余的界定为商业类国有企业。

通过上述概念界定与分析，本书认为公益类国有企业与商业类国有企业的差异决定了资本成本对投资决策的锚定作用可能会在公益类国有企业与商业类国有企业中呈现异质性效果。因此，本书在对国有企业投资效率影响因素现状进行总体研究的基础上，也会将国有企业划分为公益类国有企业和商业类国有企业进行分类研究，并分类进行资本成本锚定的国有企业投资效率提升机制设计。

本书共分 10 章。

第 1 章，导论。介绍本书的研究背景、相关研究的国内外学术史梳理和研究动态、主要研究内容以及本书的主要研究发现和研究贡献等。

第 2 章，企业投资的资本成本锚定效应机理研究。首先，提出资本成本锚定效应概念，从基础理论和经验检验两个层面论证资本成本对企业投资决策锚定效应的存在性，以此为基础分析资本成本对企业投资决策的锚定效应机理以及投资决策影响因素的资本成本传导机理。其次，分别论证公益类和商业类两种不同类型国有企业的资本成本锚定效应发挥机制。最后，探讨新常态宏观经济环境对资本成本的影响效应及其通过资本成本传导机制对国有企业投资决策的影响机理。

第3章，国有企业资本成本锚值的测算和分析。首先，确定不同性质资本成本估算模型，分析论证风险补偿技术与内含报酬率技术各自适用范围，选择风险补偿技术作为计算国有企业股权资本成本的主要估算方法。其次，分别依据公益类国有企业与商业类国有企业不同的企业目标，从企业层面、项目层面以及行业层面对商业类国有企业和公益类国有企业的股权资本成本、债务资本成本和加权平均资本成本进行估算和分析。最后，分层级设定公益类和商业类国有企业的资本成本静态锚定值和动态锚定值，并检验资本成本锚值对企业投资行为的锚定效果。

第4章，基于资本成本的国有企业投资效率现状研究。首先对比分析资本成本作为投资决策截止点在国有企业总体、公益类国有企业和商业类国有企业中的锚定约束作用现状。其次，基于投资的阿尔法系数方法对公益类和商业类两类国有企业的投资效率现状进行分类研究。最后，以 CCER（2007）的微观非模型化方法以及理查德森模型残差来测算投资效率，回归分析货币政策、市场化改革及经济政策不确定性等宏观因素对投资支出资本成本敏感性和投资效率资本成本敏感性的影响作用，分类考察货币政策、市场化改革及经济政策不确定性这三种宏观因素对公益类和商业类国有企业投资效率的影响。

第5章，资本成本对企业投资报酬率锚定效应的实证分析。首先，应用 FF 方法分别对国有企业的资本成本和投资报酬率进行度量，按照内在锚启动范式、外在锚启动范式及双锚加工机制，分别考察"企业投资者预期报酬率"和"企业所在行业投资者预期报酬率"以及二者的交互性对企业投资报酬率的锚定约束作用；其次，进一步将国有企业细分为公益类国有企业和商业类国有企业两类，分别检验并比较分析不同类型国有企业资本成本对投资报酬率的锚定效应。

第6章，混合所有制改革与资本成本中介效应分析。资本成本作为影响企业投资决策的根本要素，它对企业投资决策的重要作用，不仅在于资本成本是投资决策截止点的锚定值，而且还在于资本成本是众多其他因素影响企业投资决策的中间传导介质。本章从混合主体深入性和混合主体制衡度两个方面，分别考察混合所有制改革对国有上市公司投资行为的影响以及资本成本对其中间传导介质作用的发挥。研究发现，混合主体制衡度越高，国有企业对外投资规模越大，资本成本在混合主体制衡度对投资支出的影响效应中发挥了部分中介作用；但混合主体深入性对国有企业投资行为的影响效应并不显著。

第7章，产权性质对资本成本双重约束效应分析。研究发现：企业投资资本成本敏感性系数显著为负，说明资本成本对企业投资发挥了锚定约束功能，而国有控股产权性质会提高投资的资本成本敏感性。进一步研究发现，产权性质对企业投资效率资本成本敏感性也具有影响作用，但对不同非效率投资行为的影响效应不同。对于企业投资不足行为，资本成本与投资不足正相关，国有控股能够降低投资效率资本成本敏感性，提高企业投资效率。对于投资过度行为，资本成本与投资过度负相关，但国有控股会提高投资效率资本成本敏感性，降低企业投资效率。

第8章，财务柔性与资本成本锚定效应实证研究。研究表明财务柔性能有效降低企业资本成本，提高企业投资水平。对于投资决策的资本成本锚定效应，低财务柔性能显著增加投资资本成本敏感性，而高财务柔性却降低了资本成本对企业投资支出的约束作用，不利于提高企业投资效率。在企业财务柔性储备中，债务柔性相较现金柔性对企业资本成本以及投资支出影响作用更强，在低财务柔性子样本中，企业现金柔性相较债务柔性更大地增加了企业投资的资本成本敏感性；在高财务柔性子样本中，债务柔性相较现金柔性更大地降低了企业投资的资本成本敏感性。

第9章，分红制度与资本成本锚定效应实证研究。研究表明：在现行半强制现金分红政策下，对于有再融资需求公司而言，迎合现金分红能有效降低企业资本成本，但也同时降低了投资的资本成本敏感性，不利于公司投资效率的提高；对于无再融资需求公司，迎合现金分红不能显著影响资本成本和投资资本成本敏感性，从某种意义上验证了政府分红政策的半强制性。提出只有基于行业股权资本成本锚定值设立企业现金分红门槛，建立和强化资本成本对国有企业投资决策的锚定和调整效应机制，才能有效提高企业投资效率。

第10章，资本成本锚定的商业类国有企业投资效率提升机制设计。首先，分析建立通用于国有企业（包括公益类和商业类国有企业）的一般性指导，即国有企业资本成本锚定与调整效应的一般原则。其次，针对不同类型国有企业的利益诉求及功能定位，分类构建基于资本成本锚的商业类国有企业和公益类国有企业投资效率提升机制及配套保障机制。商业类国有企业建立基于项目资本成本锚的企业投资规则、基于股权资本成本锚的企业分红政策，而公益类国有企业则是建立基于规制资本成本的企业投资决策，利用公正报酬率与价格上限等规制手段直接或间接发挥资本成本规制作用。

1.4 研究发现与研究贡献

1.4.1 研究发现

本书的主要研究发现可以总结如下：

第一，根据不同类型国有企业经营目标与改革要求，分别对商业类国有企业和公益类国有企业的股权资本成本与债务资本成本进行分析和估算，发现商业类国有企业资本成本高于公益类国有企业资本成本，国有企业股权资本成本高于债务资本成本。进一步从企业层面、项目层面以及行业层面对资本成本进行估计，并在水平维度上进行对比分析，结果发现不同层级资本成本水平存在较大差异，股权资本成本最高，其次为加权平均资本成本、项目资本成本和债务资本成本，国有企业的股权资本成本在行业间波动剧烈。最后对国有企业投资行为的资本成本静态锚和动态锚取值进行估算和分类研究，分别取IPO融资当年的资本成本、配股融资当年的资本成本、增发融资当年的资本成本作为资本成本静态锚取值，取上年度和本年度各层级资本成本测算值作为动态锚取值，结果发现随着资本市场环境不断变化，资本成本动态锚锚定作用体现得更为明显，而静态锚由于期间较长、通胀变化等因素，参考价值逐渐降低。总体上国有企业资本成本锚定效应存在，但锚定作用体现不足，尤其是项目资本成本对投资行为锚定效果不佳，反映出建立和完善国有企业投资的资本成本、项目资本成本约束机制的必要性和紧迫性。

第二，对比分析资本成本作为投资决策截止点在国有企业总体、公益类国有企业和商业类国有企业中基准约束作用现状，基于一阶差分动态面板模型的回归结果显示，公益类国有企业的投资资本成本敏感性并不显著，而商业类国有企业的资本成本当期敏感性与滞后一期敏感性均显著为负，表明公益类国有企业的资本成本并没有发挥其对投资决策的锚定作用，而商业类国有企业的当期与滞后一期资本成本均能对其投资决策起到锚定作用。进一步考察投资资本成本敏感性的长期系数之后，发现商业类国有企业的长期系数明显大于公益类国有企业的长期系数，再次说明商业类国有企业的资本成本锚定作用发挥要优于公益类国有企业。对比分析公益类国有企业与商业类国有企业投资回报、资本成本及阿尔法系数的大小，发现公益类国有企业的投资阿尔法系数整体上大于商业类国有企业的投资阿尔法系数，表明公益类国有企业比商业类国有企业的投资活动更有效率。回归分析货币政策、市场化改革及经济政策不确定性等宏观因素对投资支出资本成本敏感性和投资效率资本成本敏感性的影响作用，发现对国有企业投资效率而言，市场化改革对国有企业投资效率改善作用不大，而经济政策频繁调整导致的经济政策不确定性会降低国有企业的投资效率，相反，只有现行货币政策调控能够对国有企业投资效率发挥一定的积极作用。

1.4.2　研究贡献

本书的主要研究贡献可以总结如下：

第一，本书将锚定效应原理引入企业投资理论，提出资本成本锚定效应的概念，并赋予锚定值理性基础，即在真实企业投资决策情境中，锚点的选择并非随机也非随意，而是专业管理者在一定决策规则之下做出的理性判断和选择，避免决策失误导致利益受损。本书将资本成本锚定效应界定为，以资本成本估算值为锚确定企业投资决策的最低要求报酬率，并以此最低要求报酬率为基准进行投资决策取舍的机制。依据资本成本锚定效应的含义，资本成本锚值变化将直接影响企业投资项目可行集合大小。资本成本锚值升高，部分原合意投资项目净收益低于零而失去投资价值，可行投资项目减少，潜在的投资规模缩小；相反，资本成本锚值下降，合意投资项目增多，企业则有可能扩大投资规模。因此，在经验检验中，资本成本锚定效应主要体现在资本成本估算值对企业新资投资的约束作用，通常用投资资本成本敏感性来度量。

第二，本书分两个层次完成对资本成本锚定的国有企业投资效率提升机制设计。第一个层次建立通用于国有企业（包括公益类和商业类国有企业）的一般性指导，即国有企业资本成本锚定与调整效应的一般原则。第二个层次针对不同类型国有企业的利益诉求及功能定位，分类构建基于资本成本锚的商业类国有企业和公益类国有企业投资效率提升机制及配套保障机制。提出商业类国有企业要建立基于项目资本成本锚的企业投资规则、基于股权资本成本锚的企业分红政策，而公益类国有企业则是建立基于规制资本成本的企业投资决策，利用公正报酬率与价格上限等规制手段直接或间接发挥资本成本规制作用。在商业类国有企业和公益类国有企业投资效率提升机制及配套保障机制设计中，提出主要采用基于企业内部风险确定的各层级资本成本估算值作为投资决策内在锚定值，"行业预期报酬率"等外在锚值只适合起一定辅助作用。尤其是商业类国有企业投资决策依据的各类锚值都应该是基于项目风险估算的项目资本成本锚，以项目资本成本锚作为投资项目的折现率来对投资机会做出取舍，发挥项目资本成本的基准性锚定作用。但对于国有企业分红政策而言，无论是公益类国有企业还是商业类国有企业，其股利政策的锚定基础都只能是其股权资本成本。

11

第2章 企业投资的资本成本锚定效应机理研究

企业投资（又称企业资本投资）是指企业进行资本性项目投资。而所谓资本性项目投资是指那些能够在 1 个年度或 1 个营业周期以上较长期限内给企业不断创造现金流的投资，它既可以是对内投资也可以是对外投资，主要包括企业的固定资产投资、无形资产投资以及长期股权投资等。企业进行资本投资的资金来源包括权益资本和债务资本两类投资者的投入①，这两类投资者投入的要求报酬率就是所谓的权益资本成本和债务资本成本，它们的加权平均值就是所谓的加权平均资本成本（简称资本成本）。企业应以项目资本成本估算值为锚确定其投资的最低要求报酬率，并以此最低要求报酬率为基准进行投资决策的取舍，这就是所谓企业投资的资本成本锚定效应。本章将主要探讨资本成本对企业投资决策锚定效应的机理，分别论证公益类和商业类两种不同类型国有企业资本成本锚定效应的发挥机制；探讨新常态宏观经济环境对资本成本的影响效应及其通过资本成本传导机制对国有企业投资决策的影响机理。

2.1 资本成本对企业投资决策锚定效应的理论分析

作为现代财务理论的第一概念，资本成本存在双重内涵。第一，资本成本是投资者应享有与其所承担风险相对等的投资回报，是投资者将资金投放于同一风险水平之下的其他途径所能获得的最大回报，也就是

---

① 该资金来源不包括企业之间的应付账款、应付票据等往来款项，因为基于商业信用而存在的往来款项不适合被运用在资本投资项目。

说资本成本是一种机会成本；第二，由于资本的逐利本性，满足投资者获利要求是企业成功融资和再融资的必要条件，从而资本成本构成企业投资项目选择的基准。所谓资本成本锚定效应，就是指资本成本数值在资本成本的不同应用领域所起到的基础约束作用，对于企业投资决策而言，资本成本的锚定效应包括两部分：一是以资本成本估算值为锚确定企业投资决策的最低要求报酬率；二是以此最低要求报酬率为基准进行投资决策的取舍。

2.1.1　资本成本对企业投资决策锚定效应的存在性

所谓锚定，就是指人们在做出判断和选择时，往往会去寻找一个参照标准，这个参照标准如沉锚般牵引着人们的思维，支配着人们的主观心理感知与客观行动选择。当人们根据这个参照标准来评价收益和损失，进而使得决策结果不断向参照标准接近时，就产生了锚定效应。1974 年，特沃斯基和卡尼曼（Tversky and Kahneman，1974）以实验形式揭示了人们在决策过程中的锚定现象，在描述性范式下首次提出锚定效应概念。在他们的幸运轮试验和连乘估计试验中，分别发现人们估计结果受毫不相关的起点数值和既有运算结果锚定的非理性现象。随后，卡尼曼与特沃斯基（Kahneman and Tversky，1979）、施密特（Schmidt，2012）、施瓦茨等（Schwartz et al.，2008）、约翰逊等（Johnson et al.，2012）诸多学者提出并发展了参照点理论，参照点效应理论被广泛应用于人们的各类决策判断和选择中。真实的企业决策情境不同于随机试验情境，本书将锚定效应概念引入企业投资决策，但赋予锚定值理性基础，即在真实企业决策情境中，锚点的选择并非随机也非随意，而是为了避免决策失误导致利益受损专业管理者在一定决策规则之下做出的理性判断和选择。因此，本书认为，在锚定效应或者讲参照点效应理论基础上，企业财务决策中的锚定效应体现为一种合理的基于参照效应理论的锚点选择和行为调整机制，对于企业投资决策来讲，其最科学合理的锚定值就是该投资的资本成本。

1. 资本成本对企业投资决策锚定效应的存在性——理论依据

由于投资活动与资本之间天然的关联属性，资本成本概念的历史演进与企业投资行为密不可分。很多学者认为资本成本概念产生的根本动因在于企业投资决策。早期研究的经济学就指出了资本成本在企业投资中的决策地位，当时的资本概念虽属于实物资本范畴，但仍然是说明资本成本对投资决策锚定效应存在性的有力证据。

在古典利率理论中，市场利率是资本成本的初始替代。马歇尔的等待说和资本收益说将资本视为一种生产要素，资本的价格（利息）体现了资本成本的概念，社会公众抑制现在消费而进行储蓄的意图受未来收益预期所决定，而企业投资受资本的收益性和生产性所决定，由等待所支配资本供给与由投资收益所支配资本需求的均衡关系决定了资本成本（利息）水平，在均衡点上，资本成本就是借款人所愿支付的利率，是其使用资本的预期收益尺度，也是投资者进行储蓄的未来报酬。古典利率理论另一代表人物费雪的时间偏好与投资机会假说认为，资本成本（利息）产生于现在物品与将来物品交换的贴水，由投资者对现在物品的时间偏好和企业的投资机会选择共同决定。在不同投资机会下，投资者都会趋向于选择时间形态最好的投资安排，在选择投资机会时，企业首先要考虑利率，即公众要求的时间补偿，其次是利润率，即投资收益水平，只有当收入流量贴现值覆盖成本流量贴现值并产生超过成本的利润时，才能决定是否存在和利用投资机会。与古典学派不同的是，在凯恩斯主义投资理论中，凯恩斯提出了"资本边际效率"概念，并指出只有资本边际效率大于利率的投资是可行的，利率越高，企业可投资项目就越少，资本存量与利率之间存在一种负向调整关系。20 世纪 60 年代初，新古典经济理论冲破了以往的宏观研究框架。乔根森（Jorgenson）认为对投资行为的研究起点应是微观企业主体。新古典投资理论将生产要素的相互替代与现值最大化的思想相结合，运用边际分析方法，通过生产函数的现值最大化来确定是否调整资本存量。基于利润最大化原则，该理论认为企业投资的最优状态会使得资本边际收益等于资本边际成本，这里的资本边际成本是包含机会成本、折旧成本与资本时间收益在内的资本使用成本。

尽管财务上的资本成本概念与经济研究领域的资本成本概念存在差异，但对于资本成本与企业投资决策之间互动关系却存在一致的理论认识，即资本成本约束着企业投资行为，企业投资应以资本成本为依据进行择定或调整。在财务上，资本概念与产权性质密切相关，企业一定时期的资本可分为股权资本和债务资本，二者之间的比例关系构成企业的资本结构，它决定了企业的产权归属。通过投资和借贷行为，股东、债权人和经营者之间形成了相互制约的利益关系，满足不同投资主体基于其所承受风险的报酬率要求（也就是资本成本）就成为现代企业做出财务决策的基本考虑。在财务研究中，迪安（Dean，1951）最早提出投资决策应当考虑基于市场的资本成本，有效投资应以内含报酬率是否超出资本成本作为判断标准；索罗姆（Solomon，1955）认为资本成本的基本作用是从股东角度为投资决策可行性提供客观标准，每一种资本来源的成本就是投资时对应股东所要求的最低收益率；米勒（Miller，1954）则指出资本成本是为了获取投资所需资金必须支付的"货币成本"，是让投资者自愿出让资本使用权的一种代价，也就是说，资本成本是否给付以及给付水平是否达到投资者要求，是企业能否筹集到资本的首要问题，一旦投资者的收益要求不被满足，投资所需资金不足，企业投资决策就无从谈起。自此，资本成本在投资决策中的约束效应已经在理论上得以确认。但真正将资本成本推向财务领域核心地位，树立科学资本成本约束观的是莫迪格莱尼和米勒（Modigliani and Miller，1958）的 MM 理论。

　　莫迪格莱尼和米勒从投资者角度指出："资本成本是一项实物资产投资是否被接受的最低预期收益率"，"是与风险程度相适应的折现率"，明确提出了公司加权平均资本成本的概念与计算方式，并在严格假设环境中，严谨论证了加权平均资本成本与股权资本成本在有无负债时的构成原理，证明了企业最佳投资决策的简单规则：在任何情况下，企业投资的截止点都是当且仅当投资项目收益率等于企业平均资本成本，这一结论奠定了资本成本锚定效应在投资决策中无可替代的重要作用。更进一步，埃哈特（Ehrhart，1994）以及布里格姆和埃哈特（Brigham and Ehrhart，2008）指出资本成本是投资项目选择的基准利率，且该基准利率应随项目风险程度进行调整。因此，真实的资本成本取决于资本投向，不同风险程度的投资项目应以不同的资本成本作为基准利率进行投资决策（Armitage，2005；Brealey，Myers and Allen，2008）。

　　可见，投资理论与资本成本概念的演进历史都体现着资本成本对企业投资决策的锚定作用，这种锚定作用的存在及其发挥效果，是投资决策主体赖以评价投资优劣的一个理性标准。

2. 资本成本对企业投资决策锚定效应的存在性——经验证据

依据资本成本锚定效应含义，资本成本锚值变化将直接影响企业投资项目可行集合大小。资本成本锚值升高，部分原合意投资项目净收益低于零而失去投资价值，可行投资项目减少，潜在的投资规模缩小；相反，资本成本锚值下降，合意投资项目增多，企业则有可能扩大投资规模。因此，在经验检验中，资本成本锚定效应主要体现在资本成本估算值对企业新资投资的约束作用，通常用投资资本成本敏感性来度量。即在实证研究中，资本成本对企业投资的锚定效应一般表现为投资规模与资本成本的显著负向相关关系。

关于资本成本对企业投资决策锚定效应存在性的实证研究，哈塞特和哈伯德（Hassett and Hubbard，1996）、奇林科等（Chirinko et al.，1999）、莫洪（Mojon，2002）均得出结论，固定资产投资对资本成本的弹性小于零。肯尼思和艾琳（Kenneth and Aileen，1997）研究了美国和加拿大的上市企业，发现资本成本对固定资产投资有显著的负向影响，资本成本的提高会导致投资规模的下降。明顿和施兰德（Minton and Schrand，1999）以美国企业为样本，从现金流波动性视角研究了债务资本成本、股权资本成本与企业投资行为，发现现金流波动性增加了外部的资本成本也增加了投资对资本成本的敏感程度。莫洪等（Mojon et al.，2002）通过研究德国、法国、意大利和西班牙货币政策对投资的影响，发现利率影响下的资本成本在统计和经济意义上都显著影响着企业投资行为，资本成本越高，投资规模越小。

在我国的实证研究中，何青（2006）从新古典经济理论出发，研究发现企业的投资行为会对资本成本的变动做出积极的反向响应。董裕平（2007）将资本成本细分为内部现金流成本、负债融资成本和股权融资成本，回归结果显示企业投资对三者都具有敏感性，回归系数为负且依序递减，证明了上市企业投资决策的总体理性，也间接证明了不同融资形式的成本差异。徐明东和陈学彬（2012）出于对货币政策工具有效性的研究，以新古典投资模型为工具，实证得出我国工业企业投资的资本成本敏感性总体为负。徐明东和田素华（2013）进一步研究指出，产权改革特别是国有企业改制为非国有控股企业能够显著提高公司投资的资本成本敏感性。刘洪玉等（2015）对中国房地产企业投资的资本成本敏感性进行研究，结果表明房地产企业投资整体呈现出一定程度的非理性，而当2011年房价回落，部分房企投资力度才开始受资本成本影响，出现理性回归趋势。不可不提的是，在资本成本与企业投资的关系研究中，存在与上述研究截然相反的经验结果。赵玉成（2006）以利率替代资本成本，发现公司投资与资本成本呈正相关关系，随着资本成本上升，公司投资规模逐渐增大。辛清泉等（2007）的估算结果显示我国上市公司的资本投资回报率显著低于资本成本，并指明样本期间内我国上市企业的整体投资状况并未达到最优。曹书军（2010）采用四种方法估算了股权资本成本，发现公司投资规模与加权平均资本成本在大部分样本分布空间里均显著正相关。同样，邹颖等（2016）也发现其样本期内绝大多数年度与行业投资的资本成本弹性为正，且非效率投资程度与资本成本显著正相关。邹颖等（2016）同时指出，这种不受资本成本约束的投资行为，一是由于我国政府在宏观层面上实施的高投资决策所致，二是由于微观层面上企业习以为常的粗放型增长模式所致。

尽管部分实证研究反映的结论相反，但这并不影响学者们在理论认知上达成共识，学界一致认为资本成本约束下的投资决策才是理性的、高质量的，投资行为不受资本成本约束的经验证据恰恰反映的是我国高速增长的宏观经济背景和不完善的金融制度下，企业为迎合市场机会、实现快速扩张而进行的非理性投资支出，彼时整体经济的繁荣状态掩盖了投资脱离资本成本锚定的可能风险，一旦经济出现衰退，便会出现风险暴露和爆发的隐患。

2.1.2 资本成本对企业投资决策的锚定效应机理

投资决策作为公司财务决策的核心，直接决定企业的现金流创造实力。通过高效的投资决策，董事会和管理层谋求创造出比投资者要求报酬率更高的报酬率水平，在满足投资者要求报酬率的基础上实现企业可持续发展。而实现这种高效投资决策的关键在于确定正确的企业项目投资最低要求报酬率，该最低要求报酬率的确定只能也必然以资本成本估算值为锚，然后以该项目投资最低要求报酬率（或资本成本）为基准进行取舍，这就是所谓资本成本对企业投资决策发挥锚定效应的基本原理。

1. NPV 法则、IRR 法则与资本成本对投资决策的锚定效应

自莫迪格莱尼和米勒（Modigliani and Miller，1958）在严格假设基础上，运用无套利证明方法导出企业投资决策的截止点在任何情况下都是资本成本以来，关于资本成本的基准作用得到了广泛认可，而且在公司财务决策实践中也得到越来越多的应用。早期的问卷研究发现，内含报酬率（IRR）是企业进行项目评估的主要方法。随着财务理论的逐步完善，净现值法（NPV）也逐渐受到重视，与 IRR 共同成为重要的资本预算方法。IRR 与 NPV 存在相通之处，IRR 是使得投资方案净现值为零的贴现率，只有 IRR 大于资本成本时，方案才是可接受的，并且 IRR 越高表明投资方案越优；NPV 即是根据投资项目的要求报酬率（资本成本）计算的净现值水平，投资项目通过的标准是净现值大于 0 或者等于 0。毫无疑问，在这两种资本预算方法中资本成本均构成一个比较基准，用以筛选可行的投资项目。无论采用哪种方法，资本成本都是企业进行资本投资决策的最低要求报酬率，只有预期收益率高于资本成本的投资项目才应该被企业采纳，这一取舍基准是企业实现财务目标的保障。如果失去资本成本对投资决策的约束作用，必然造成投资不足或投资过度的企业非效率行为。因此，企业在资本投资决策中必须严格遵守 NPV 法则或 IRR 法则，按照资本成本基准进行投资决策。

尽管资本成本基准作用得到广泛认可，但对于资本成本的概念、内涵以及测算方法却一直争议不断，尤其是股权资本成本的测算至今还是困扰公司财务决策者和研究者的难题。现有的股权资本成本测算方法主要有内含报酬率法和风险补偿两类，它们基于不同视角来反映股权资本成本影响要素。正因为资本成本无法进行准确的计算，这才需要相关专业人员通过采用一定方法来合理估算企业各类资本成本，然后，企业投资决策管理层以上述各类估算值为锚，合理确定一个企业投资最低要求报酬率作为企业投资决策取舍的基准。

由于企业资本成本会受到企业资本结构动态优化的影响，有时候企业资本成本估算值可能并非一个单纯意义上的数值，而可能是一个数量范围。莫顿（Morton，1966）曾指出，"最佳资本结构不是一成不变的，

而是随着货币市场的状态和企业经营中投资者的态度而变化。当利率和资本化率变化或者投资者对于风险与安全的偏好发生变化时，最佳资本结构会发生改变"。因此，由于企业资本结构处在不断的动态优化过程中，最佳资本结构不可能是一个点，而只能是一个区间。企业资本成本的估算有赖于资本结构权数，资本结构的改变必然会导致企业资本成本的变化。因此，如果企业选择其加权平均资本成本作为其投资决策依据，那么其决策依据的企业资本成本可能并不是一个点，而是存在于一个合理区间或者说合理界域内，那么，这个合理界域内的所有值就构成了企业确定其投资最低要求报酬率的锚。但是，虽然不少企业会采用企业资本成本作为其投资决策的截至点，但如果条件许可，企业应该优先选择投资的项目资本成本作为其投资决策最低要求报酬率以及投资决策的锚定值。

2. 财务目标与资本成本对投资决策的锚定效应

财务目标是企业投资决策的出发点，也是企业投资活动的归宿所在，科学合理的投资决策一定是以财务目标为准绳和依据的。只有明确的财务目标才能为投资决策指明方向，企业应根据自身的实际情况和市场经济体制环境，合理选择、确定企业财务目标，并以此为基础组织投资活动、处理投资者关系。

在财务目标理论的历史演进过程中，各个时期的主流财务目标均强调资本要素的所有权，反映着企业各个利益集团利益关系的调和，是各种财务关系相互作用的综合体现。从利润最大化到股东财富最大化、企业价值最大化再到企业资本可持续有效增值等理财目标和原则，它们的中心思想无不体现着以资本成本为准绳衡量所谓的最大化。

利润最大化与资本成本：企业从事生产或出售商品的目的是赚取利润，利润代表了企业的财富创造能力。利润最大化中的净利润是剩余利润的概念，是扣除了投入成本以及债务利息之后的剩余价值，它的最终归属是所有者权益。利润越多，企业越能够补偿所有者已经投入资本的成本和形成新的资本积累，也就是说利润最大化首要的是覆盖资本成本，在覆盖资本成本的基础上，以剩余利润创造新的资本积累。利润越多，代表资本的使用效率越高，资本就越主动流向利润最大化的行业和企业，由此形成市场资源配置的自主流动和效率进步。

19

股东财富最大化与资本成本：所有权和管理决策权两权分离以后，股东财富成为财务目标的重心。对于受托代理经营的管理层，其基本义务是通过进行企业的各种生产经营，创造使股东满意的收益，实现股东财富的持续增加。而委托经营的股东，则以要求报酬率的满足为标准对管理者进行考核。在这种契约环境下，管理者必须守住股东要求报酬率的底线，否则便是管理不力。可以说股东财富最大化原则十分强调资本成本的概念，并以股权资本成本为核心约束维持股东报酬保护机制，股东财富最大化这一财务目标就是通过满足股东的最低报酬率要求来实现的。

企业价值最大化与资本成本：从某种意义来讲，企业的良性发展是股东、债权人、管理层等多方利益相互制衡的结果。所谓的利益制衡，归根究底是一种资本权力的相互作用、相互妥协。权益资本、债务资本等无不要求与其风险相适应的投资回报，以企业价值最大化作为企业的财务目标，是在迎合相关利益各方的报酬率，补偿股权资本成本、债务资本成本等多种资本成本的基础上实现各自利益的均衡，以确保企业长期、稳定、健康地发展。

资本可持续有效增值原则与资本成本：旨在保证资本有效增值的资本可持续有效增值原则是最近几年提出的理财目标。该目标重视企业的可持续发展能力，认为只有资本的可持续有效增值才能更好体现财务管理的最终目标。因为财务管理最终要落实在资本的管理，资本的持续、有效增加直接体现财务管理的效果。而所谓资本增值是只有完成资本成本补偿以后的资本收益才能称为增值部分，计量企业资本可持续有效增值时用到的关系式"所有者权益有效报酬率 = 资产报酬率 × 有效增值乘数 × 资金有效回收率"，更加明显地体现了资本成本概念对这一财务目标的全面渗透，可以看出，资本增值的计量过程对资本结构、资本回收以及资本使用都有所考虑，它以资本所有者的投资报酬为企业财务管理的终极意义，是对资本成本理念的深层次应用。

综上可见，资本成本的锚定作用贯穿整个财务目标的认知发展过程。资本成本是投资者利益与企业价值创造的兼顾和结合，在财务目标的设定与追求过程中起到了基准性的锚定效应：只有充分发挥资本成本锚定效应，才能进行科学高效的投资决策，也才能科学评价企业财务目标的实现程度。此为资本成本对投资决策锚定效应的目标层面分析，即资本成本锚既是保障企业财务目标实现的手段，又是评价企业财务目标实现情况的判断标准。

2.1.3　投资决策影响因素的资本成本传导机理

毫无疑问，资本成本是影响企业投资决策的一个根本因素。但是，对于企业投资决策而言，资本成本的重要作用并不仅限于它是投资决策截至点的锚定值，而且还在于资本成本是众多其他因素影响企业投资决策的中间传导介质。

1. 投资风险对投资决策影响的资本成本传导机理

所谓投资风险是指由于未来投资收益的不确定性，导致投资决策可能会遭受收益损失甚至本金损失的风险。为获得不确定的预期效益，投资者必须承担相应的投资风险。对企业来说，投资风险的一个重要成因就是对项目仅侧重于技术可行性的研究，而忽视对其经济可行性的充分论证，对项目资本成本及项目建成后的成本费用和效益测算不准确，仅根据过于乐观或者悲观的经济估算做出了错误决策。对投资者来说，投资风险是其确定要求报酬率（或者说资本成本）的依据，提出与承担风险相称的合理报酬是投资者出资的正常逻辑。投资风险越大，投资者越应该要求更多收益补偿，即资本成本越高（不排除风险程度超出风险偏好设定，投资者的投资意愿可能会丧失）；反之，投资风险降低，投资者要求的收益补偿也会降低，即资本成本降低。

从金融市场筹集资金以后，企业就面临资本的投资决策问题。无论所筹资金用于调整资本结构还是投资于具体项目，企业在投资决策时都要考虑资本提供者的利益诉求，因为投资决策决定企业价值，企业一旦占有并使用投资者的资金资源，都只有通过投资活动产生净现金流量，才能形成补偿投资者所承担风险的报酬。企业的投资活动存在一定的风险，而投资者是风险的最终承担者，因此投资者所要求的报酬率会随所投资企业或项目的风险水平而异。也就是说，作为投资者要求的必要报酬率，资本成本水平应决定于资本投向的风险大小。但是，资本成本一旦确定，企业从资本预算的编制开始，资本提供者的收益预期又会反过来影响企业的投资决策。如果投资者要求获得一个相对较高的收益率，企业将被迫只能考虑那些具有较高收益的投资项目，而高收益的项目一般也具有较高的风险。资本成本水平在无形中又会影响企业将要承担的风险水平。也就是说，企业根据投资者的要求报酬在具有不同风险水平的投资项目之间择优选择时，面对投资者较高的预期报酬率要求，企业极有可能更改原定资金投向，只为将预期收益率向大于资本成本的方向调整。

可见，资本成本中的风险补偿概念强化了资本成本在投资决策中的重要地位，资本成本成为沟通企业、投资者与资本市场三者关系的一个重要财务概念。在企业投资决策中，一方面投资决策的各类资本成本大小取决于各类投资者承担的投资风险，另一方面各类投资者要求的资本成本又会影响企业投资规模甚至投资效率，资本成本成为连接投资者和企业两者投资风险间的纽带，并以此实现投资风险对企业投资决策影响的中介传导作用。因此，在评估投资风险对企业投资决策的影响效应时，不可忽视资本成本关联企业和投资者之间的中介作用，合理估算和应用资本成本锚，是避免与上述投资风险相联系投资决策损失的重要途径。

2. 公司其他财务政策对投资决策影响的资本成本传导机理

企业创造价值的能力决定于其投资决策和理财活动的质量，其中，投资决策无疑是核心决策，但投资决策的成功与否在很大程度上还要依赖企业的融资决策和股利政策等相关配套支撑因素。这些配套支撑理财行为通过资本成本的传导或者说中介作用，最终实现对投资决策的影响效应。

一方面，企业无论做出何种投资决策，在进行投资经营之前，首先要考虑的就是资金来源问题。而解决资金问题的方法就是以给予满意收益的方式从资本所有者手中获取融资，融资结果的好坏直接决定投资能否顺利进行。由于企业的本质属性是营利性，筹集资金进入以后，通过企业的投资分配和经营运作又生成了新的资金。新生成的资金除了偿付或者保障资本金完整以外，还要用于补偿所有者承受的资本投资的机会成本，即资本成本。从不同来源渠道获取的资金，其所有者承担的风险及其在企业资金结构中的作用各不相同，提出的必要报酬率也各有高低，这些收益要求最终要通过投资成果来得到满足，因此，融资阶段形成的资本结构通过资本成本对企业的投资决策产生了大小不同的约束。

实际工作中，企业可以通过改变融资顺序和融资比例，得到一个较优的融资结构，因为对应各项来源的资金一般具有不同的资本成本，通过调整资本结构，能够起到降低企业整体资本成本水平，减轻投资压力的效果。因此，当企业面临投资机会时，应以资本成本为判断依据，根据自己的目标函数和成本效益原则，选择最佳的融资结构，使企业投资价值达到最大。这样，资本成本就发挥着企业融资行为对投资决策影响效应的传导作用。

另一方面，投资活动的经济效益是企业股利分配政策实施的现实基础，反过来股利分配政策又是为投资活动持续提供资金的重要保障。投资决策本质上是通过对资产结构进行优化，形成企业经营活动的物质基础，物质基础先进与否可通过最后的经营成果大小来进行评判。当一项投资促成了经营基础的进步，将带来经营活动现金流的大大增加，用于分配的利润基数也随之增加，投资者利益的可实现程度也变得更加真切。但是在股利的分配决策中，如何分、分多少的问题不仅需要加以明确和固化，因为平稳连续的现金股利往往是投资者喜闻乐见的利好信号，而且分配比例的确定也必须以投资者的要求报酬率（或者说资本成本）为锚来确定，只有这样，才意味着投资者的必要报酬率在一定程度上能够得到较好的满足，在投资者心理产生良好的收益预期，便于企业再次从市场获取融资以支持资本投资。可见，资本成本作为锚点不仅适用锚定企业的投资决策，而且适用锚定企业的股利政策，更能够作为连接两种财务决策的天然纽带，起到两种财务决策影响效应的中介传导作用。

2.2　国有企业的资本成本锚定效应分析

由于我国将国有企业分为公益类和商业类两类，并对这两类国有企业进行分类改革和管理，这就造成了公益类国有企业与商业类国有企业很多方面存在重大差异，也决定了资本成本对投资决策的锚定作用可能会在公益类国有企业与商业类国有企业中呈现出一定的异质性效果。因此，我们将国有企业划分为公益类国有企业和商业类国有企业，来分类研究资本成本对国有企业的锚定效应。

2.2.1 公益类国有企业的资本成本锚定效应

公益类国有企业是指承担有关社会公众福祉和利益职责的国有企业，它以社会公众的福祉和利益为出发点，在社会经济运行中具有双重目标，即社会效益和经济效益，但以社会效益为主要目标。该类企业提供公共产品和公共服务，关系到国民经济发展和人民生活的保障。由于公共产品和公共服务的消费具有非竞争性和非排他性，容易出现外部性和搭便车行为，私人企业不愿意进入，因为进入后无利可图。所以公共产品和公共服务必须、也只能由公益类国有企业来提供。虽然非国有企业可以通过购买服务或者特许经营等方式实现一定的参与经营，但总体来讲，公益类国有企业一般是以国有独资企业的形式存在。

1. 政府规制中的资本成本锚定效应

公益类国有企业的产业政策导向性强，其自然垄断与关系国计民生的重要特征决定企业产品或服务的定价机制不能简单地由市场决定，一般由政府实施规制（汪平等，2014）。科学合理的政府规制，是公益类国有企业兼顾社会效益和经济效益的重要制度保障。在政府规制系统中，资本成本作为一个报酬率的概念，构成了垄断产品或服务价格的重要组成部分。无论是公正报酬率规制还是价格上限规制，资本成本都是确定价格的最为核心、最为关键的参数。公正报酬率规制是对企业投资者报酬率进行规制，可视为直接的资本成本规制。对实施公正报酬率规制的企业，阿弗奇和约翰逊（Averch and Johnson，1962）主张公正报酬率必然能使公司吸引到它所需要的资本。换句话说，规制者试图将公正报酬率设定在某一个水平，接近于投资者所期望达到的资本成本水平，最好是略高于这一水平。鲍莫尔和克莱沃里克（Baumol and Klevorick，1970）则认为公正报酬率可以等于资本成本，当公正报酬率越接近于真实的资本成本的时候，公司将扩大资本支出规模。他们还提出规制具有滞后性，即公正报酬率的调整时间滞后，导致公司在调整之前的一段时间内有可能获得超额报酬，这个超额报酬能够为管理者提供必要的刺激。斯通斯（Stones，2007）在深入分析了股权资本成本在公正报酬率规制下怎样确定后认为，股权资本成本由股东报酬率和市场报酬率的协方差所决定，其价值取决于规制的性质。

在价格上限规制中，预测未来 3 到 5 年的资本成本是西方规制者的通常做法，价格上限一旦难以实现资本成本所要求的现金流，企业将无从获得资本以维持基本的运营，因此价格上限规制可视为间接的资本成本规制。对实施价格上限规制的企业，英国民航总局认为需要设定足够高的价格以满足资本成本，从而筹集足够的资金以确保有效的投资水平。赫尔姆（Helm，2009）对英国现有的基础设施建设（道路、铁路、机场、宽带、自来水、污水管道、电力和天然气管道）进行调查，提出在未来的十年中，英国将面临一个巨大的基础设施建设投资挑战，需要通过基础设施建设来加强经济复苏和增长，而足够高的价格和使投资者获得高于资本成本的回报才能吸引足够的投资。

无论采取哪种规制方法，只有以资本成本作为锚定值来设定规制行为，才能促进公益类国有企业实现投资效率最优。实际上，政府规制是对国有资本收益的一种界定。如果政府股东能够根据其所承担的风险程度及民生福祉需要确定合理的报酬率要求，将有效规范公益类国有企业的财务行为，有利于国有资本投资绩效的改善。

2. 政府股东与资本成本的锚定效应

公益类国有企业的国有属性指明了其控股股东或实际控制人的政府股东身份。鉴于政府自身的特质及其功能，政府股东自然形成了迥异于其他性质股东的特征。其对于公益类国企的大规模股权投资，主要是为了对特定行业实施管制或监控，以维护社会稳定。政府股东兼具投资者和政府管理者的双重身份，在公益类国有企业的问题上，政府股东往往以政府管理者的身份为重，可能只是就某些社会性的、重大的目标对国有企业提出要求，要求企业承担更多的社会责任，以在政治、社会方面发挥更多的作用，而将其最为基本的、作为投资者的报酬率要求放置在身后。这种干预，会对企业的股权资本成本造成显著的影响。尽管如此，我们仍应认识到，公益类国有企业本质上仍然是"企业"，我们不能将其与国家职能混淆在一起。其公益、国有属性会带来较多的政府干预，无论这种干预合理与否，其在财务上的目标都应当是基于资本成本锚的企业价值（股东财富）最大化，[①] 这是任何性质的企业都必须谋求和实现的，除非其放弃企业属性，成为其他形式的组织如非营利组织等。

可见，公益类国有企业承担特殊职能并不意味着它可以放弃其作为企业必须追求的财务目标，追求财务目标不仅是一个企业存在的根本原因，更是符合我国社会主义市场经济运行规则的必然要求。单纯就追求经济利益来讲，公益类国有企业应遵从企业本质，理性地确定基于资本成本的融资规模、融资方式、选择资本成本锚定的投资项目，最大限度地增加股东财富。经济效益的增加并不一定与社会效益相矛盾，企业经济价值的增加也会提高其承担社会责任的能力。

2.2.2　商业类国有企业的资本成本锚定效应

商业类国有企业是指那些在市场中独立经营，以获得盈利为目标，从而在市场中优胜劣汰，甚至可能破产退出的国有企业。政府对这类国有企业仅履行出资人的权利并对其进行监管。商业类国有企业主要是以国有资产保值增值为核心考核指标的"市场盈利"导向，其改革方向是促进国有股权的资本化和市场化，促使企业商业活动全面和彻底地融入市场，与民营企业平等竞争。相较公益类国有企业，商业类国有企业行业布局十分广泛，存在着大量的私人资本。在政治职能上，公益类国有企业被赋予强制性社会公共目标，以社会和谐与稳定为基本目标；而商业类国有企业，以追求经济利润为首要目标，没有或较少有强制性社会公共目标。

商业类国有企业不同于公益类国有企业，但也不完全等同于其他一般法律形式的企业。要区分不同类型国有企业资本成本锚定作用的发挥机制，必须先搞清楚公益类国有企业、商业类国有企业以及非国有企业的区别，然后才能"对症下药"。公益类国有企业，其具有"经济人"和"准政治人"双重身份，肩负着社会公共目标和企业财务目标的双重目标，需要依赖于政府规制来保证其双重目标的实现。可以说，这类

---

① 公益类国有企业社会责任的履行往往以价值的非财务意义流出为代价，在为满足某些特定职能的情况下，政府股东有可能不对其提出报酬率要求，并允许其产生一定程度的财富损耗。这种情形显然也是政府股东的需求，但这种非财务目标不应与财务目标混在一起，需另行分析。

国有企业在本质上就是政府职能的延伸，是政府保障其经济政策得以实施、其经济调控职能得以履行的重要手段和工具。这类国有企业职能的特殊性决定了这些企业事实上难以做到完全的"政企分开"，政府和企业的关系不纯粹是股权与法人财产权的关系，为保证其公益性目标的实现，政府会较多地介入企业的经营管理活动中。而商业类国有企业具有"半企业"和"半政府"的特性，其首要目标是追求利润最大化，而非社会公共目标，其主要在市场竞争性领域进行投资经营，在参与市场竞争时，是"以经济效益为指导，哪里利润高，就把资本投到哪里，基本目标是国有资本总体上的保值和增值"。基于商业类国有企业与公益类国有企业的区别，政府对商业类国有企业不应实行"政府规制"，而应当充分"放权"，与企业保持"一臂之距"，不干预企业的日常经营管理。因此，商业类国有企业经营较接近于一般的非国有企业，而二者之间主要不同之处就在于：商业类国有企业具有一个中国特色的政府股东。

对商业类国有企业来说，理想状态是将其视为私法人性质的商事公司，使其自由参与市场竞争，政府应最大限度地做到"政企分开"，减少介入，充分尊重其自治权，由具备丰富商业经验的职业经理人来负责企业经营管理，为企业创造最大化的经济价值。因此，商业类国有企业资本成本对财务决策的锚定作用发挥机制应与一般的非国有上市公司相同，唯一差异在于其部分股权（即国有股权）资本成本的确定可能并非完全是市场决定，即特殊情况下政府可能会根据其宏观调控需要来调整其持有国有股权的资本成本。但是，一般情况下，商业类国有企业的政府股东应当严格按照一般投资者的标准提出必要报酬率要求（即政府股东的股权资本成本），国有企业应综合考虑所有性质投资者的要求报酬率，并以此为基准计算各项目投资的项目资本成本，遵循内含报酬率法和净现值法等资本预算法则实施科学的投融资决策。同时，"同股同权，同股同利"的法则适用于所有性质的股东，国有企业的税后盈余依据政府股东要求报酬率的满足与企业未来可持续发展需求的实现来实行国有企业的股利分配。

2.3　新常态经济环境对资本成本影响效应的探讨

中国经济增长态势发生了显著变化，粗放型经济发展模式隐藏的风险逐渐暴露，长期以来支撑经济高速增长的人口红利、体制改革红利、全球化红利以及技术进步红利均在不同程度地消退，经济增速下行，中国经济进入转型升级的宏观经济新常态。宏观经济新常态指的是我国经济结构和增长路径处在向发达经济阶段的收敛和减速阶段，是我国经济迈向更高级阶段的一种发展状态。作为以"三期叠加"为主要特征的长期阶段性调整，新常态是经济发展规律和化解历史遗留矛盾的必经阶段，也是我国经济发展方式转变的主动选择，它包含了我国经济长期发展的美好前景，也包含着实现美好愿景的现实路径。

2.3.1　经济新常态对企业资本成本影响效应的理论分析

企业的资本成本水平是国民经济发展进程中的一个重要指标。伴随中国经济进入转型升级阶段，资本配置低效产生的经济发展阻力日渐凸显，企业融资难、成本高以及由于资本成本攀升导致的实体经济困境已经成为经济改革中必须着力解决的重要问题。2015 年底召开的中央经济工作会议强调，要推进供给侧结构性改革，落实好"三去一降一补"五大任务，其中"去杠杆""降成本"两大任务与企业资本成本密切相关，其最终的落脚点就是化解市场系统性风险，降低实体经济企业的资本成本，以实现对实体经济的提振和宏观经济的平稳增长。

新常态下，我国经济增速下滑压力日趋增大，2013～2016 年，我国经济总量的增长速度分别为 7.8%、7.3%、6.9%、6.7%，速度降到 20 年以来的最低水平。2020 年全球范围内的新冠疫情更使我国经济受到严重拖累，为了应对经济下行可能的不利冲击，政府当局不断根据经济形势调整货币政策，同时在国有经济领域加速推进国有企业混合所有制改革，意图为经济下行提供积极全面的支撑，然而，频繁的货币调控也可能会导致宏观经济的剧烈波动，增加投资环境中的短期因素，降低投资者对长期收益预期的准确性。混合所有制改革在形成社会资本和国有资本再分配的同时，也在民众股东和国有股东以及债权人之间形成了新的利益制衡和风险分担机制，以此影响企业的资本成本。因此，本节主要从货币政策调控、宏观经济不确定性和混合所有制改革三个角度针对经济新常态对企业资本成本的影响进行理论分析。

1. 货币政策调控与资本成本

供给侧改革背景下，央行通过改变货币供给量，影响市场利率和信贷供应甚至资产价格，最终改变整个市场背景和投资者的行为选择，形成调控目标向微观企业资本成本的传导机制。

首先，货币政策会影响债务资本成本。从影响因素系统性差异来看，企业债务资本成本由两部分构成：市场利率和由企业特定风险引发的风险溢价。一方面，货币政策的变化通过利率传导途径直接影响企业债务利息；另一方面，由于信息的不对称和不完全，货币政策冲击所带来的市场不确定性会导致净值越低或者负债水平越高公司面临金融机构要求的风险补偿溢价越高。近几年虽然央行不断降准降息，但市场不确定性导致的风险补偿溢价部分却不断增加，企业债务资本成本总体很难实质性下降。当前，企业投资的债务依存度居高不下，在社会固定资产投资资金来源中，债务性融资仍然占据首位，备受关注的互联网金融对"去杠杆"调整融资结构的贡献十分有限，多数情况下仅是改变企业间接融资的方式，发展信托贷款、委托贷款、理财等金融机构表外融资业务，企业信用类债券如公司债券、短期融资券、中期票据等发行规模不断上升，形成企业投资过分依赖负债融资的格局。因此，尽管货币政策有所放松，相较于经济新常态下实体企业低迷的收益率，企业的债务资本成本负担有加重趋势。

其次，货币政策会影响股权资本成本。根据现有研究，货币政策对股权市场的影响因素主要为利率和货币供应量。利率政策对股权资本成本的影响机制不仅存在而且畅通。伯南克和库特纳（Bernanke and Kuttner，2005）利用 1973～2002 年美联储 131 次利率变化的观测，通过利率期货计算非预期的利率变化，在短窗口内考察 CRSP 市值加权指数回报率对非预期利率变化的市场反应，他们发现两者之间存在显著负相关关系，说明利率政策的变化会反映在资产价格上。而利率影响下的资产价格变化可能造成折现率的变动，从而影响企业的股权资本成本。在货币政策的传导过程中，货币供应量也会影响企业股权资本成本。研究表明，货币供应量增加能够提高股票市场流动性（Chordia et al.，2005），从而降低企业股权资本成本。在我国，大力发展股权市场是新常态下"去杠杆"的重要途径，从宏观角度发展股权市场从而推动微观企业融资结构向增加股权资本转变，优化投资的资金来源，才能分散过度依赖债务融资积累的金融风险。在大力发展多层次资本市场，创造有利于股权资本形成机制的呼声下，货币政策倾向于向股权资本市场投入更多便利和优惠，以繁荣股权交易，增加股权性资金的金融创新，多渠道增加企业的股权性投资比重。

事实上，新兴转轨资本市场对股东利益的忽视和股东自身过度重视投机利差而非长期分红，导致我国企业实际的股权资本成本压力并不大，但这种较低的股权资本成本势必成为稀缺资源，也就是说与股东风险不相匹配的低资本股权一直供应不足。因此，随着货币政策对股权市场的支持和引导，股权资本市场发展逐渐向好，市场的综合回报率也会提高，市场溢价幅度上升，股权投资者要求的必要报酬率会有所提高。但是这种股权资本成本的提高会增加股权资本的供给，反而有利于提高企业投融资效率。

最后，货币政策不仅影响企业的债务资本成本和股权资本成本，也会影响二者构成的加权平均资本成本。在影响债务资本成本和股权资本成本的基础上，货币政策还可以通过干预债务融资和股权融资的比重来改变企业资本结构，从而影响企业整体资本成本水平，即加权平均资本成本。例如在货币政策收紧的趋势下，信贷渠道债务资本供给减少，银行等金融机构放贷指标趋严，这时候企业需要更多依靠股权资本，对股权资本需求上升，但是经济减速时期，投资者更加担心企业的经营风险和资本回收风险，这就导致投资者提高要求报酬率。这样，资本结构偏向股权融资以及股权资本成本的上升，最终会增加企业整体的资本成本水平。反之，如果货币政策放松，企业整体资本成本水平会相应下降。

2. 宏观经济不确定性与资本成本

宏观经济政策在平衡各项经济目标，应对经济冲击的同时也加剧宏观经济的不确定性。总体来看，宏观经济新常态的不确定性表现在经济发展过程中存在的产业结构失衡、消费不足、地区发展不平衡等，危机期间经济刺激政策的"后遗症"掣肘经济发展，投资者民众对未来经济趋势很难形成稳定预期，其投资行为也会变得更加谨慎。

资本成本代表着投资行为发生前，投资者根据即将承担的投资风险对其所提供资本要求的必要报酬率。投资者本身保持逐利状态，必要报酬率是在理性权衡收益与风险的基础上提出的。不能否认的是，投资者对于风险和收益的预期是一种充满主观意味的判断，宏观环境波动对风险和资本收益的可能影响又进一步增加了投资者出资意向的不确定性。投资者的预期往往表现为投资者的心理变化，而这种心理变化体现了其对宏观经济的预期和判断。尤其在"投机市""散户市"中，股权投资者专业素质参差，认知水平不齐，在市场周期的高峰或低谷阶段，基于市场行情，投资者盲目、随波逐流的主观心理状态所影响的投资和投机行为发挥着推动资本成本快速上升或急速下降的重要作用。而在债权市场中，宏观经济不确定性会降低银行信贷增速（张琳，2015），虽然以银行为主要代表的金融机构具有专业和公认的审批标准和放贷流程，但在宏观经济波动和产业导向明确的政策调控面前，其放贷意愿势必受到经济波动的影响和产业政策的牵引。对待受到经济波动而发展不够稳定、盈利能力无从保证或者不被产业政策照顾的企业，债权投资者最保守的做法就是保留资本或者在投出资本时提高约定利率。无法筹集资本或者筹集到资本的成本高企，对企业来讲都是融资约束的加剧，这种约束在催促企业提升价值创造实力的同时也使得一些企业不堪资本成本重负而无奈退出。

宏观经济波动会影响投资者的投资风险，而风险的存在是投资者索要风险补偿的前提。投资者出资意愿是基于其所承担投资风险和收益预期的权衡，在影响投资者的主观意愿之前，宏观经济环境对资产风险和收益的影响或者潜在影响已经存在或者被察觉，因此，投资者的必要报酬率是建立在已知或潜在风险的估计之上。只有风险水平得以确定，预期收益率也就是资本成本才能与之进行匹配而得以在数量上进行明确。在不确定条件下企业会权衡当期投资和延迟投资的收益，而权衡的结果往往是延缓投资。博德里等（Beaudry et al.，2001）发现宏观经济不确定性会扭曲资源分配，降低企业的投资率。陆庆春（2013）发现宏观经济不确定性对公司的直接投资有着显著的抑制效应。也就是说，较高的不确定性延迟减少了企业当期的资本支出，这时投资者投入企业的资本金很可能被闲置或者被改变原计划投资去向，而广大的中小股东却无力干预或者无心干预企业对筹集资金的投向变更，资金的低效或无效使用，导致投资者的实际收益与期望收益之间的差距拉大。利益受损的可能性使得投资者在给出资金时会附加更高的必要报酬率条件，使得企业的资本成本升高。

3. 混合所有制改革与资本成本

经济新常态逻辑下，发展混合所有制是全面激发国有企业活力，发挥国有经济主导作用，推动经济转型升级，更加稳健地迈入高级发展阶段的出路。当下的混合所有制改革与国有资本投资"由管资产到管资本"的改革历程相互呼应，互为手段。通过在国有企业中纳入非国有股东、融入非国有资本，对于发挥多元股东主体之间的相互制约，优化资本管理，实现"降成本"之企业资本成本的降低具有不可忽视的源头作用。在混合所有制改革的推进过程中，非国有资本背后的非国有股东对国有企业竞争实力的提升发挥着重要的刺激作用，而国有资本投资由"管资产"向"管资本"转换的过程也是政府股东角色实现归位的过程。以往，国有企业处于频繁的行政干预下，是政府职能的延伸，随着对国有企业实行资本化运营管理，对国有企业的控制也由规模控制过渡到报酬率控制，从国有资本的要求报酬率开始到实现国有资本的报酬率目标，资本成本以第一财务概念的地位处于整个绩效评价体系的核心位置。从本质上讲，这也是混合所有制改革的目的和初衷所在。

（1）所有制的混合意味着非国有股权资本的注入以及非国有股东的加入，国有企业之所以能够吸引非国有资本注入，它必须满足资本的逐利条件，给予资本与风险相对应的报酬，而与资本一同进入的非国有股东，尤其是性质不同的股东之间，对资本的必要报酬率水平存在一定的差异。混合所有制改革不仅是发展混合经济那么简单，其背后是烦琐的实施细节以期达到利益环节的不断优化。其中最重要的一环就是所有制混合后的股权结构在国有企业内部形成的利益制衡及其所具有的内部治理作用，而对于企业单位，从财务管理的角度来讲，最优的股权结构是能够实现综合股权资本成本最低、企业价值最大的股权结构。谈及企业的股权资本成本，不可不提股东异质性对资本成本的影响。汪平等（2015）指出，国有股东与非国有股东性质上的差异以及由此导致的资本成本差异是实施混合所有制改革的财务基础，他们研究发现不同性质的股东以及相同性质股东的不同持股比例都会带来必要报酬率（或者说资本成本）的差异，并且股权制衡的形成有利于降低资本成本。但实际上，在国有企业中，国有股东虽然长期处于大股东地位，其投资的报酬率却并不像民营企业大股东那般处于比公众股东的报酬率较高的水平，国有股东对国有企业投出资本，一方面实际股东缺位造成资本运作缺乏监督激励，另一方面对政府部门来讲资本的报酬率并不是投资的根本前提，资本能够实现的政府职能或公共目标才是政府股东投资的重要考量因素，也因此，我国的国有企业在很长的一段历史时期内都没有向国有股东进行分红。在国有股东要求报酬率较低的背景之下，新的非国有股东加入将会提高国有企业的资本成本理念，帮助树立国有股东的资本回报意识，形成股权资本成本锚定效应的理性回归。

（2）国有企业长期处于债务资本资源的优越地位，预算软约束、政府隐形担保以及银行的体制性偏好和国有企业本身的制度缺陷都使得国有企业背负着长久以来难以克服的痼疾，混合所有制改革就是期望借由多元股权主体达成的股权制衡改善公司治理，提高资本利用效率，降低国有企业的经营风险。所以，新的非国有股东的加入绝非单纯的股权结构的改变，非国有股东带来的经营理念和管理技术以及市场化思想，将会对企业的发展战略、运营设计、经营风险、资产组合、举债能力等产生直接的影响。一方面，股权资本的大规模进入，缩小了举债空间，资本需求一定的情况下，股权资本取代了银行借款，债务总量的减少当然意味着利息总量的减少；另一方面，多元股东主体的治理作用将会提高企业的治理水平和经营质量，治理水平的改善有利于减少债务代理风险和违约风险，经营质量的提高则有利于形成优质稳定的现金流入，作为一种对于未来利好信息的接纳与反应，银行等债权人对报酬率的要求也会相应放松，债务资本成本将会出现一个下降的态势。

（3）混合所有制改革的重要表现形式在于股权的混合，对混合所有制企业来讲，资本结构可能会偏向股权资本融资，债务融资减少。结合上述分析，根据加权平均资本成本的计算公式，股权资本成本和股权资本的权重上升以及债务资本成本和债务资本权重的下降，可能最终会导致企业整体资本成本的上升，这种上升则可能是国有企业资本成本意识的回归。

2.3.2 经济新常态、资本成本锚与国有企业投资

新常态并非一蹴而就，在引领经济动态优化的过程中，稳增长仍然

是宏观经济调控的目标之一。分析各要素对经济增长的贡献率，我们必须清醒地认识到，在经济增长动力由要素驱动、投资驱动向创新驱动的转型期间，以创新为驱动的经济增长动力机制还不完善，稳增长的动力依然主要来自投资。这正是中央反复强调要发挥投资关键作用的深意。过去30多年，在政府鼓励投资的政策背景下，社会固定资产投资规模快速扩大，高投资成为我国经济高速增长的主要依托。然而这种以资源浪费为主要特征的粗放型高速增长模式，造成了现阶段诸多的现实矛盾：宏观层面的产能过剩、房地产泡沫、流动性风险等问题短期之内难以消化，宏观调控面临困境；微观企业盲目扩张、投资过度，低效甚至无效投资泛滥，资本边际效率低位最终造成企业增长乏力，陆续退出。资本投资质量是确保宏观经济或微观企业持续发展的根本动力，只有高质量的微观企业投资才能形成高质量的国民经济产出。因此，研究宏观经济新常态要素对企业投资效率的影响，从而在厘清宏微观经济活动传导机制的基础上，提出如何提升投资质量和效益，对于最终促进国民经济稳定增长，引领和跨越新常态具有十分重要的现实意义。

1. 资本成本锚与国有企业投资效率

发挥好国有企业投资对经济增长促进作用，关键是要提高国有企业投资效率。在我国经济结构和增长路径向发达经济阶段逐渐收敛的期间，提质增效的发展本质迫切要求国有企业增长方式由资本驱动向效率驱动转换。长期以来，国有企业的投资效率备受关注。以往，基于规模化大生产理念的粗放野蛮式的投资行为导致国有企业普遍存在投资过度的非效率行为，大规模投资的低效浪费了巨大的社会财富，俨然加速了我国经济步入新常态，同时也成为我国经济跨越新常态的阻碍。资本驱动的增长方式已经难以为继，低端低效的增长方式必须摒弃，适应和引领新常态必须以提高企业的投资质量和投资效率为前驱条件。

只有严格遵循资本成本约束功能，将资本成本作为企业投资决策之锚，才能做出高质量的投资决策，投资质量和投资效率才能够有所保障。高质量的投资是企业的理性支出，是处于资本成本锚定状态下的资本投资行为，在完美的资本市场和完善的内部治理之下，当资本成本升高时，投资者要求的资本回报率上升，在其他条件一定的情况下，可供选择的投资范围缩小，在一定程度上能够抑制国有企业的投资过度，提升国有企业投资效率。在资本投资项目可以无限细分的情况下，企业最佳投资规模应当位于净现值等于 0 的那一点，此时的投资才是真正的效率投资，低于这一点属于投资不足，高于这一点属于投资过度。无论投资不足还是投资过度，从长远来看，不仅股东的必要报酬率难以满足，企业的价值也将遭到不同程度的损害。在新常态时期，要实现有效率的投资，就必须以资本成本为锚进行投资决策。国内研究已经多次证明，投资过度与资本成本之间存在一种非理性关系（曹书军，2010；刘伟，2011）。我们认为，矫正这种非理性关系，塑造资本成本对投资效率的理性锚定机制，是解决企业投资低效问题的当务之急。

2. 货币政策调控与国有企业投资效率

货币政策与企业投资行为的一个逻辑是：宽松与紧缩的货币环境影响了企业投资决策的融资约束，钱多与钱少是导致企业投资过度和投资不足的主要原因。但其实，投资过度和投资不足的根本原因在于投资主体忽视了资本成本的锚定约束作用。在强调提质增效的新常态阶段，货币环境向微观企业投资行为的传导中介不应该是自由现金流量而应该是企业的资本成本，只有通过影响企业的资本成本，依托资本成本对企业投资的锚定机制，才能够从根本上改善企业的投资效率。

3. 宏观经济不确定性与国有企业投资效率

当企业遭受到负向冲击，收益缩水、净资产价值减少，资产负债表和融资条件恶化，外部融资的资本成本提高，融资可得性降低，就会引起企业投资行为（投资大幅度萎缩）和产量的变化（产出下降），最终又造成宏观经济波动（王忠义、宋敏，2014）。在宏观经济的不确定性当中，不确定性又再次催生不确定性。较高的不确定性产生了等待期权价值，企业当前的投资行为就会变得非常谨慎，或者说更趋向一种投资不足的状态。其实这是一种非常主观的避险方式，不投资、少投资的同时，也无法获得与投资对应的收益，没有更多的收益就意味着企业应对冲击的主动性降低，在遭遇经济波动时，只能被动地等待和应付。客观来讲，在面临宏观经济的不确定时，不投资和少投资并不是最好的应对方式，保证高质量高效率的投资才是主动迎接挑战和把握机遇的最佳选择。牢牢守住资本成本底线，以资本成本锚来明确企业投资的核心基准，保证每一笔投资都是资本成本锚定约束下的支出，才是在宏观经济不确定时，坚定投资信心，获得逆势发展、脱颖而出的强势之选。

4. 混合所有制改革与国有企业投资效率

混合所有制企业自身的投资效率最终对多元化股东权益的实现，尤其是对国有股权权益的实现具有至关重要的影响。如何通过统筹规划，采用科学合理的经营模式和现代化的管理手段，切实保障多元化股东的权利和利益，防止在混合所有制企业经营管理及投资过程中通过模糊产权关系来损害国有产权的合法权益，是当前混合所有制企业研究工作中的一大难题。在这种情境之下，资本成本锚定理念就显得十分重要。通过资本成本锚定效应约束明确产权关系，加强内部治理，约束投资行为，应该成为混合所有制企业提升资本投资效率，保障多元股东权益，实现企业经济价值增值的科学手段。只有通过资本成本渠道，将企业的投资决策锚定在合理的范围之内，才能以多元股东最在乎的报酬率形式界定各方责权关系，避免产生不可调和的利益冲突。

综上，某种程度上，新常态的宏观经济环境可以通过资本成本传导机制来影响企业的投资决策和投资效率，这样，通过科学确定资本成本锚并合理利用资本成本的锚定功能，可以使我们规避外部宏观经济环境对企业投资决策效率的不利影响。

2.3.3 新常态下国有企业发挥资本成本锚定效应的障碍

建立并遵循国有企业投资的资本成本锚定机制是提升国有企业效率、增强国有企业竞争实力的基本途径。之所以强调资本成本在投资效率中的核心地位，是因为国内现有研究均在不同程度表明，我国国有企业投资存在极大的随意性，而在现代财务理论中，资本成本是约束企业投资的最根本工具。基于资本成本对企业投资决策的锚定作用，发现并解决资本成本锚定机制中的难题，打通资本成本锚值到投资行为的传导路径，才是新常态下形成国有企业投资的高效供给，发挥出投资关键作用的有用之策。总结当前国有企业发展中的问题，不难发现，抑制其资本成本锚定效应发挥的障碍主要存在于以下几个方面。

1. 投融资"期限错配"

长期资本是企业的生命线，企业可以充分利用筹集到的各种资本金，对那些产生净利润的项目进行投资。企业的投资一般期限较长，在整个期间都需要足够的资金支持，一旦资金筹集或后续资金供应不足，往往容易导致投资失败。然而在我国滞后的金融系统中，长期投资往往很难获得与之期限相匹配的长期融资，金融市场本身提供的长期融资较少并且期限也较短，当这些极具投机色彩的短期资金大规模流向资产期限较长的投资项目，就会产生严重的投融资期限错配问题。白云霞等（2016）发现，我国企业与美国企业相比，同样存在资本资产的期限错配，并且国有企业的错配问题尤为严重。较低的期限匹配程度可能是以下原因所致：一方面，由于期限溢价，长期资本成本要高于短期资金。考虑到时间风险，短贷长投可以为企业节约资本成本，并且时间风险溢价越高，短贷长投所节约的资本成本就越多。在长短期利差较大的情况下，企业可能更加倾向于选择举借更多的短期资金。另一方面，考虑到我国市场长期存在的利率期限结构不合理，企业短贷长投可能并非企业的主动选择，而是在市场长期资本供应不足背景下的被迫反应。在利率市场化的长期推进过程中，金融市场的短期利率一直较高，长期利率的上浮空间也处于被压制状态，长期资本期限溢价还不能够完全补偿投资者的流动性偏好，也就是说市场还未形成对长期资本供给的有效激励，企业长期资本的可获得性较低，短贷长投的问题不完全是企业自身的投机行为，也是金融市场的扭曲所致。长期投资与融资的期限错配，是资本成本锚定机制发挥作用的一大阻碍。长远地看，期限错配的成本要远高于资本成本的节约。投资回收的期限与融资的期限相匹配是金融学的一个基本原则，当融资期限小于投资期限时，投资可能无法产生足够的现金流来偿还到期融资，这种不健康的财务匹配就增加了企业的财务风险，一旦财务风险暴露导致后续融资困难，企业将要面对巨大的投资失败风险，甚至陷入财务困境，而危机在金融系统中的传染性又会使得投资者不得不重视自身利益的保护，进而提高企业短期资金的风险要价。资本与资产的错配，严重扰乱了资本成本对企业投资的锚定效应传导路径，资本成本锚难以在多笔短期借款中获得准确估计，资本成本锚难以实现明确的有针对性的约束效应，期限错配极易在投资期间形成不稳定因素，无法确保投资能够高效、高质量完成。

当然，市场是进步中的市场，体制机制的完善最终会抑制这种由长短期利差驱动的期限错配行为。到时候，期限错配策略的成本优势逐渐丧失，投融资期限错配的问题将会得到缓解，资本成本对企业投资的锚定机制也会更加畅通。

2. 产权性质歧视

产权性质差异是发展国民经济不可忽视的一个重要方面。尤其在宏观经济新常态下，要大力发展混合经济，就必须正视经济活动中的产权异质性影响。国有资本与社会资本存在天然的差别，一方面，国有资本真正的持有者缺位，逐利本性还未真正激发，长久以来，国有资本缺乏运作效率，国有股东收益要求和实际获得的收益没有标准可依，国有经济部门市场表现不论优劣均有各级政府提供保护，这种隐形担保和预算软约束对投资者的主观投资意愿形成一种积极的信号传递，似乎将资本投入政府庇护之下的国有企业更具有安全感。但从整个社会来看，当国有企业缺乏效率时，这种投资行为实则是一种更大的资源浪费。作为重要的融资主体，由于软约束的存在，地方政府和国有经济部门的资本投资对资本成本却并不十分敏感，他们的资金需求始终处于饥渴状态，这些重要融资主体融资规模的扩大，会推高整个社会的平均资本成本，不利于保持资本成本对企业资本投资的良好锚定状态。

在传统上，基础设施和公共服务领域是国有资本投资的天然领域，这些领域突出地存在着自然垄断性、公共性和外部性。传统理论认为，社会资本进入这些领域不能持续的发挥稳定行业发展和保障国计民生的作用。然而，随着市场不断发展和现代科技尤其是信息技术对这些领域的全面渗透，所谓的自然垄断性、公共性、外部性等阻止社会资本进入的障碍逐渐变得可以逾越、克服、甚至消失，世界各国社会资本在公用事业领域的实践也为我国进一步放开社会资本管制开拓了可行的空间。因此，在市场经济中，政府职责有所取舍，在深化市场化程度的同时，降低政府干预，根据时代发展适时适度放开政府之手，才是强化市场作用、提升社会和经济效益的明智之举。

3. 投资机会压缩

我国经济迈入的宏观经济新常态，也是我国进入工业化后期的阶段，这一阶段往往是曲折和极富挑战性的。经过 30 余年高强度工业化前期和中期，在传统商业环境下可以创造较大利润的投资项目已基本被挖掘殆尽，原商业模式下有利可图的空间正在逐渐缩小，投资对经济发展的推动作用渐趋乏力。

因此，要想启动投资引擎，发现新的投资机会和投资领域显得格外珍贵。我们在强调投资的资本成本锚定观念时，必须要在战略高度首先确保所筛选的投资项目契合社会发展趋势，能够被社会所需，这样才能保证实际的投资收益，形成资本成本锚定机制的完美闭环。新常态时期，粗放的传统经济增长模式已经难以为继，而新兴产业尚未完全形成规模，在这种经济尴尬时期，创新无疑成为经济发展的重要动力。继续实施创新驱动战略，"大众创业，万众创新"，以新思路和新技术抢抓投资机会，带动新领域、新产业的发展，以平衡旧的、传统的产业历史遗留弊端，寻找新的增长点，消耗过剩的产能、实现产业转型升级才能更好地适应和引领新常态。社会基础设施领域如教育、文化、医疗保健等有利于拉动消费增长，高新技术领域、节能环保领域等都是时下极具吸引力的投资领域，但在当前的政策环境下，高新技术领域的投资得不到足够的刺激，社会基础设施和节能环保领域的投资难以产生持续的商业价值，这都对资本进入新的投资领域形成了硬性约束。

4. 资本成本锚定理念淡薄

资本成本锚定理念的树立在资本成本对企业财务行为的锚定机制中处于主观上的核心地位，具有资本成本锚定理念才能够正确理解企业一系列财务行为包括投资、融资和红利分配的资本成本锚定观。我们发现，我国国有企业尚未形成科学的资本成本锚定理念，也没有合理地对资本成本进行估算和运用。特别是分红理念的长期缺失，导致股权资本成本与企业投资之间的关系出现扭曲。实践中，国有企业各种决策对资本成本锚的忽视可能远超我们所见和所闻。缺乏资本成本约束意识，资本预算的折现率或内含报酬率选择与投资者的要求报酬率和实际投资项目的风险程度缺乏关联，企业的资本投资将脱离投资者的治理作用，特别容易发生非理性的投资行为，加剧国有企业效率损失。

　　理念的形成是一项长期工程，尽管资本成本约束理念的弱化，是现代财务管理研究和实践的最大缺漏之一，但在当前，理论界和实践单位对资本成本理念的传播并未得到有效加强。经济新常态下，我国企业尤其是国有企业亟须明确树立正确的资本成本理念，在资本成本锚定下形成稳定的投资行为。只有从根本上和源头上对资本成本在理念和数量上加以明确，才能发挥其对财务目标、投资决策在性质和数量上的锚定作用，以此引导企业做出正确的投资决策，实现企业价值（股东财富）最大化的财务目标。

第3章 国有企业资本成本锚值的测算与分析

鉴于资本成本对企业投资决策的重要锚定作用，国有企业资本成本锚值的合理量化对于企业本身财务活动的理性回归、提高资源配置效率以及激发国有经济活力，促进国有资本增值，带动非国有经济繁荣发展具有长远而深刻的意义。本章分别依据公益性国有企业和竞争性国有企业的企业目标，采用风险补偿技术分行业测算和确定国有股权资本成本以及其他性质股权和债权的资本成本，加权计算国有企业资本成本，并分层级设定公益性和竞争性国有企业的资本成本静态锚定值和动态锚定值。

3.1 资本成本估算技术分析与选择

资本成本估算一直是困扰公司财务决策者和研究者的难题，这不仅是由于资本成本估算技术本身的复杂性所致，也是由于众多估算模型的适用差别所致。一直以来，资本成本估算的主要分歧在于股权资本成本估算技术的合理选择。

3.1.1 股权资本成本测算

目前，学术界广泛使用的股权资本成本估算技术主要有两类：风险补偿技术和内含报酬率技术。

1. 风险补偿技术

风险补偿是指投资者因承担投资风险而要求的超过货币时间价值的

额外报酬。一般来讲，投资风险越大，理性投资者要求的报酬率就越高，这是风险补偿的基本原则。因此，采用风险补偿技术测算资本成本并非直接给资产定价，而是给资产确定一个与风险相匹配的预期收益水平。风险补偿技术是一种将风险度量转换为期望收益的方法，现有风险补偿类测算技术主要包括资本资产定价模型（CAPM）、套利定价模型（APM）和 Fama – French 三因素模型（FFM）。其中，APM、FFM 这两种模型都是在 CAPM 的基础上发展而来，都是以溢价的形式对风险进行补偿。从 CAPM 到 APM 再到 FFM，模型中涉及影响证券资产收益的风险因素越来越全面。根据证券投资组合理论，资产的风险分为系统性风险和非系统性风险，其中系统性风险不可分散，而非系统性风险可通过投资组合的方式加以分散。CAPM 是一种单因素的资本资产定价模型，该模型认为资本市场不会由于投资者承担了非系统性风险而给予他们补偿，故而仅考虑系统性风险作为有补偿的风险，资产的收益率主要由无风险收益率和由系统性风险决定的风险溢价构成。相较 CAPM，APM 模型引入了多个影响收益率的因素，是一种多因素的资本资产定价模型，该模型认为资产的收益率不但受系统性风险的影响，还与许多其他因素密不可分，这些因素包括通货膨胀、工业生产、利率期限结构的意外变化等，多因素的引入提高了 APM 模型的风险解释能力，扩大了 APM 模型的普适性。FFM 同样是一种多因素的资本资产定价模型，该模型在考虑市场风险溢价的基础上增加了对公司规模、账面市值比两个风险因素的补偿。

2. 内含报酬率技术

内含报酬率技术遵循预期收益贴现的思路，使得股票未来期间现金流的现值等于当前股票价格的内含报酬率即为股权资本成本。作为一种事前的资本成本测算技术，内含报酬率技术不再直接依赖于已实现的、历史的股票价格和收益数据，而是通过对未来股票价格和盈利能力进行合理预测，进而以预测的股票表现和盈余数据为主体测算股票的收益水平。现有内含报酬率测算方法主要有：股利折现模型（如 Gordon 模型）、剩余收益折现模型（GLS 模型）、非正常盈余增长估价模型（OJ 模型、PEG 模型、MPEG 模型）等。

股利折现模型是早期内含报酬率技术的典型代表。股利折现模型着眼于股票的预期股利与股利增长，其基本原理是：股票的内在投资价值可以用未来各期股利资本化的现值之和来表示，其中的折现率就是股权资本成本。现在我们通常使用的 Gordon 模型，其实是股利折现模型的一种特殊情况，由于对未来无限各期的股利预测是十分困难且不切实际的，Gordon 模型在股利折现模型的基础上引入了一个固定的收益增长率，使得股利预期变得简单可行。GLS 模型认为企业内在价值等于账面价值的现值和剩余价值的现值之和，其中，剩余价值指企业获得的高于股东必要报酬率的账面收益。基于干净盈余假设，GLS 模型以未来预期的每股净资产和预期的每股净资产收益率为数据基础进行贴现测算资本成本。OJ 模型认为股票价格与下一年的每股收益、每股收益的短期增长率、每股收益的长期增长率以及资本成本有关，可以运用倒推的方式测算资本成本。PEG 模型和 MPEG 模型互通表里，二者都基于市盈率和市盈增长比率，以未来预测的每股收益为基础测算资本成本，不同之处在于 PEG 模型不考虑非正常盈余的长期增长，而是假设非正常盈余的长期增长率也等于短期增长率。

3. 风险补偿技术与内含报酬率技术的比较

风险补偿技术重点在于识别并度量可补偿风险，从而对应风险水平调整收益预期。其难点在于风险系数的精确计算，无法确定资本资产对各风险因素的敏感程度，风险补偿也就无从谈起。尽管 CAPM 的推导建立在一系列严格假设条件之上，但这并不影响它成为目前证券市场使用频率最高的分析工具。相比较而言，APM 模型、FFM 的假设都要宽松一些，也更加符合现实的经济活动情境。内含报酬率技术的重点在于折现对象的选择，折现对象和期间的选择会带来估算结果的巨大差异，应用内含报酬率技术估算资本成本并不复杂，关键在于未来现金流量的预测取值是否可得？可得之后又是否有效？

企业选择资本成本测算方法的基本原则是计算简单，操作方便且有一定的数据储备。风险补偿技术适用于各种企业，尤其是规模企业、公众持有企业、杠杆率低的企业、经营比较稳定的企业以及管理层专业素质比较高的企业，对于这些企业而言，贝塔系数相对容易获取。在适用性上，内含报酬率技术受限较大，一方面，我国的资本市场并非有效，股票市场价格并不充分反映其内在价值；另一方面，披露制度缺陷导致内含报酬率技术缺乏足够数据储备。对国有企业而言，应用内含报酬率技术面临如下具体限制：自 2007 年，国有企业分红比例由政府规定，这种明示以强制要求报酬率的方式使得 Gordon 模型中的现金股利以及股利增长率取值缺乏自主性，分红制度虽然是政府股东追求财富的一种进步的表现，但它却忽视以一种政府管制的姿态凌驾于企业自主经营之上会给国有企业决策带来的不利影响；未来收益预期是内含报酬率技术的数据基础，在实务中，该数据或直接来源于市场上的职业分析师预测，或间接来源于 HVZ、RI 等盈余预测模型的回归结果，但由于我国证券分析师行业发展历史较短，加之处于上市公司公开信息披露存在不全面、不及时、不真实等普遍信息质量缺陷的特殊制度环境，分析师或其他信息处理者所获得的低质公共信息极大地影响着其预测行为的有效性；而且，未来市盈率、收益增长率等估值类数据带有很大的主观色彩，同时易受媒体曝光率等炒作行为的影响；还有，内含报酬率技术在运算上要比风险补偿技术复杂烦琐一些，对财务人员的技术要求也相应较高。

众所周知，我国股票市场同涨同跌现象普遍，市场风险突出，尤其国有企业受到政府的频繁干预，非系统性风险相对突出，投资者的系统和非系统性风险补偿就变成一个重要问题。实践中，对风险补偿的估计通常选择历史报酬率或期望报酬率，对于经营稳定的国有企业，在内外环境变化不大的情况下，历史报酬率具有较强适应性。即使 β 系数稳定性欠佳，但我们仍可通过线性回归方式得到适用的风险敏感系数从而获得预期的报酬率数值。APM 模型虽然未能全面列举影响资产预期收益率的风险因素，但它对风险因素的全面考虑使得其适用于对资本成本数额的精确度要求较高的企业，尽管套利定价理论具有一定的复杂性，但对国有企业这种较大型的企业而言，企业有足够的能力识别自身的风险因素并对风险值进行测量。我国股市并非有效，从投资者特征到整个市场配置功能，都呈现出不够成熟的特征。相较 CAPM 对完美市场的严格假设，APM 与 FFM 对投资者类型、投资者预期、投资期限等投资者个人偏好不做任何假定，放松了风险补偿技术的应用前提，并且，国有企业的规模特征以及国有属性带来的投资热情契合了 FFM 中的规模因子和账面市值比因子，三因素模型对国有企业资本成本补偿的解释力度应该高于对其他类型企业风险与收益补偿关系的解释力度。

综上所述，考虑尚不成熟的金融环境以及国有企业自身与众不同的多种特征，本章主要采用风险补偿技术来测算国有企业资本成本。随着国有企业改革和金融市场化改革的深化，以风险补偿技术测算国有企业资本成本将越来越可靠和有效。当然，有效的资本市场将不会拒绝内含报酬率技术的合理使用，随着职业分析师预测水平的提高，在能够获得足够信度和数量支持数据的前提下，国有企业的资本成本估算完全可以同时采用风险补偿技术和内含报酬率技术来进行，并彼此相互验证。

4. 风险补偿技术主要模型

（1）CAPM 模型。

$$E(R_i) = R_f + \beta_i [E(R_m) - R_f] \tag{3.1}$$

其中，R_f 是无风险报酬率，$E(R_i)$ 表示资产 i 的期望报酬率即股权资本成本，$E(R_m) - R_f$ 是市场风险溢酬，β_i 是资产 i 的收益率对市场整体收益率的敏感系数。模型中 R_f 无风险报酬的取值有两种：一种是选择银行存款利率，如毛新述等（2012）以一年期整存整取定期利率为基础作为无风险利率；另一种是选择国债收益率作为替代，如汪平等（2015）选取 2013 年发行的 5 年期以上国债复利计息利率作为无风险报酬率。在选择无风险利率时，其取值应该与被估测的现金流量期间相互匹配（Damodaran，2008）。本章的样本期间为 2007～2016 年，采用的是年度资本成本数据，考虑到定期存款利率多受政策的影响，最终采用当年一年期整存整取利率的加权平均值作为无风险利率，加权计算的权重为天数，2007～2016 年无风险利率的加权平均取值分别为：3.20%、3.92%、2.25%、2.30%、3.27%、3.22%、3.00%、2.97%、2.18%、1.50%。市场风险溢价数据采用达摩达兰（Damodaran）对于中国 2007～2016 年市场风险溢价的估算数据：5.84%、7.10%、5.85%、6.05%、7.05%、6.85%、5.90%、6.65%、7.20%、6.55%（见表 3-1）。β系数直接取自国泰安 CSMAR 数据库——中国股票市场风险评价系数 β 数据子库中的综合市场年 β 值。

表 3-1　　达摩达兰（Damodaran）估算的中国市场 ERP 数据　单位：%

项目	2007 年	2008 年	2009 年	2010 年	2011 年	2012 年	2013 年	2014 年	2015 年	2016 年
ERP	5.84	7.10	5.85	6.05	7.05	6.85	5.90	6.65	7.20	6.55

资料来源：Damodaran online，http：//pages. stern. nyu. edu/adamodar.

（2）FFM 模型。

法马和弗伦奇（Fama and French，1996）的三因素模型认为市场溢价、公司规模和账面市值比三个因子能够完全解释股票的截面收益差异，其构建的数学模型如下：

$$R_{i,t} - R_{f,t} = \alpha_i + \beta_{mf,i}[E(R_{mt}) - R_{ft}] + \beta_{smb,i}SMB_t + \beta_{hml,i}HML_t + \varepsilon_{it}$$

$$(3.2)$$

其中，$R_{i,t}$ 为资产组合（个股）收益率，$R_{f,t}$ 为无风险报酬率，$R_{m,t}$ 为市场收益率，SMB 为规模因子，HML 为账面市值比因子，$\beta_{mf,i}$、$\beta_{smb,i}$、$\beta_{hml,i}$ 分别为资产组合（个股）i 的收益率相对于市场风险溢价、规模因子和账面市值比因子的敏感系数，ε_{it} 为随机误差项。

本书选取 2007～2016 年沪深两市 A 股股票的月度收益率数据，并采用流通市值加权平均构造 Fama – French 三因子。运用时间序列数据，按照法马和弗伦奇（1996）的构造方法，对所有的样本股票按照账面市值比（BE/ME）划分为 3 个组合，按照流通市值（ME）划分为 2 个组合。然后进一步排列组合，构造出 6 个 ME 和 BE/ME 的投资组合。运用最小二乘估计法得到模型中的各个参数以及各个资产组合（个股）的年度股权资本成本。

3.1.2 债务资本成本测算

利率是人们对资本成本的早期认识。在财务学术史上，债务资本成本曾一度被认为是最重要的资本成本的内涵。西方著名的权衡理论和优序融资理论均认为，举借债务比发行股票更加有利，权衡理论主要着眼于税收优势带来的资本成本节约，直至用尽债务融资的好处时才考虑使用权益融资，优序融资理论权衡的是各种资本融资方式的成本，由于理论上债务资本成本低于股权资本成本，债务融资便优于权益融资而得到考虑。

在我国，由于股东利益保护机制漏洞，市场短期操作盛行，实际股权资本成本远低于贷款利息，企业存在权益融资偏好，西方融资理论对我国企业融资行为的解释力不强。但另一方面，我们却不得不承认，股权市场的缓慢发展还不能满足企业尤其是大型国有企业的资本渴求，银行贷款仍然是企业资本的重要来源。在我国目前固定资产投资资金来源中，债务性融资占据首位（李扬，2015）。金融市场的各种变化，尤其是近些年互联网金融的发展、IPO 加速等，并没有改变我国经济过分依赖债务性融资的格局，多数情况下只是改变了融资路径，没有超越间接融资的本质。2007 ~ 2016 年，我国的国有上市公司数据中，每年资产负债比率的中位数分别为 52.57%、53.74%、55.44%、54.97%、54.78%、54.68%、55.20%、55.06%、52.80%、52.74%，负债仍然占比一半以上，所有者权益比率没有特别明显的上升。并且，国有企业一直以来是不良贷款的高发地，银行与国有企业之间不清晰的产权关系广遭诟病。在这种情况下，测算国有企业债务资本成本，从中探索国有企业与银行等金融机构真实的债务关系和形成过程，于细节处研究当下"去杠杆""降成本"重要任务的新思路和新方法，对国有企业乃至整体经济资本配置和用资效率的提升具有更加现实可行的指导意义。

　　由于债务契约的存在以及财务报告的公开，测算债务资本成本的数据基础相对客观和准确，关于债务资本成本测算的争议也相对较小。邹和亚当斯（Zou and Adams，2006）、崔伟（2008）对债务资本成本的研究使用了模型：（利息支出 + 资本化利息）/平均负债总额；蒋琰（2009）对债务资本成本的研究使用了模型：利息总支出/长短期债务总额平均值。本研究认为，国有企业的总体负债中，有很大一部分信用负债如应付账款等并不需要支付利息，其资本成本为 0，分子利息支出与其所除分母并不是对应关系，纳入无息或免息债务无疑降低了国有企业真实的资本成本水平，因此，本书仅从总负债中识别出来带息负债并将其纳入债务资本成本的测算，建立如下模型：

$$R_d = \frac{\text{Interest expense} + \text{Capitalized expense}}{\text{Liability with interest}} \times (1 - T) \qquad (3.3)$$

其中，R_d 为债务资本成本也即利息率，Interest expense 为费用化利息，Capitalized expense 为资本化利息，Liability with interest 为带息负债总额，T 为当年适用的企业所得税率。

3.2　国有企业资本成本的分类估算与分析

　　一直以来，国有企业的经营绩效和市场表现备受诟病，与非国有企业相比，很多研究都发现国有企业效率低下。单一的市场化改革目标使得国有企业在追求经济效益与社会效益之间无法达到平衡，应以经济效益为主的国有企业以承担社会职能为由开脱效率低下责任，而本应以提供公共产品和服务为主的国有企业却过度追逐经济利益，引发不安定因素。因此，国有企业分类改革和治理成为当下深化国有企业改革的必然选择，而分类估算与分析不同国有企业的资本成本则是有效发挥资本成本锚定效应、提升国有企业投效率的关键。

3.2.1　国有企业类型与资本成本分析

2015 年 12 月，国资委联合财政部、国家发展改革委员会发布《关于国有企业功能界定与分类的指导意见》，意见明确指出将国有企业划分为商业类国有企业和公益类国有企业。两类国有企业的不同功能定位势必在资本成本这一重要财务指标上显现出变化和差异。

1. 商业类国有企业的资本成本分析

商业类国有企业的改革模式是适应市场要求，通过公司股份制改革建立现代企业制度，成为充满活力的独立市场主体。指导意见指出，对于商业类国有企业，国有资本可以绝对控股、相对控股，也可以参股，支持引入非国有资本和其他国有资本，形成多元股权结构。结合一直以来的混合所有制改革，可以预期，商业类国有企业将不可避免地发生股权结构的变化，随之而来的是一系列管理方式、内部治理、经营理念等方面的碰撞，在这个过程中，资本成本概念的重要性便凸显出来。因此，对商业类国有企业各年度资本成本进行测算，针对不同性质资本的资本成本水平及趋势进行比较和分析，对于商业类国有企业优化资本结构、提高国有资本回报、规范国有资本运作等环节极具指导价值。

（1）商业类国有企业的股权资本成本。表 3 - 2 列示了商业类国有企业每年的平均股权资本成本水平[①]。2007～2016 年商业类国有企业的

---

① 如前所述，本书的国有企业以实际控制人股权性质为判断依据，当实际控制人股权性质为国有时，判定该企业为国有企业；另外，指导意见给出的商业类和公益类是两个大的概念，缺乏细可操作的分类标准，而"谁出资、谁分类"的原则比较主观，并且目前无法获取各出资人对国有企业的详细分类，因此，本书采用行业分类依据，借鉴孙学玉和周义程（2007）对公用事业企业的范围界定，选取公用事业企业作为公益类国有企业，其余国有企业为商业类国有企业。

年度股权资本成本均值如表 3 - 2 所示。其中，资本成本数值在 2008 年和 2015 年的测度值相对较高，本书认为这是由于全球金融危机和国有企业改革政策的影响。全球金融危机导致资本市场低迷，市场风险增大，国有企业通过股市融资的难度增加，导致股权资本成本上升。2015年，中共中央国务院发布《深化国有企业改革的指导意见》，国有企业改革增加了投资者对收益预期的不确定性，平均股权资本成本升至0.1560，随后的分类改革则可认为是一种利好政策，2016 年商业类国有企业的股权资本成本均值降到了历年最低 0.0823。通过标准差可知，商业类国有企业股权资本成本各年度分布相对稳定，本书认为这是因为国有企业长期经营相对稳定，市场对国有企业存在无形偏好，而且长久以来，国有企业的股东都保持相对稳定，只是近两年股权结构的变化才逐渐频繁起来，但在数据上还未明显地体现出来。此外，从样本容量来看，近年来，商业类国有企业存在逐渐减少的趋势，说明国有企业改革确有成效，一方面，一些"僵尸企业"通过兼并重组等方式退出了竞争市场；另一方面，国有资本逐渐撤出一般性竞争行业和领域，一部分国有企业民营化之后已经有序退出。

49

表 3 - 2　　　　　　　商业类国有企业股权资本成本年度分布

年度	观测值	均值	最小值	中值	最大值	标准差
2007	815	0.0967	0.0116	0.1010	0.1730	0.0186
2008	843	0.1310	0.0846	0.1290	0.3470	0.0232
2009	860	0.0971	0.0110	0.0980	0.1550	0.0102
2010	900	0.0895	0.0059	0.0915	0.1210	0.0157
2011	894	0.0913	0.0134	0.0925	0.1580	0.0135
2012	841	0.1000	0.0482	0.1010	0.1600	0.0118
2013	836	0.0915	0.0450	0.0947	0.1250	0.0156
2014	830	0.0927	0.0200	0.0915	0.1930	0.0156
2015	836	0.1560	0.0133	0.1530	0.3810	0.0457
2016	833	0.0823	0.0273	0.0840	0.1400	0.0144

表 3 - 3 为商业类国有企业的退出情况。根据实际控制人性质变更

样本，几乎每年约有 13 家商业类国有企业实现控股股东性质的转移而实现民营化，根据退市样本可知，每年约有 18 家商业类国有企业退出资本市场，可能是破产清算退出，也可能是被改组兼并而丧失独立法人地位。

表 3 - 3 商业类国有企业的退出情况

项目	2008 年	2009 年	2010 年	2011 年	2012 年	2013 年	2014 年	2015 年	2016 年
变更样本	10	10	13	22	12	14	14	15	10
退出样本	15	19	19	29	13	16	15	17	25

（2）商业类国有企业的债务资本成本。表 3 - 4 列示了商业类国有企业每年的平均债务资本成本水平。2007 ~ 2016 年商业类国有企业的年度债务资本成本均值如表 3 - 4 所示。其中，2008 年、2009 年债务资本成本平均水平较高，达到 5.62%、6.08%，本书认为受次贷危机波及，部分国有企业盈利困难，偿债能力降低，即使我国实施了宽松的货币政策也没能降低企业的债务资本成本，企业用资偿息是一个内生问题，外部宽松的财政政策（4 万亿拉动内需）和货币政策（降息降准）经过一系列的中间过程，最终对实体企业的扶持作用微乎其微，仅仅依靠流动性刺激企业发展，不能必然地提高企业内在的盈利能力和价值。2016 年，商业类国有企业的债务资本成本均值为 0.0409，是十年以来的最低水平，这一方面是由于贷款基准利率下调，另一方面多种非国有资本的进入压缩了举债空间，企业举债规模缩小，而且分类改革下，也有可能是债权人基于对国有企业良好的预期而降低了对资本的报酬率要求。

表 3 - 4 商业类国有企业债务资本成本年度分布①

年度	观测值	均值	最小值	中值	最大值	标准差
2007	730	0.0504	0.0005	0.0399	0.3100	0.0475
2008	750	0.0562	0.0005	0.0451	0.3100	0.0520
2009	760	0.0608	0.0005	0.0441	0.3100	0.0602

① 由于计算债务资本成本所需变量数据缺失较多，因此，观测值相较计算股权资本成本时有所减少。由于原始数据的可能性错误，同时避免极端值对样本分布形态的干扰，对测算的债务资本成本数据在 2nd 和 98th 百分位上进行了 Winsorize 处理。

续表

年度	观测值	均值	最小值	中值	最大值	标准差
2010	790	0.0424	0.0005	0.0328	0.3100	0.0496
2011	790	0.0463	0.0005	0.0374	0.3100	0.0496
2012	740	0.0482	0.0005	0.0398	0.3100	0.0493
2013	740	0.0445	0.0005	0.0362	0.3100	0.0485
2014	750	0.0448	0.0005	0.0387	0.3100	0.0439
2015	740	0.0433	0.0005	0.0354	0.3100	0.0466
2016	740	0.0409	0.0005	0.0318	0.3100	0.0516

对比来讲，商业类国有企业的年均债务资本成本明显低于同期银行贷款利率（如表3-5所示），不可否认，商业类国有企业的国有属性为其节约了大量的用资成本。在我国转轨经济背景下，经济资源和金融资源处于政府的控制之下，在资源获取上，国有企业和非国有企业之间存在巨大差异。不少研究发现，由于受政府行政指令以及隐性担保的影响，以四大国有商业银行为主导的银行体系对国有企业存在体制性偏好，它们将大量的信贷资源提供给了经济效率相对较低的国有企业，而很多盈利能力和成长机会更好的民营企业却容易受到信贷融资约束（Allen et al.，2005；Brandt and Li，2003；Cull and Xu，2005；张军和金煜，2005）。

表3-5 金融机构人民币贷款基准利率（2015年10月24日更新）

调整时间	6个月以内（含6个月）	6个月至1年（含1年）	1至3年（含3年）	3至5年（含5年）	5年以上
2007年12月21日	6.57	7.47	7.56	7.74	7.83
2008年9月16日	6.21	7.20	7.29	7.56	7.74
2008年10月9日	6.12	6.93	7.02	7.29	7.47
2008年10月30日	6.03	6.66	6.75	7.02	7.20
2008年11月27日	5.04	5.58	5.67	5.94	6.12
2008年12月23日	4.86	5.31	5.40	5.76	5.94
2010年10月20日	5.10	5.56	5.60	5.96	6.14

续表

调整时间	6个月以内 (含6个月)	6个月至1年 (含1年)	1至3年 (含3年)	3至5年 (含5年)	5年以上
2010年12月26日	5.35	5.81	5.85	6.22	6.40
2011年2月9日	5.60	6.06	6.10	6.45	6.60
2011年4月6日	5.85	6.31	6.40	6.65	6.80
2011年7月7日	6.10	6.56	6.65	6.90	7.05
2012年6月8日	5.85	6.31	6.40	6.65	6.80
2012年7月6日	5.60	6.00	6.15	6.40	6.55
2014年11月22日	5.60		6.00		6.15
2015年3月1日	5.35		5.75		5.90
2015年5月11日	5.10		5.50		5.65
2015年6月28日	4.85		5.25		5.40
2015年8月26日	4.60		5.00		5.15
2015年10月24日	4.35		4.75		4.90

注：自2014年11月22日起，金融机构人民币贷款基准利率期限档次简并为1年以内（含1年）、1至5年（含5年）和5年以上三个档次。

资料来源：中国人民银行官网。

本书测算的债务资本成本是根据企业生产和公布的财务数据，非是取自银行等金融机构对贷款利率的直接记录，由于财务数据均为当期取值，所得债务资本成本反映的仅是每一相应会计期间的成本水平。2017年，中国财政科学研究院发布的"降成本"调研报告显示，2014～2016年，国有企业银行贷款加权平均利率分别为6.13%、5.91%和5.26%，而民营企业则为7.65%、7.41%和6.79%。应该指出，这里的贷款利率是包含通货膨胀的名义利率，与财务上的债务资本成本存在很大差别：其一，基于权责发生制的会计数据存在严格的期限配比，可以认为这种期间上的匹配能够在一定程度上消除通货膨胀和期间因素的影响；其二，国有企业的财务数据里极有可能包含大量的违约贷款，这些不良贷款往往由政府兜底，但却在财务报告中体现出了较低的资本成本。

2. 公益类国有企业的资本成本

国有企业功能定位不同，相应的国有资本运行轨道不相同。近几年，国有资本不断从竞争性领域撤出，加大对公益性领域的投入，作为一种报酬率要求，国有股东的资本成本在商业类和公益类国有企业之间是否有显著的差别？公益性质影响国有企业的资本成本了吗？市场化改革是否会促使政府股东对国有企业形成合理的资本成本约束？都有待作进一步的实证检验。另外，在公益类国有企业政府规制中，资本成本是一个关键参数，是构成垄断产品或服务价格的重要组成部分。无论是公正报酬率规制还是价格上限规制，资本成本作为投资者的必要报酬，都是确定价格的核心参数。可以说，资本成本的估算质量直接决定政府规制的质量，影响着公益类国有企业的效率。因此，测算公益类国有企业的资本成本，科学合理地确定政府投资回报，不仅有利于平衡企业的自主经营与政府干预，统筹兼顾社会效益与经济效益，也有利于政府部门对公益类国有企业实施合理高效的政府规制。

（1）公益类国有企业的股权资本成本。表 3 - 6 列示了公益类国有企业每年的平均股权资本成本，与商业类国有企业相比，公益类国有企业的股权资本成本处于较低水平，证明政府股东对公益类国有企业的报酬率要求确实比较宽松。2007 ~ 2016 年公益类国有企业的年度股权资本成本均值如表 3 - 6 所示。与商业类国有企业一致，资本成本数值在2008 年和 2015 年的测度值相对较高，而在其他年度则保持相对稳定。通过公益类国有企业每年的样本量可以看出，近年来，公益类国有企业逐年增加，国有企业改革成果日渐突出，国有资本在撤出竞争性领域的同时，不断加大对公用事业的投入，国有经济保障国计民生的能力将不断增强。

表 3 - 6　　　　　公益类国有企业股权资本成本年度分布

年度	观测值	均值	最小值	中值	最大值	标准差
2007	109	0.0953	0.0563	0.0904	0.1380	0.0166
2008	111	0.1240	0.0766	0.1230	0.1750	0.0201
2009	109	0.0961	0.0110	0.0975	0.1160	0.0139
2010	108	0.0844	0.0581	0.0861	0.1180	0.0134
2011	110	0.0861	0.0521	0.0880	0.1120	0.0126
2012	184	0.0905	0.0194	0.0938	0.1240	0.0142
2013	186	0.0797	0.0451	0.0819	0.1120	0.0178
2014	190	0.0902	0.0564	0.0859	0.2010	0.0209

续表

年度	观测值	均值	最小值	中值	最大值	标准差
2015	195	0.1360	0.0504	0.1350	0.2460	0.0362
2016	202	0.0775	0.0415	0.0769	0.1140	0.0128

（2）公益类国有企业的债务资本成本。表3－7列示了公益类国有企业债务资本成本的年度分布情况。2007～2016年，公益类国有企业的年均债务资本成本如表3－7所示，其中，2009年与2015年的年均资本成本水平达到5.22%峰值，显著高于其他年度，并且与表3－5中人民银行公布的贷款基准利率相比，公益类国有企业年均债务资本成本水平明显偏低。作为公益类国有企业的实际控制人，政府的行政地位带来国有企业占用社会资源和政治资源的巨大便利。就金融资源而言，政府控制的公益类国有企业获取金融资源的能力与其他企业是不同的，尤其是公益类国有企业在基础设施、人民生活保障方面承担重要的社会责任，行政色彩高于其他企业，而且，企业高管本身来源于政府高层或与政府高层存在紧密的联系，这种高管联结关系，也增强了企业获取金融资源的能力。特别是国有企业实施分类改革以后，这种资本获取能力逐渐在商业类国有企业与公益类国有企业之间拉开差距。

表3－7　　　　　　　公益类国有企业债务资本成本年度分布[①]

年度	观测值	均值	最小值	中值	最大值	标准差
2007	100	0.0443	0.0005	0.0353	0.3100	0.0481
2008	100	0.0476	0.0005	0.0417	0.3100	0.0422
2009	110	0.0522	0.0005	0.0464	0.3100	0.0365
2010	100	0.0400	0.0005	0.0353	0.3100	0.0334
2011	110	0.0472	0.0005	0.0384	0.3100	0.0457
2012	180	0.0507	0.0021	0.0439	0.3100	0.0456
2013	180	0.0448	0.0009	0.0436	0.3100	0.0283

①　由于计算债务资本成本所需变量数据缺失较多，因此，观测值相较计算股权资本成本时有所减少。由于原始数据的可能性错误，同时避免极端值对样本分布形态的干扰，对测算的债务资本成本数据在2nd和98th百分位上进行了Winsorize处理。

年度	观测值	均值	最小值	中值	最大值	标准差
2014	180	0.0452	0.0005	0.0430	0.3100	0.0335
2015	190	0.0522	0.0005	0.0428	0.3100	0.0556
2016	200	0.0404	0.0005	0.0357	0.3100	0.0365

3. 不同性质资本成本的比较

资本成本的本质是报酬率，是在投资行为发生前，投资者基于风险承担而产生的利益诉求。不同投资者承担的风险不同，所要求的报酬率也不同。股东享有的是所有权，所有者权益是一种剩余权益，并且带有很大的不确定性，每年的资本分红不仅与经营成果有关，更与企业的内部治理质量密切相关。而债权人的权益是一种优先权益，利息的支付受法律条文保护，无论企业经营情况和内部治理水平如何，还本付息始终先于股利的支付。这种风险上的显著不同，必然导致不同投资者要求报酬率的差异。即使是同一企业的同一项目，由于保护机制的不同，债权人承担的风险也要远远小于股东，这也就相应决定了股权资本成本高于债务资本成本的基本格局。

我国国有企业长期处于政府刚性兑付、预算软约束和银行关照之下，债务资本成本自然是处在较低水平。而在股票市场中，国有上市企业尤其是国有大中型企业却以其雄厚的资产、一流的技术水平、先进的经营管理模式以及较好的企业素质，给予投资者良好的收益预期，吸引了大量的资本投入。一方面，国有企业的软硬件竞争优势使得投资者增加了对国有股票的收益预期；另一方面，国有企业产权模糊、较少分红、政府干预等问题又增加了资本投资风险，风险厌恶的投资者基于未来收益的不确定性，会提高其对投出资本的必要报酬率，以期获得对等收益。

图 3 - 1 和图 3 - 2 分别为商业类国有企业和公益类国有企业的股权资本成本与债务资本成本的直观比较。可以很明显的看出，2007 ~ 2016年，国有企业的债务资本成本一直在 5% 左右的水平上下波动，而股权资本成本则一直在 10% 左右的水平上下波动。二者的变化趋势基本保持一致，但国有企业股权资本成本一直处于债务资本成本的上方。这不仅在

表面上说明国有企业在负债和股票融资方面的风险和成本问题，也说明当前我国的债券市场、银行系统以及国有企业独立主体改革仍需继续推进。

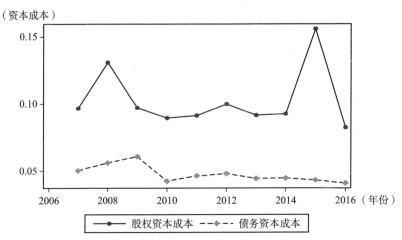

图3-1　商业类国有企业股权资本成本与债务资本成本

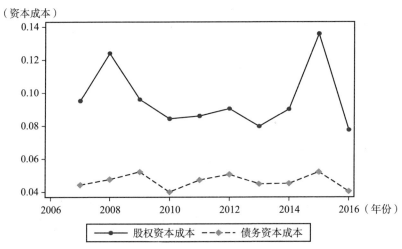

图3-2　公益类国有企业股权资本成本与债务资本成本

3.2.2　国有企业资本成本的层级分析

根据资本逐利性，提供资本的一方必将追求与提供这种经济资源相应的报酬，且这种报酬在理论上是众多投资选择中的一种较优选择；而使用资本的一方必将为占用这种经济资源付出成本代价，且这种成本代价在理论上是众多筹资来源中的一种较优选择。因此，资本成本的确定在于资本提供者与资本使用者在选择上的一致性和契合性。

实务中，由于投资收益的不确定性、缺乏决策经验和认知努力等因素，资本提供者和资本使用者在确定一致的资本成本时存在困难。如何在资本提供者必要报酬率水平和企业投资项目的最低收益水平之间确定比较基准成为一个较难解决的问题。也因此，现实中多数企业选择忽视项目间的异质性，对所有项目使用同一资本成本做折现率（Brigham，1975；Kester et al.，1999），或者将资本成本取值限定于同一个行业中、风险与规模都大致相当的企业之间，对行业资本成本进行估算（Miller and Modigliani，1966；Fama and French，1997；Gregory and Michou，2009；Giaccotto et al.，2011）并作为确定企业资本成本的参考标准。这种做法虽然简单可行，但却严重偏离了资本成本内含价值，在一定程度上破坏了资本成本在内部治理和非理性财务行为上的约束机制，降低资本成本对企业投资效率的正面作用。因此，本书将企业的资本成本划分为三个层级，一是企业所处行业的行业资本成本，二是企业层面的加权平均资本成本，三是项目层面的项目资本成本，其中，行业资本成本分析将在下一小节进行。

1. 加权平均资本成本

在企业的投融资运作中，资本来源多种多样，但归根究底可分为股权融资和债务融资两类。股权资本是企业存在的首要前提，股东以出资比例为限享有企业的剩余收益和企业管理的参与权或决定权。债务资本是除股东出资以外重要的资金来源，每一笔负债都在重构企业资本结构，极少存在资本来源单一的企业。债务资本成本一般体现为利息，按照合同规定支付。股权资本成本一般表现为股利和资本利得，虽然不是一种强制性支出，但是企业当期选择不对股东支付报酬，并不代表企业将来不需要支付这种成本，甚者，由于货币时间价值和风险价值的存在，未来支付的报酬理应高于当期支付的报酬。否则，投资者会通过资本市场或者其他途径将资金撤离企业，投向更能获益的项目或企业。

以 MM 理论为代表的现代财务理论认为，公司的资本成本是在考虑

57

节税作用的前提下，股权和债权资本成本的加权平均，两者共同决定公司的资本成本，构成估测公司价值的折现率，这就是所谓的加权平均资本成本。它不仅包括强制性的事先约定好的债权资本成本，还包括非强制性的但是影响投资者是否继续投资或追加投资的股权资本成本。可见，加权平均资本成本的测算单元是整个企业，它代表的是复杂资本结构下公司层面的平均资本成本水平。具体测算模型如下：

$$Wacc = R_e \times W_e + R_d \times W_d \tag{3.4}$$

其中，R_e 为按照 CAPM 和 FFM 计算的股权资本成本的算数平均值，R_d 为债务资本成本，W_d 为负债的账面价值与资产总额账面价值的比例，$W_e = 1 - W_d$ 是所有者权益的账面价值比例。

表 3-8 为国有企业总样本的加权平均资本成本年度分布情况。其中股权资本成本采用 CAPM 与 FFM 两种模型估算值的算术平均，债务资本成本按照模型（3.3）计算，二者的权重为所有者权益与负债的账面价值比例。

表 3-8　　　　国有企业加权平均资本成本年度分布

年度	观测值	均值	最小值	中值	最大值	标准差
2007	820	0.0716	0.0061	0.0679	0.2820	0.0264
2008	840	0.0893	0.0143	0.0847	0.2780	0.0328
2009	850	0.0749	0.0140	0.0717	0.2850	0.0281
2010	890	0.0617	0.0118	0.0592	0.2150	0.0238
2011	890	0.0654	0.0112	0.0630	0.2630	0.0244
2012	910	0.0704	0.0081	0.0681	0.2510	0.0242
2013	920	0.0650	0.0086	0.0633	0.3030	0.0250
2014	920	0.0663	0.0052	0.0635	0.2950	0.0239
2015	930	0.0950	0.0113	0.0890	0.2730	0.0397
2016	940	0.0590	0.0082	0.0563	0.2230	0.0224

根据表 3-8 结果可知，2007~2016 年，国有样本的年度加权平均资本成本均值分别为 0.0716、0.0893、0.0749、0.0617、0.0654、0.0704、0.0650、0.0663、0.0950、0.0590，2008 年、2009 年、2015

年加权平均资本成本水平处于较高水平，2010 年、2016 年加权平均资本成本处于较低水平，与上述股权资本成本和债务资本成本相比，加权平均资本成本处于二者之间，反映的是公司整体资本成本的平均水平。

由于国有企业的不同类型会导致股权资本成本和债务资本成本拉开差距，分类别测算加权平均资本成本，从而在公司层面判断整体的系统风险水平具有同样重要的现实意义。表3－9、表3－10 分别为商业类国有企业和公益类国有企业的加权平均资本成本年度分布情况。2007 ～ 2016 年，商业类国有样本的年度加权平均资本成本均值如表3－9 所示，公益类国有样本的年度加权平均资本成本均值如表3－10 所示，相比较之下，公益类国有企业的加权平均资本成本明显低于商业类国有企业，与表3－8 中的加权平均资本成本均值相比，在剥离公益类国有企业样本之后，表3－9 中的加权平均资本成本均值出现明显上升。纵向来看，与国有企业总样本一致，两个子样本所得资本成本均值均在2008 年、2009 年、2015 年企业处于较高水平，在2010 年、2016 年处于较低水平，并且与各子样本的股权资本成本和债务资本成本相比，加权平均资本成本仍处于二者之间，反映着公司整体资本成本的平均水平。

表3－9　　　　商业类国有企业加权平均资本成本年度分布

年度	观测值	均值	最小值	中值	最大值	标准差
2007	710	0.0722	0.0061	0.0688	0.2820	0.0269
2008	740	0.0909	0.0143	0.0861	0.2780	0.0332
2009	750	0.0757	0.0261	0.0722	0.2850	0.0290
2010	780	0.0625	0.0118	0.0602	0.2150	0.0245
2011	780	0.0660	0.0112	0.0638	0.2630	0.0242
2012	730	0.0715	0.0081	0.0698	0.2510	0.0248
2013	740	0.0663	0.0086	0.0643	0.3030	0.0265
2014	740	0.0668	0.0052	0.0643	0.2950	0.0253
2015	730	0.0970	0.0113	0.0907	0.2730	0.0411
2016	740	0.0599	0.0082	0.0572	0.2230	0.0236

表 3 - 10　　　　　公益类国有企业加权平均资本成本年度分布

年度	观测值	均值	最小值	中值	最大值	标准差
2007	100	0.0669	0.0316	0.0639	0.1780	0.0219
2008	100	0.0779	0.0357	0.0752	0.2520	0.0280
2009	100	0.0683	0.0140	0.0668	0.1210	0.0194
2010	100	0.0563	0.0210	0.0551	0.1070	0.0159
2011	110	0.0607	0.0296	0.0563	0.2530	0.0253
2012	180	0.0658	0.0278	0.0634	0.1780	0.0205
2013	180	0.0599	0.0261	0.0580	0.1260	0.0162
2014	180	0.0641	0.0290	0.0621	0.1370	0.0170
2015	190	0.0877	0.0300	0.0828	0.2570	0.0333
2016	200	0.0556	0.0199	0.0532	0.1700	0.0166

2. 项目资本成本

加权平均资本成本是各类资本要素的加权平均，是就企业总体而言的，一般用于评估企业整体资产价值。在现实经营活动中，企业的投融资活动一般为项目导向。不同项目存在多种风险差异，对于多元化经营的企业，各投融资项目分属不同类型，用资周期、用资规模以及项目回款速度和盈利能力都存在较大差别，如果简单地将加权平均资本成本用于所有部门和所有投资项目的评估，显然不妥。仅在投资项目的风险与企业现有资产的评价风险处于同等水平时，可以用加权平均资本成本简单替代项目资本成本，但如果投资项目的风险高于或低于企业现有资产评价风险，企业就必须单独测算项目资本成本，精确锁定业务风险特点，决定项目是否值得投资以及如何对投资相关活动进行控制。

作为一种机会成本，项目资本成本是投资项目必须达到的最低收益率，最低标准便是投资者的要求报酬率。以投资项目为决策单元，本书假设投资者的要求报酬率仅与该项目的投资风险有关，并且取决于无风险报酬率和项目的风险溢价。根据投资组合理论，项目资本成本只与投资资产的系统风险有关，与非系统风险无关，因为证券市场只对不可消除的风险予以定价，因此，在项目投资决策过程中，重点是根据项目的系统风险调整风险评价系数，从而估计投资项目的风险来调整资本成本。

（1）行为财务理论。受项目投融资披露类型和程度所限，我们无法详细得知企业内部股权和债务资本在各个投资项目之间的配比情况。因此本书将视角转向行为财务理论，运用行为资产定价模型（Behavioral Capital Asset Pricing Model，BAPM）测算投资项目的资本成本。

行为财务理论对现代财务理论的突破在于，在行为财务视角下，资本成本是投资活动和融资活动的资本成本，投资和融资活动的资本成本虽然都会影响公司价值，但该财务理论仅以投资活动资本成本作为估算公司价值的折现率，融资活动资本成本不再反映到原来的折现率中，而是以影响现金流的形式，影响着公司价值。行为财务理论将资本成本的研究重点转变成测算企业投资活动的资本成本。项目资本成本是机会成本，是一种潜在的损失，与投资活动有关，与融资活动无关。根据风险补偿原则和投资组合理论，投资活动的资本成本仅仅与投资对象的系统风险有关，因此，测算投资活动资本成本的核心步骤在于测算企业投资项目的系统风险，然后予以定价。

（2）项目资本成本测算。从项目层级来看，如果以 CAPM 来估算资本成本则十分不妥。CAPM 中的风险评价系数包含了较多因素，比如市场噪声，对于公司层级，市场噪声尚在风险评价误差容忍范围之内，而越往具体的项目层级，市场噪声的影响越发成为不可忽视的一部分。证券投资者的非理性行为导致应用 CAPM 估计的项目资本成本出现较大偏差，只有剔除其中的噪声交易者风险，才能得到对应项目投资基本风险的更加准确的报酬率估计。所以，我们在 BAPM 框架下，通过组建动量组合的方法将由噪声交易者产生的异常收益剔除，获取相对准确的资产风险评价系数，计算出只反映项目系统风险的 β 值，并带入 CAPM 模型进一步测算项目资本成本。

具体计算过程为：

①构建动量组合。以 2007 年 1 月至 2016 年 12 月的沪深 A 股市场为样本，以月均换手率降序排列，将前 500 只股票作为成分股构建动量组合，半年为周期更换成分股，以月度数据按照公式（3.5）计算每一期的修正动量指数①。

---

①　借鉴邵希娟：《公司资本投资决策方法与应用》，华南理工大学出版社 2012 年版。

$$MDVI_t = \frac{\sum (S_{it} \times P_{it})}{\sum (S_{i0} \times P_{i0})} \times I_0 \qquad (3.5)$$

其中，$MDVI_t$ 表示第 t 月的动量指数；P_{it} 表示第 i 只成分股第 t 月末的股价；S_{it} 表示第 i 只成分股第 t 月末的流通股数；以 2006 年 12 月为基期；I 表示调整因子。样本限制为在 2006 年前就已经上市的 A 股上市公司。

其次，根据公式（3.6）计算每月的动量指数变化率 R（MDVI），其中下标代表期间。

$$R(MDVI) = \frac{MDVI_t - MDVI_{t-1}}{MDVI_{t-1}} \qquad (3.6)$$

②测算权益 β（Xi）（基本风险系数）。首先根据股票复权价格变化率，计算各个国有企业的月度股票收益，如公式（3.7），X_i 表示第 i 个国有企业。其次，将第 i 家国有企业的月度股票收益与同期动量指数变化率按照公式（3.8）做线性回归，得到回归系数矩阵即为剔除了噪声交易者风险仅保留系统风险中的基本风险的国有企业权益 β。

$$R_t(X_i) = \frac{P_{fqt} - P_{fqt-1}}{P_{fqt-1}} \qquad (3.7)$$

$$R_t(X_i) = \alpha + \beta(X_i) \times R_t(MDVI) + \varepsilon \qquad (3.8)$$

③测算项目 β。通过构建修正的动量指数（MDVI）来估测权益 $\beta(X_i)$，卸载杠杆就得到经营 β 即为项目系统风险系数。首先计算卸载杠杆因子 $[1 + (1 - T) \times D/E]$，其中 T 为所得税率，D 为债务市值，E 为权益市值。因为能够产生杠杆效应的是有息负债，所以计算卸载杠杆系数时，D 使用的是有息负债，如短期借款、金融性负债、长期借款等，并不包含如应付账款等自发性负债。E 为按照股价×流通股数+每股账面价值×非流通股数计算得出的企业权益市值。

其次按照公式（3.9）所示权益 $\beta(X_i)$ 和经营 β 的关系卸载杠杆得到可比国有企业的经营 β，用以衡量可比公司的经营系统风险的大小，将其平均就得到了项目 β，记为 β_{pr}。

$$\beta_{pr} = \frac{\beta(X_i)}{1 + (1 - T_{it}) \times D_{it}/E_{it}} \qquad (3.9)$$

④测算项目资本成本。将计算的项目 β 带入 CAPM 模型，可计算得出项目资本成本。

表 3－11 为国有企业全样本的项目资本成本年度分布情况。2007～2016 年，国有企业年均项目资本成本如表 3－11 所示。

表 3－11　　　　　　　国有企业项目资本成本年度分布情况

年度	观测值	均值	最小值	中值	最大值	标准差
2007	790	0.0721	0.0149	0.0718	0.1190	0.0187
2008	840	0.0859	0.0149	0.0854	0.1190	0.0175
2009	860	0.0607	0.0149	0.0600	0.1190	0.0191
2010	890	0.0625	0.0149	0.0616	0.1190	0.0211
2011	890	0.0656	0.0149	0.0645	0.1190	0.0199
2012	910	0.0718	0.0149	0.0708	0.1190	0.0183
2013	910	0.0603	0.0149	0.0588	0.1190	0.0187
2014	890	0.0479	0.0149	0.0454	0.1190	0.0231
2015	880	0.0681	0.0149	0.0673	0.1190	0.0243
2016	900	0.0572	0.0149	0.0562	0.1190	0.0229

注：由于原始数据的可能性错误，同时避免极端值对样本分布形态的干扰，对测算的项目资本成本数据在 2nd 和 98th 百分位上进行了 Winsorize 处理。

将公益类国有企业样本剔除以后，如表 3－12 所示，仅剩的商业类国有企业子样本项目资本成本年度水平变化出现一定程度的升高。对比表 3－13，说明在主营业务特征明显的国有企业中，在项目层级上，资本成本依然存在商业类国有企业高于公益类国有企业的现实情况。但对比表 3－2 和表 3－8，资本成本在剔除系统风险中的噪声污染并卸载杠杆因子以后，测算的项目成本均出现明显回落。

表 3－12　　　　　商业类国有企业项目资本成本年度分布情况

年度	观测值	均值	最小值	中值	最大值	标准差
2007	690	0.0720	0.0149	0.0718	0.1190	0.0191
2008	740	0.0868	0.0149	0.0863	0.1190	0.0175
2009	750	0.0610	0.0149	0.0604	0.1190	0.0192
2010	790	0.0633	0.0149	0.0629	0.1190	0.0214
2011	780	0.0674	0.0149	0.0668	0.1190	0.0190

续表

年度	观测值	均值	最小值	中值	最大值	标准差
2012	730	0.0743	0.0149	0.0732	0.1190	0.0179
2013	730	0.0618	0.0149	0.0610	0.1190	0.0190
2014	710	0.0462	0.0149	0.0431	0.1190	0.0233
2015	700	0.0692	0.0149	0.0681	0.1190	0.0249
2016	710	0.0580	0.0149	0.0580	0.1190	0.0234

注：由于原始数据的可能性错误，同时避免极端值对样本分布形态的干扰，对测算的项目资本成本数据在 2nd 和 98th 百分位上进行了 Winsorize 处理。

表 3 - 13   公益类国有企业项目资本成本年度分布情况

年度	观测值	均值	最小值	中值	最大值	标准差
2007	99	0.0728	0.0149	0.0718	0.1180	0.0163
2008	100	0.0796	0.0470	0.0781	0.1190	0.0168
2009	100	0.0583	0.0149	0.0579	0.1190	0.0184
2010	100	0.0564	0.0209	0.0548	0.1150	0.0179
2011	100	0.0518	0.0149	0.0494	0.1190	0.0213
2012	170	0.0613	0.0312	0.0598	0.1130	0.0160
2013	180	0.0538	0.0149	0.0516	0.1110	0.0160
2014	180	0.0549	0.0149	0.0544	0.1160	0.0209
2015	180	0.0634	0.0149	0.0614	0.1190	0.0208
2016	190	0.0541	0.0149	0.0508	0.1190	0.0205

注：由于原始数据的可能性错误，同时避免极端值对样本分布形态的干扰，对测算的项目资本成本数据在 2nd 和 98th 百分位上进行了 Winsorize 处理。

采用更加直观的图表形式反映国有企业股权资本成本和项目资本成本的大小关系。图 3 - 3 和图 3 - 4 分别为商业类和公益类国有企业的股权资本成本与项目资本成本。可以清晰地看到，2007～2016 年，国有企业股权资本成本一直处于项目资本成本的上方。项目资本成本呈现出一种波动向下的趋势，商业类国有企业项目资本成本平均水平在 6.5% 左右，股权资本成本一直在 10% 左右的水平上下波动，公益类国有企业项目资本成本平均水平在 6% 左右，股权资本成本一直在 9.5% 左右的水平上下波动。二者在水平上的差距不仅是由于交易噪声的影响，更重要的是股权资本成本是企业层面的机会成本，市场上的投资者往往以企业为评价单元，通过媒体宣传或者财务报告等形式判断企业的投资价值，而不是从专业角度分析招股公告中的项目投资价值，他们对投资风险的判断并不局限于纯粹的项目风险，而是包含企业方方面面各种风险的复杂叠加。

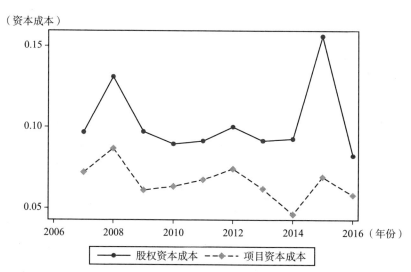

图 3-3　商业类国有企业股权资本成本与项目资本成本

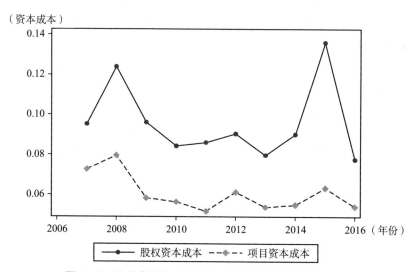

图 3-4　公益类国有企业股权资本成本与项目资本成本

3.2.3　国有企业行业资本成本估算与分析

1. 行业资本成本差异的理论分析

（1）行业竞争对资本成本影响的分析。从经济学角度，行业竞争程度决定行业内企业的获利水平和发展潜力。行业内竞争越激烈，企业就越难以获得超额收益，当竞争程度趋于完全竞争状态，行业内的企业将不得不面临固定的正常利润，超额利润几乎为零。而利润恰恰是满足投资者要求报酬率的主要渠道之一。从公司治理角度，在竞争环境中，企业承担更大的生存和盈利压力，管理层往往会付出更多努力以避免企业破产清算从而维持其职业声誉，委托代理利益趋于一致会减少投资者的代理风险预期，从而降低报酬率要求。因此，行业内竞争越激烈，资本成本的水平应该越低。

国有企业分类改革进程中，行业成为划分企业类型的重要依据。在石油、电网、电信、供水等公用事业行业，存在明显的国有企业垄断特征，国有企业数量越少，垄断力量越强，其获得的垄断利润就越丰厚。相应地，投资者要求的报酬率就越高。而对商业类国有企业，随着行业中民营企业数目和比重不断上升，市场竞争不仅降低了商业类国有企业的盈利水平，甚至使经营不善的国有企业出现大面积亏损而面临出局，资本能否收回尚不可知，投资者的资本回报更加无法满足。

（2）行业调控对资本成本影响的分析。为防止行业发展过热或过冷扰乱宏观经济运行秩序，政府会在特定时期出台相应的政策，调整目标行业的发展速度。而政策导向在某种程度上反映着某一行业潜在的成长空间以及预期现金流风险，因而影响投资者对行业前景的判断以及要求风险溢价的高低。比如低碳经济下，高污染高耗能行业的投资及建设是受到抑制的，高效环保、科技创新行业的资本流入是受到鼓励的，这就导致资本从高污染高耗能行业流出，流向高效环保科技创新行业，政策性的引导，使行业差异对资本成本的影响愈发明显。

我国整体经济增长放缓，产能过剩行业进入结构调整阶段，国有企业大规模兼并重组是当前资本市场重要趋势，在这种背景下，钢铁、水泥、煤化工、多晶硅、风电制造、平行玻璃等产能过剩行业就成为宏观调控和政策引导的重点对象,而在这些行业中,国有企业分布密集并占据主要市场份额。已经形成庞大规模的国有企业重组上市,牵扯原有股东以及新股东所有股权切身利益,在产业结构调整的大潮中,投资者的资本回报能否得以保障,投资者对企业盈利能力的预期都是影响企业资本成本水平的现实因素。

2. 行业资本成本差异的数据分析

表 3 – 14 以及表 3 – 15 列示了国有企业股权资本成本的年度行业分布情况。

我国国有企业涉足行业广泛,除 Q 行业(卫生和社会工作)存在极少的上市国有企业以外,其他行业均存在大量的国有上市企业。如表 3 – 14 所示,各行业股权资本成本的年度分布同总样本一致,其值在 2008 年和 2015 年均出现明显的高点。

表 3 – 14　　　　　　国有企业股权资本成本的年度行业分布

行业	2007 年	2008 年	2009 年	2010 年	2011 年	2012 年	2013 年	2014 年	2015 年	2016 年
A	0.1022	0.1335	0.0910	0.0913	0.0901	0.0970	0.0967	0.1052	0.1787	0.0884
B	0.0923	0.1160	0.1062	0.0995	0.0967	0.1054	0.0819	0.0900	0.1260	0.0747
C	0.0976	0.1331	0.0967	0.0912	0.0927	0.1001	0.0915	0.0924	0.1599	0.0837
D	0.0971	0.1273	0.0948	0.0832	0.0866	0.0905	0.0803	0.0948	0.1386	0.0769
E	0.0995	0.1309	0.0954	0.0878	0.0873	0.0955	0.0821	0.0901	0.1356	0.0816
F	0.0978	0.1282	0.0958	0.0873	0.0910	0.0999	0.0936	0.0930	0.1594	0.0840
G	0.0862	0.1147	0.0973	0.0802	0.0816	0.0879	0.0765	0.0855	0.1299	0.0753
H	0.0967	0.1348	0.0979	0.0935	0.0927	0.0943	0.0946	0.0952	0.1763	0.0841
I	0.0962	0.1333	0.0967	0.0868	0.0931	0.0995	0.1026	0.0919	0.1733	0.0826
J	0.0849	0.1131	0.0979	0.0830	0.0758	0.0969	0.0868	0.0929	0.1006	0.0660
K	0.0953	0.1363	0.0989	0.0842	0.0898	0.1029	0.0879	0.0907	0.1402	0.0819
L	0.0905	0.1316	0.0964	0.0836	0.0946	0.1003	0.0942	0.0892	0.1608	0.0805
M	0.1312	0.1294	0.0954	0.0887	0.0829	0.1040	0.1006	0.1084	0.1686	0.0769
N	0.0927	0.1132	0.1009	0.0869	0.0927	0.0936	0.0892	0.0989	0.1653	0.0852

续表

行业	2007 年	2008 年	2009 年	2010 年	2011 年	2012 年	2013 年	2014 年	2015 年	2016 年
O	0.1072	0.1371	0.1013	0.0930	0.0779	—	—	—	—	—
P						0.1012	0.0887	0.0806	0.2002	0.0984
R	0.0991	0.1438	0.0949	0.0881	0.0858	0.0965	0.0923	0.0866	0.1469	0.0751
S	0.0990	0.1287	0.0976	0.0851	0.0945	0.0965	0.0999	0.1020	0.1896	0.0903

注：表中行业分类的依据是《上市公司行业分类指引（2012 年修订）》①。

通过对表 3 - 15 进一步分析可知，2011 年以前 O 行业（居民服务、修理和其他服务业）、2013 年以前 B 行业（采矿业）、2012～2014 年 M 行业（科学研究和技术服务业）、2011 年以后 S 综合行业门类的资本成本均处于较高水平，说明这些行业存在较大风险，投资回报不确定性较高，投资者基于风险补偿意识而对供给资金提出了较高的收益率要求。随着产业结构调整，B 行业（采矿业）资本成本回落，这可能是由于国有资本在 B 行业减少布局的原因。D 行业（电力、热力、燃气及水生产和供应业）、G 行业（交通运输、仓储和邮政业）、J 行业（金融业）的资本成本基本一直处于较低水平，结合实际经济发展情况，电力、热力、燃气及水生产和供应业及交通运输、仓储和邮政业的国有企业经营通常十分稳定，并且盈利能力较强，投资风险较低，金融业一直是政策鼓励导向，国家扶持是资本成本降低的一大因素。

表 3 - 15　　　　　　各年度行业股权资本成本的极端分布

2007 年		2008 年		2009 年		2010 年		2011 年	
M	0.1312	R	0.1438	B	0.1062	B	0.0995	B	0.0967
O	0.1072	O	0.1371	O	0.1013	H	0.0935	L	0.0946
A	0.1022	K	0.1363	N	0.1009	O	0.0930	S	0.0945

① 据该行业分类：A 代表农、林、牧、渔业；B 代表采矿业；C 代表制造业；D 代表电力、热力、燃气及水生产和供应业；E 代表建筑业；F 代表批发零售业；G 代表交通运输、仓储和邮政业；H 代表餐饮住宿业；I 代表信息传输、软件和信息技术服务业；J 代表金融业；K 代表房地产业；L 代表租赁和商务服务业；M 代表科学研究和技术服务业；N 代表水利、环境和公共设施管理业；O 代表居民服务、修理和其他服务业；P 代表教育；R 代表新闻和出版业；S 为综合分类。此分类下文通用。

2007 年		2008 年		2009 年		2010 年		2011 年	
（上）股权资本成本较高的前三类行业					股权资本成本较低的后三类行业（下）				
L	0.0905	G	0.1147	R	0.0949	D	0.0832	G	0.0816
G	0.0862	N	0.1132	D	0.0948	J	0.0830	O	0.0779
J	0.0849	J	0.1131	A	0.0910	G	0.0802	J	0.0758
2012 年		2013 年		2014 年		2015 年		2016 年	
B	0.1054	I	0.1026	M	0.1084	P	0.2002	P	0.0984
M	0.1040	M	0.1006	A	0.1052	S	0.1896	S	0.0903
K	0.1029	S	0.0999	S	0.1020	A	0.1787	A	0.0884
（上）股权资本成本较高的前三类行业					股权资本成本较低的后三类行业（下）				
N	0.0936	B	0.0819	R	0.0866	G	0.1299	R	0.0751
D	0.0905	D	0.0803	G	0.0855	B	0.1260	B	0.0747
G	0.0879	G	0.0765	P	0.0806	J	0.1006	J	0.0660

表 3 - 16 所示为筛出公益类国有企业之后，发生变更的国有企业股权资本成本的年度行业分布情况。其中，D 行业（电力、热力、燃气及水生产和供应业）和 N 行业（水利、环境和公共设施管理业）为公益性行业，本样本中该行业不存在商业类国有企业。E 行业（建筑业）、G 行业（交通运输、仓储和邮政业）以及 I 行业（信息传输、软件和信息技术服务业）在提取出公益类国有企业单位后，资本成本水平显著提高。

表 3 - 16　国有企业股权资本成本年度—行业分布（变更部分）

行业	2007 年	2008 年	2009 年	2010 年	2011 年	2012 年	2013 年	2014 年	2015 年	2016 年
筛出的商业类国有企业股权资本成本年度—行业分布										
E	0.0896	0.1333	0.0919	0.0871	0.0882	0.1092	0.0957	0.1029	0.2050	0.0999
G	0.0844	0.1123	0.0980	0.0769	0.0802	0.0995	0.1062	0.1017	0.1504	0.0783
I	0.0984	0.1360	0.0957	0.0870	0.0937	0.1002	0.1060	0.0969	0.1941	0.0855

行业	2007年	2008年	2009年	2010年	2011年	2012年	2013年	2014年	2015年	2016年
	筛出的公益类国有企业股权资本成本年度—行业分布									
E	0.1033	0.1300	0.0972	0.0883	0.0866	0.0950	0.0811	0.0892	0.1308	0.0804
G	0.0886	0.1177	0.0963	0.0849	0.0836	0.0874	0.0753	0.0848	0.1289	0.0752
I	0.0856	0.1191	0.1024	0.0850	0.0882	0.0978	0.0944	0.0796	0.1187	0.0755

这说明，公益类国有企业的股权资本成本普遍低于商业类国有企业单位，单独对E、G、I三个行业中的公益类国有企业股权资本成本进行测算，其资本成本平均水平显著小于行业中商业类国有企业资本成本的平均水平（如图3-5所示）。

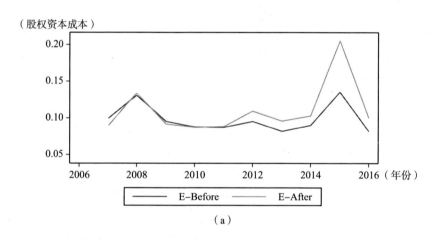

（a）

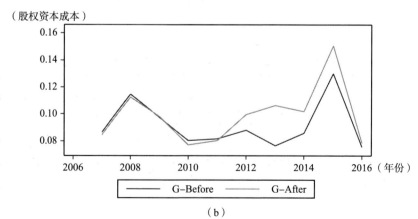

（b）

（股权资本成本）

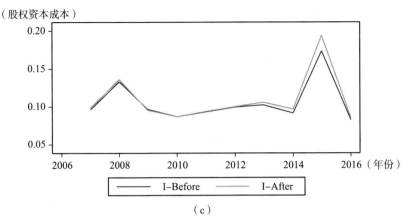

（c）

图 3 - 5 国有企业股权资本成本行业分布变更情况

3.3 国有企业投资的资本成本
静态锚和动态锚分析

　　管理决策中，判断者拥有的是有限理性而非完全理性（西蒙，1988），在对有限理性的研究中，锚定效应被认为是最容易被观察和展现的现象（Strack and Mussweiler，1997）。也因此，锚定效应理论被广泛地应用于人们的各类决策判断和选择中。人们在进行某种判断时，通常以某一个或者某些特定的观念、数值作为出发点、起始值，较高的权重赋值使得这个锚点信息会对最终判断结果产生决定性影响。由于财务管理理论的发展和完善，在财务决策中，这个初始的特定观念、数值一般依附于财务目标或财务规则，在人们长久的实践中形成决策惯例或潜在的意识，最终成为人们赖以评价收益或损失的一个参照标准。资本成本代表一定的期望水平，资本成本锚实际上是为财务决策寻找一个参照标准以提升资本使用效率。企业投资的资本成本锚定效应便是指资本成本性质及其数值在资本投资过程中所起到的基准约束性作用。这种锚定效应的存在与否以及发挥程度如何，从根本上左右着很多投资问题的评价和实施效果。纵向来看，资本成本随着企业内外部环境的变化而变化，在一段较长时期内具有易变性特征。但在某一特定时期内，资本成本又具有一定稳定性和客观性。因此，本节借鉴许年行和吴世农（2007）

做法，将资本成本"锚"分为"静态锚"和"动态锚"两种类型。

3.3.1 资本成本静态锚取值及其锚定效应检验

资本一般是长期投入企业的，在投资项目占用期间，债权人、股东对其出资所要求的利息或收益率不会轻易发生变动。雅各布斯和希夫达萨尼（Jacobs and Shivdasani，2012）的研究显示，关于资本成本的预测期间，有46%的受访者认同5年，34%的受访者认为是10年，6%的受访者选择15年，另有14%的受访者选择其他期间。这一期间的选择与资本成本估算值的使用目的直接相关。比如，将资本成本用于项目评估，如果资本投资项目的有效寿命是30年，那么资本成本的估算期间就应当与此相吻合，在一段相对较长的时期内保持相对稳定。这种相对稳定就是资本成本的静态，与该资本投向相关的资本成本取值在整个项目期间应是围绕同一水平上下波动的。

因此，资本成本静态锚是项目融资时取得资本的资本成本。由于我国的融资实行项目导向，当企业有项目投资需求时，会以项目为承诺投向通过借款或发行证券的方式筹集资金，其中，债务融资信息不可详细获知，而通过IPO上市以及配股增发等再融资形式筹集资金已经成为很多企业重要项目投资的首选融资方式，IPO加速、再融资规模急剧膨胀、政府不断加强监管也证明股权融资正在成为企业最重要的新增投资融资方式，对于已成功上市的企业来说更是如此。故本书分别取IPO融资当年的资本成本、配股融资当年的资本成本、增发融资当年的资本成本作为资本成本静态锚取值，并分别检验这三种静态锚的锚定效应。

根据锚定效应理论，若锚定效应存在，则企业每年的资本投资支出将围绕各锚定值做一定幅度的上下调整，体现在统计上，就是企业每年的资本投资支出与各锚定值之间存在显著的相关关系，也就是说，其资本成本对投资的锚定效应是否存在以二者之间相关系数的显著与否作为判定依据。

1. IPO 静态锚及其锚定效应检验

表 3 - 17 是 2007～2016 年实施 IPO 的国有企业样本分布情况。十年间，至少有 186 家国有企业成功上市实现股权融资，其中，公益类国

有企业数量仅占约11%，说明2007～2016年新上市的国有企业绝大多数为商业类国有企业，商业类国有企业发展迅速，而公益类国有企业接轨资本市场进程相对缓慢，目前的上市公益类国有企业中约有90%在2007年之前就已上市。这与公益类国有企业的组织形式不无关系，由于公益类国有企业承担着国家战略和国计民生工作，绝大多数属于国有独资企业，上市需求并不大。

表3－17　　　　　2007～2016年国有企业IPO样本分布情况

商业类国有企业	公益类国有企业	总计
165	21	186

表3－18列示了国有企业IPO资本成本静态锚的锚定效应检验结果。在表3－18中，INV_Zero、INV_1st、INV_2nd、INV_3rd、INV_4th分别表示融资当年以及融资后第一年、第二年、第三年、第四年的资本投资支出，以固定资产、无形资产、长期投资在建工程以及工程物资的年度净增加额除以年初总资产来衡量，下文同。IPO_RE、IPO_PrRE、IPO_IndRE、IPO_WACC分别表示IPO当年公司股权资本成本、项目资本成本、行业股权资本成本、公司加权平均资本成本。根据表中结果可知，国有企业实施IPO当年以及之后四年，年度资本支出水平与IPO资本成本静态锚之间存在一定程度的负向相关关系。其中，IPO当年以及IPO之后一年和之后四年资本成本静态锚锚定效应相对明显。尤其是IPO实施的第二年，资本成本锚定效应显著，以资本成本层级为比较基础，公司股权资本成本、行业资本成本及公司加权平均资本成本对资本投资的锚定作用明显，而项目资本成本的锚定作用体现不足。

表3－18　　　　国有企业IPO资本成本静态锚锚定效应检验

指标	INV_Zero	INV_1st	INV_2nd	INV_3rd	INV_4th
IPO_RE	− 0.0390	− 0.1740 **	0.0300	0.0290	− 0.1570 *
IPO_PrRE	0.0750	− 0.0130	0.0760	0.0990	0.0260
IPO_IndRE	− 0.0880	− 0.2190 ***	0.0510	0.1880 **	− 0.0110
IPO_WACC	− 0.0160	− 0.1450 *	0.0550	0.0920	− 0.0010

注：***、**、*分别表示相关统计量在1%、5%、10%统计水平上显著。

进一步分类型检验 IPO 资本成本静态锚锚定效应，结果分别如表 3 - 19、表 3 - 20 所示。表 3 - 19 列示了商业类国有企业 IPO 资本成本静态锚的锚定效应检验结果。可以看到，商业类国有企业实施 IPO 当年以及 IPO 之后一年资本成本静态锚锚定效应相对明显。尤其是 IPO 实施后第一年，资本成本锚定效应显著，公司股权资本成本、行业股权资本成本对资本投资的锚定作用明显，而项目资本成本、公司加权平均资本成本对资本投资的锚定作用体现不足。

表 3 - 20 列示了公益类国有企业 IPO 资本成本静态锚的锚定效应检验结果。与全样本类似，公益类国有企业实施 IPO 当年以及 IPO 之后一年和之后四年资本成本静态锚锚定效应相对明显。尤其是 IPO 实施后第一年，资本成本锚定效应发挥较好，公司股权资本成本、行业股权资本成本对资本投资的锚定作用明显，而项目资本成本、公司加权平均资本成本对资本投资的锚定作用体现不足，而 IPO 实施后第四年，仅公司股权资本成本对资本投资的锚定作用明显，项目资本成本、行业股权资本成本、公司加权平均资本成本对资本投资的锚定作用存在但不显著。

表 3 - 19　　商业类国有企业 IPO 资本成本静态锚锚定效应检验

指标	INV_Zero	INV_1st	INV_2nd	INV_3rd	INV_4th
IPO_RE	− 0.0430	− 0.2060 **	− 0.0440	0.0160	− 0.1300
IPO_PrRE	0.0810	− 0.0070	0.0150	0.0950	0.0670
IPO_IndRE	− 0.0910	− 0.2330 ***	0.0280	0.1720 *	0.0380
IPO_WACC	− 0.0170	− 0.1380	0.0150	0.0690	0.0320

注：***、**、* 分别表示相关统计量在 1%、5%、10% 统计水平上显著。

表 3 - 20　　公益类国有企业 IPO 资本成本静态锚锚定效应检验

指标	INV_Zero	INV_1st	INV_2nd	INV_3rd	INV_4th
IPO_RE	0.0050	0.1540	0.3730 *	0.1620	− 0.3690 *
IPO_PrRE	0.0220	− 0.0540	0.4450 **	0.1280	− 0.1260
IPO_IndRE	− 0.0710	− 0.0780	0.3140	0.3370	− 0.1330
IPO_WACC	0.0020	− 0.2360	0.4790 **	0.2850	− 0.1620

注：***、**、* 分别表示相关统计量在 1%、5%、10% 统计水平上显著。

2. 配股静态锚及其锚定效应检验

表 3 – 21 列示了 2007～2016 年，至少实施一次配股的国有企业样本分布情况（最多两次）。至少进行过一次配股融资的商业类国有企业占到总样本的 96%，同样说明，商业类国有企业数目相对较多且发展迅速。

表 3 – 21　　　2007～2016 年国有企业配股样本分布情况

商业类国有企业	公益类国有企业	总计
687	32	719

表 3 – 22 列示了 2007～2016 年，实施配股企业的首次配股资本成本静态锚锚定效应检验结果。如表 3 – 22 所示，国有企业实施配股之后四年，其年度资本投资支出与配股静态锚之间确实存在一定的负向相关关系，其中，配股之后第一年，行业股权资本成本对投资支出的锚定作用十分明显。为了避免二次配股行为对初次配股静态锚锚定检验结果造成干扰，我们还将配股间隔小于五年的样本删除，对首次配股时的资本成本静态锚锚定效应进行再次检验，如表 3 – 23 所示，检验结果相差无几。

表 3 – 22　　　国有企业首次配股资本成本静态锚锚定效应检验

指标	INV_Zero	INV_1st	INV_2nd	INV_3rd	INV_4th
RS_RE	0.0070	− 0.1210	− 0.0690	0.0440	− 0.1050
RS_PrRE	0.2550 *	0.1400	0.0610	− 0.1400	− 0.1210
RS_IndRE	− 0.1810	− 0.2880 **	− 0.0050	0.0060	0.1090
RS_WACC	− 0.0350	− 0.1420	− 0.0660	0.0180	− 0.1410

注：RS_RE、RS_PrRE、RS_IndRE、RS_WACC 分别表示配股当年公司股权资本成本、项目资本成本、行业股权资本成本、公司加权平均资本成本。

表 3 – 23　　　　国有企业首次配股资本成本静态锚锚定
效应检验（间隔大于 4 年）

指标	INV_Zero	INV_1st	INV_2nd	INV_3rd	INV_4th
RS_RE	− 0.0250	− 0.1120	− 0.0570	0.0780	− 0.0730

指标	INV_Zero	INV_1st	INV_2nd	INV_3rd	INV_4th
RS_PrRE	0.2730 *	0.1820	0.0660	− 0.1420	− 0.0810
RS_IndRE	− 0.1720	− 0.3020 **	− 0.0250	− 0.0180	0.1340
RS_WACC	− 0.0470	− 0.1310	− 0.0820	0.0330	− 0.1050

注：RS_RE、RS_PrRE、RS_IndRE、RS_WACC 分别表示配股当年公司股权资本成本、项目资本成本、行业股权资本成本、公司加权平均资本成本。

表 3 − 24、表 3 − 25 分别列示了 2007～2016 年实施配股的商业类国有企业和公益类国有企业首次配股资本成本静态锚锚定效应检验结果。如表 3 − 24 和表 3 − 25 所示，两类国有企业实施配股之后四年，其年度资本投资支出与配股静态锚之间的确存在一定的负向相关关系。

表 3 − 24　商业类国有企业首次配股资本成本静态锚锚定效应检验

指标	INV_Zero	INV_1st	INV_2nd	INV_3rd	INV_4th
RS_RE	0.0540	− 0.1480	0.0230	0.0700	− 0.1100
RS_PrRE	0.4090 ***	0.1520	0.1220	− 0.0600	− 0.0450
RS_IndRE	− 0.1360	− 0.2330	0.0620	0.0730	0.0580
RS_WACC	− 0.0470	− 0.1870	− 0.0690	− 0.0440	− 0.1490

注：RS_RE、RS_PrRE、RS_IndRE、RS_WACC 分别表示配股当年公司股权资本成本、项目资本成本、行业股权资本成本、公司加权平均资本成本。

表 3 − 25　公益类国有企业首次配股资本成本静态锚锚定效应检验

指标	INV_Zero	INV_1st	INV_2nd	INV_3rd	INV_4th
RS_RE	− 0.1990	− 0.0450	− 0.3350	0.2920	0.3920
RS_PrRE	− 0.4990	0.0490	− 0.2640	− 0.4230	− 0.3390
RS_IndRE	− 0.4380	− 0.5880	− 0.2110	− 0.1220	0.3900
RS_WACC	− 0.0260	0.294	0.0730	0.5700	0.2900

注：RS_RE、RS_PrRE、RS_IndRE、RS_WACC 分别表示配股当年公司股权资本成本、项目资本成本、行业股权资本成本、公司加权平均资本成本。

表 3 − 26 列示了 2007～2016 年实施二次配股的国有企业资本成本

静态锚锚定效应检验结果。结果表明，国有企业实施二次配股当年以及实施二次配股之后四年，其年度资本投资支出与配股静态锚之间存在一定的负向相关关系，但锚定效应并不显著。

表 3 – 26　　　　国有企业二次配股资本成本静态锚锚定效应检验

指标	INV_Zero	INV_1st	INV_2nd	INV_3rd	INV_4th
RS_RE	– 0.2340	– 0.2240	– 0.2420	– 0.0410	0.3270
RS_PrRE	0.0340	0.0090	– 0.1150	– 0.0050	0.2940
RS_IndRE	– 0.3620	– 0.3120	– 0.1470	0.1030	0.2930
RS_WACC	0.2130	0.2970	0.1890	0.1880	0.5140

注：RS_RE、RS_PrRE、RS_IndRE、RS_WACC 分别表示配股当年公司股权资本成本、项目资本成本、行业股权资本成本、公司加权平均资本成本。

3. 增发静态锚及其锚定效应检验

表 3 – 27 列示了 2007~2016 年增发样本中国有企业类别和层级的分布情况。数据显示，2007~2016 年至少进行过一次（最多五次）增发融资的商业类国有企业占总样本的 92%，其中有 36% 的商业类国有企业实施了二次增发。至少进行过一次增发融资的公益类国有企业仅占总样本的 8%，其中有 39% 的公益类国有企业实施了二次增发。

表 3 – 27　　　　　　2007~2016 年国有企业增发样本分布情况

商业类国有企业	公益类国有企业	总计
6375	576	6951

表 3 – 28、表 3 – 29 列示了 2007~2016 年实施增发企业的首次增发资本成本静态锚锚定效应检验结果。如表 3 – 28 所示，国有企业实施增发当年以及增发之后第一年和第四年，其年度资本投资支出与公司加权资本成本静态锚之间存在显著的负向相关关系，锚定作用突出。由于上市公司增发频繁，为避免二次增发对首次增发资本成本锚定作用形成干扰，剔除两次增发间隔小于五年的样本后，再次检验首次增发的资本成本锚定效应结果如表 3 – 29 所示。仅发现实施增发当年的行业股权资本成本与增发第一年的公司加权平均资本成本锚定作用显著。

表 3 – 28　　　　　国有企业首次增发资本成本静态锚锚定效应检验

指标	INV_Zero	INV_1st	INV_2nd	INV_3rd	INV_4th
SEO_RE	− 0. 0400	− 0. 0430	0. 0280	0. 0450	− 0. 0400
SEO_PrRE	0. 0200	0. 082 *	0. 0540	0. 0820 *	0. 0200
SEO_IndRE	− 0. 0170	− 0. 0510	0. 0650	0. 1760 ***	− 0. 0170
SEO_WACC	− 0. 112 ***	− 0. 0720 *	0. 0210	0. 0100	− 0. 1120 ***

注：SEO_RE、SEO_PrRE、SEO_IndRE、SEO_WACC 分别表示配股当年公司股权资本成本、项目资本成本、行业股权资本成本、公司加权平均资本成本。

表 3 – 29　　　　　　国有企业首次增发资本成本静态锚锚定

效应检验（剔除二次增发）

指标	INV_Zero	INV_1st	INV_2nd	INV_3rd	INV_4th
SEO_RE	− 0. 0210	− 0. 0610	− 0. 0130	0. 0090	− 0. 0280
SEO_PrRE	− 0. 0320	0. 0490	0. 0350	0. 0800	− 0. 0320
SEO_IndRE	− 0. 0070	− 0. 1290 **	0. 0050	0. 0980	0. 0410
SEO_WACC	− 0. 0940 *	− 0. 0800	− 0. 0380	0. 0160	− 0. 0790

注：SEO_RE、SEO_PrRE、SEO_IndRE、SEO_WACC 分别表示配股当年公司股权资本成本、项目资本成本、行业股权资本成本、公司加权平均资本成本。

由于上市公司增发意图强烈，我们再次检验了 2007～2016 年实施第二次增发的国有企业资本成本静态锚锚定效应是否存在。结果如表 3 – 30所示。表 3 – 31 为剔除第三次增发与第二次增发间隔小于五年的样本后对二次增发样本重新进行的锚定效应检验结果。

表 3 – 30　　　　　国有企业二次增发资本成本静态锚锚定效应检验

指标	INV_Zero	INV_1st	INV_2nd	INV_3rd	INV_4th
SEO_RE	0. 1190 **	− 0. 1110 *	0. 0100	− 0. 0370	− 0. 0410
SEO_PrRE	0. 0370	0. 1040	0. 1480 *	− 0. 00400	− 0. 0240
SEO_IndRE	0. 0160	− 0. 178 ***	− 0. 0880	− 0. 0750	− 0. 1300
SEO_WACC	− 0. 0120	− 0. 0910	0. 0350	− 0. 0720	0. 0520

注：SEO_RE、SEO_PrRE、SEO_IndRE、SEO_WACC 分别表示配股当年公司股权资本成本、项目资本成本、行业股权资本成本、公司加权平均资本成本。

表 3 - 31　　　　国有企业二次增发资本成本静态锚锚定
效应检验（间隔大于 4 年）

指标	INV_Zero	INV_1st	INV_2nd	INV_3rd	INV_4th
SEO_RE	0.2030 *	- 0.0340	- 0.1310	- 0.6220 **	0.2030 *
SEO_PrRE	0.0090	0.0410	0.0950	- 0.6350 *	0.0090
SEO_IndRE	- 0.0210	- 0.1020	- 0.2990	- 0.1770	- 0.0210
SEO_WACC	- 0.0220	- 0.0190	0.0200	- 0.4210	- 0.0220

　　注：SEO_RE、SEO_PrRE、SEO_IndRE、SEO_WACC 分别表示配股当年公司股权资本成本、项目资本成本、行业股权资本成本、公司加权平均资本成本。

3.3.2　资本成本动态锚取值及其锚定效应检验

　　在实务中，实际资本成本水平伴随通货膨胀、投资者偏好变化等因素在数值上处于波动状态。确定资本成本本身就是一个动态的过程。如果每个资本要素都以不变的成本来筹集，那么，企业的资本成本就不会改变。然而，诸如企业增长、现金流、企业规模、经营风险、财务风险等企业因素和诸如股价、系统性风险、无风险报酬率、通货膨胀等市场因素不可能一成不变，当这些因素发生变动时，提供资本的一方会根据这些因素引致的风险预期改变自己的要求报酬。若是遭遇系统性金融危机或者政治灾难等不可抗因素，企业资本成本可能在数值上出现极大的波动，此时企业决策将难以被先前静态的资本成本水平所锚定，而是根据当前的市场形势及时改变资本成本参照水平，确保企业发展与外部环境发展相协调。动态锚的一大优点在于"锚"值追随了市场变化，对市场风险以及物价水平有一个很好的反映，相较静态锚，其值与当前的资本成本水平差异较小。动态锚值采用最近的市场利率或最近的公司财务数据估算所得，对每一次财务决策而言，决策者所获得的信息都是实时的、贴近现实状态的，此外，与财务决策相关的市场定价同样是基于当前时刻的价值估算所得，两者在时间上的可比性无疑增加了资本成本信息对财务决策的参考价值，从而促使企业在资本成本锚定状态下做出科学合理的财务决策。

　　资本成本的动态锚定值是指考虑相关因素变动性之后的资本成本调整值。如果每个资本要素都以不变的成本来筹集，那么，加权平均资本成本就不会改变。然而，当某一要素成本发生改变时，加权平均资本成本的数值也将发生改变。影响资本成本的因素可能来自企业内部，但更多的则来自外部市场，市场因素极具不可控性、变动性和系统性，追随市场变化而不断更新资本成本锚定值是决策科学性和合理性的基本要求。相较资本成本静态锚，动态锚更贴切地反映着物价水平，其值与实际资本成本之间存在巨大差异的可能性较小，从而可以以很高的概率避免较大的锚定偏差。资本成本动态锚值与市场定价二者在时间上的可比性无疑将增加资本成本信息对财务决策的参考价值。

锚定效应是一种动态的行为调整过程，参照点发生变化，人们的判断结果也会发生变化。资本成本锚定效应的发挥，依赖于资本的边际收益与边际成本的反向动态平衡，二者平衡之处才是企业资本投资的最优状态。

基于上文所述，本书以上一年以及当年各个层级的资本成本测算值为资本成本动态锚取值，并对动态锚的锚定效应进行检验。动态锚 R_1 为上一年资本成本动态锚，动态锚 R_2 为本年资本成本动态锚取值。

表 3 - 32 为资本成本动态锚 R_1 对资本投资的锚定效应检验结果。根据表 3 - 32 中数据可知，在国有企业总样本、商业类国有企业和公益类国有企业子样本中，除行业股权资本成本外，资本成本动态锚 R_1 对资本投资的动态锚定效应十分显著。在资本成本的动态调整中，企业的资本投资水平也在反向调整，并且这种调整处于一种约束下的理性调整。

表 3 - 32　　　　国有企业资本成本动态锚（R_1）锚定效应检验

样本类型	RE	IndRE	PrRE	WACC
国有企业全样本	- 0. 0410 ***	- 0. 0150	- 0. 0510 ***	- 0. 1110 ***
商业类国有企业	- 0. 0290 **	- 0. 0060	- 0. 0280 **	- 0. 1020 ***
公益类国有企业	- 0. 0470 *	- 0. 0050	- 0. 1100 ***	- 0. 1260 ***

注：***、**、* 分别表示相关统计量在1%、5%、10%统计水平上显著。

表 3 - 33 为资本成本动态锚 R_2 对资本投资的锚定效应检验结果。受经济行为后果滞后惯性影响，资本成本动态锚 R_2 相较于资本成本动态锚 R_1 对资本投资的锚定效应减弱。从层级来看，公司加权平均资本

成本对总样本以及各分样本中企业的资本投资支出约束作用极强，其次是公司股权资本成本，而后是项目资本成本与行业资本成本。对公益类国有企业来讲，公司加权平均资本成本与项目资本成本对其投资行为的锚定作用显著，而对商业类国有企业来讲，公司股权资本成本，加权平均资本成本对其投资行为的锚定作用显著，在总样本中，行业股权资本成本也是一个重要的资本成本参考取值。

表 3 – 33　　　　国有企业资本成本动态锚（R_2）锚定效应检验

样本类型	RE	IndRE	PrRE	WACC
国有企业全样本	– 0.0450 ***	– 0.0170 *	– 0.0130	– 0.1290 ***
商业类国有企业	– 0.0380 ***	– 0.0100	0.0050	– 0.1160 ***
公益类国有企业	– 0.0410	0.0010	– 0.0480 *	– 0.1790 ***

注：*** 、** 、* 分别表示相关统计量在 1% 、5% 、10% 统计水平上显著。

通过对资本成本静态锚以及动态锚锚定效应的检验对比可知，随着资本市场环境的不断变化，资本成本动态锚的锚定作用体现得更为明显，而静态锚由于期间较长，通胀变化等因素，参考价值逐渐降低。

综上可见，国有企业资本成本锚定效应存在，但锚定作用体现不足，尤其是项目资本成本对投资行为锚定效果不佳，反映出建立和完善国有企业投资的资本成本尤其是项目资本成本约束机制的必要性和紧迫性。另外，不同层级和类型的资本成本水平存在较大差异，股权资本成本最高，其次为加权平均资本成本、项目资本成本和债务资本成本，国有企业的股权资本成本在行业间波动剧烈。因此，进行资本成本锚定的国有企业投资决策时，选择合适层级和合适类型的资本成本比较关键，一般而言，项目资本成本比企业资本成本更加合理，资本成本动态锚定效果优于资本成本静态锚。

第4章 基于资本成本的国有企业投资效率现状研究

由于公益类国有企业与商业类国有企业有着不同企业目标，势必会导致基于不同目标的两类国有企业具有不同投融资行为，并造成两类国有企业的不同投资效率。鉴于此，本章基于资本成本锚定效应视角，分类研究国有企业投资效率的现状，并针对造成国有企业投资效率现状的成因及关键影响因素进行分析，为分类构建资本成本锚定的国有企业投资效率提升机制提供理论基础。

4.1 国有企业投资资本成本锚定效率现状分类研究

投资决策作为企业最重要财务决策，其效率与否直接决定着企业未来时期的现金流量水平，从而影响企业的价值表现。而"资本成本基准约束观"作为企业进行投资决策的第一法则，其贯彻与否对企业投资行为效率问题发挥着至关重要的作用。在约束企业投资决策的诸多影响因素中，资本成本是发挥着关键约束作用的决定性因素，可以说，只有资本成本能够发挥锚定效应的投资决策才能成为有效率的投资行为。因此，我们本节首先通过测算国有企业投资资本成本敏感性的方法，来分析资本成本对国有企业投资行为的锚定效应现状。

4.1.1 国有企业投资资本成本敏感性分类分析

本节以新古典投资模型为出发点，通过检验国有企业新增投资率对资本成本的响应程度，来考察国有企业的投资行为是否以资本成本为决定性约束因素。

1. 投资资本成本敏感性回归模型建立

根据新古典企业投资理论，企业资本存量由三种因素决定，分别是实际产出、资本成本及生产率特征（如技术进步），故我们将这三种因素均纳入回归模型。其中，我们以实际销售收入作为实际产出的替代变量；以企业的加权平均资本成本来表示资本成本；对于生产率特征，其依赖于时变特征和个体特征，一般在模型中引入时间虚拟变量 λ_t 和不可观测的个体效应 η_i 来表示生产率特征。不过，新古典投资理论并未考虑现实世界中普遍存在的金融摩擦对企业投资的影响。在信息不对称客观存在的现实条件下，将金融变量（如现金流量、财务杠杆等）纳入新古典投资模型可以有效增强模型解释力（Chatelain et al.，2003；彭方平和王少平，2007；徐明东和陈学彬，2012；徐明东和田素华，2013），因此，本书将净现金流比率和资产负债率纳入模型。此外，由于销售增长主要代表过去和当前投资机会状况，不能反映企业潜在投资机会，而托宾 Q 能够衡量企业潜在投资机会，因此，我们也将托宾 Q 指标纳入模型。考虑到企业投资行为本质上是一个动态调整过程，本书借鉴吉尔克里斯特和扎克拉耶斯克（Gilchrist and Zakrajesk，2007）的建模思路，采用自回归分布滞后模型（ADL）来设定企业投资的动态面板模型，并将主要解释变量的一阶滞后项也作为解释变量纳入模型。模型设定如下：

$$I\_k_{i,t} = \alpha I\_k_{i,t-1} + \sum_{p=0}^{1} \beta_p \Delta lnS_{i,t-p} + \sum_{p=0}^{1} \gamma_p \Delta lnWacc_{i,t-p} + \sum_{p=0}^{1} \delta_p Cf\_k_{i,t-p}$$
$$+ \varphi Q_{i,t-1} + \rho Lev_{i,t-1} + \lambda_t + \eta_i + \nu_{i,t} \tag{4.1}$$

其中，$i = 1, 2, \cdots, N$，表示企业数量。模型（4.1）中被解释变量为新增投资率 I_k，主要解释变量为资本成本变动率 $\Delta lnWacc$。控制变量包括新增投资率的滞后值 $I\_k_{i,t-1}$、实际销售收入增长率 ΔlnS、净现金流比率 Cf_k、托宾 $Q_{i,t-1}$、资产负债率 $Lev_{i,t-1}$。λ_t 为不可观测的时间效应，代表生产率特征；η_i 为面板模型不可观测的个体效应；$\nu_{i,t}$ 为服从均值为 0、方差为 σ_ν^2、独立同分布的随机扰动项。各变量计算详见表 4 - 1。

表 4 – 1   变量名称及计算公式

变量	变量名称	符号	定义
因变量	新增投资	I_k	固定资产、在建工程及工程物资、长期投资和无形资产的净增加额/期初总资产
自变量	资本成本变动率	ΔlnWacc	加权平均资本成本自然对数的差分，其中，股权资本成本取 CAPM 模型及 FF 三因素模型的均值，债务资本成本为（利息支出 + 资本化利息）×（1 – 所得税税率）/带息负债总额，采用账面价值权数
控制变量	销售收入增长率	ΔlnS	具体采用公司营业收入自然对数的差分
	现金流比率	Cf_k	经营现金流量净额/期初总资产
	资产负债率	Lev	负债总额/期初总资产
	托宾 Q	Q	（流通股股数×股票价格 + 非流通股×每股净资产 + 总负债账面价值）/总资产的账面价值
	行业控制变量	Ind	控制行业效应，共有 17 个行业虚拟变量
	年度虚拟变量	Year	控制年度效应，共有 9 个年度虚拟变量[①]

84

　　由于模型中含有被解释变量的滞后项，通常的 OLS 及固定效应模型（FE）均是有偏的，因此，本书采用阿雷亚诺和邦德（Arellano and Bond，1991）提出的 GMM 一阶差分动态面板估计方法（简称 A – B 估计），A – B 估计可以有效解决模型中的内生性问题。由于企业当期投资支出会影响当期的资本成本水平，具体表现为，企业当期投资支出较多时，银行可能会提高企业贷款利率，导致企业当期资本成本上升，存在当期的内生性问题，因此，本书将资本成本设定为内生变量。另外，企业当期投资支出较多时，可能导致未来期间销售收入和净现金流增加，而对当期销售收入和净现金流的影响较小，存在跨期反馈的内生性问题，因此，我们将销售收入增长率和净现金流比率设定为先决变量（徐明东和陈学彬，2012；徐明东和田素华，2013）。此外，为消除资产规模差异因素的影响，本书因变量和自变量都采用相对数（董裕平，2007）。

　　由于我们设定该模型的主要目的是通过检验国有企业投资率的资本成本敏感性来证实资本成本对投资决策的锚定约束作用，所以我们主要关

---

　　① 研究期间为 2007～2016 年。

注的系数是资本成本变动率系数，我们预期其符号显著为负，表示资本成本确实能够约束企业的投资决策，即资本成本对投资决策起到锚定作用。

2. 国有企业投资资本成本敏感性回归结果分析

（1）描述性统计。表 4 - 2 为主要变量的描述性统计结果。

表 4 - 2　　　　　　　　　主要变量的描述性统计

变量	样本量（个）	均值	标准差	最小值	中位数	最大值
I_k	8436	0.061	0.073	- 0.044	0.039	0.403
$\Delta \ln S$	8436	0.111	0.305	- 0.734	0.093	1.524
Cf_k	8436	0.054	0.091	- 0.228	0.051	0.372
Wacc	8436	0.071	0.027	0.023	0.067	0.188
Lev	8436	0.529	0.191	0.096	0.543	0.925
Q	8436	2.128	1.321	0.887	1.707	8.612

从表 4 - 2 可以看出，国有企业年均新增投资额大约占总资产的6.1%，其均值 0.061 要大于中位数 0.039，即新增投资额的分布曲线整体呈右偏趋势，这说明我国部分国有企业的新增投资额较高，从而抬高了平均水平。我国国有企业的加权平均资本成本均值为 7.1%，分布曲线亦呈右偏趋势。

（2）回归结果。国有企业投资的资本成本敏感性估计结果如表 4 - 3所示。

表 4 - 3　　　　　国有企业投资的资本成本敏感性估计结果

因变量：国有企业新增投资 I_k$_t$					
自变量	全样本			子样本	
	国有企业			公益类国企	商业类国企
	（1）A - B	（2）OLS	（3）FE	（4）A - B	（5）A - B
I_k$_{t-1}$	0.456 *** (0.000)	0.496 *** (0.000)	0.253 *** (0.000)	0.279 *** (0.000)	0.488 *** (0.000)
Cf_k$_t$	0.083 ** (0.025)	0.103 *** (0.000)	0.083 *** (0.000)	0.153 (0.178)	0.124 ** (0.012)

自变量	全样本			子样本	
	国有企业			公益类国企	商业类国企
	(1) A－B	(2) OLS	(3) FE	(4) A－B	(5) A－B
Cf_k_{t-1}	0.007 (0.578)	0.022** (0.010)	0.021** (0.020)	－0.029 (0.673)	－0.001 (0.970)
净现金流长期系数	0.165	0.248	0.139	0.172	0.240
$\Delta\ln S_t$	0.027** (0.014)	0.026*** (0.000)	0.026*** (0.000)	0.015 (0.555)	0.015 (0.241)
$\Delta\ln S_{t-1}$	－0.005* (0.081)	－0.009*** (0.000)	－0.003 (0.228)	－0.016 (0.176)	－0.006* (0.073)
销售增长长期系数	0.040	0.034	0.031	－0.001	0.018
$\Delta\ln Wacc_t$	－0.006 (0.543)	－0.026*** (0.000)	－0.029*** (0.000)	－0.030 (0.112)	－0.026** (0.021)
$\Delta\ln Wacc_{t-1}$	－0.015** (0.044)	－0.008** (0.011)	－0.015*** (0.000)	－0.023 (0.242)	－0.021** (0.019)
资本成本长期系数	－0.039	－0.067	－0.059	－0.074	－0.092
Q_t	－0.000 (0.788)	－0.001** (0.047)	0.001 (0.546)	－0.017* (0.085)	0.001 (0.713)
Lev_{t-1}	－0.008 (0.659)	0.002 (0.561)	－0.024** (0.020)	0.105 (0.172)	－0.039* (0.056)
Cons	0.044*** (0.006)	－0.003 (0.536)	0.028*** (0.001)	－0.025 (0.808)	0.047*** (0.006)
N	5620	6574	6574	862	4565
Sargan (p 值)	0.168	—	—	—	0.205
AR (2) (p 值)	0.986	—	—	—	0.983

因变量：国有企业新增投资 I_k$_t$

注：本章表格中 ***、**、* 分别表示相关统计量在 1%、5%、10% 统计水平上显著，括号内为 p 值。

为确保模型估计有效性，本书做了 Sargan 过度识别检验和序列相关检验。A－B 估计要求原始模型干扰项不存在序列相关，由于差分后的干扰项必然存在一阶序列相关，因此，我们需要检验差分方程的残差是否存在二阶（或更高阶）序列相关，若存在二阶序列相关，则意味着选取的工具变量不合理。表 4－3 为模型（4.1）的分类回归结果。其中，第（1）列为全样本的 A－B 动态面板估计结果，回归结果显示，在 10% 的显著性水平上，Sargan 过度识别检验和序列相关检验均不能拒绝零假设，表明我们 GMM 模型干扰项不存在显著序列相关，且工具变量选取是合理的。此外，为比较不同估计方法的差异，我们报告了全样本的 OLS 模型及固定效应模型的回归结果［见第（2）、第（3）两列］。估计结果显示，对全样本来说，我国国有企业投资的资本成本当期敏感性虽然为负，但统计上不显著，滞后一期的投资资本成本敏感性显著为负，说明资本成本能够发挥对国有企业投资决策的锚定作用，但存在一定滞后性。

在将国有企业分为公益类和商业类之后，对公益类国有企业而言，无论是当期的投资资本成本敏感性，还是滞后一期的投资资本成本敏感性，虽然为负，但都达不到 10% 的显著性水平，而且 Sargan 检验和序列相关检验均没有结果，表明公益类国有企业的资本成本并没有发挥其对投资决策的锚定作用。对商业类国有企业来说，企业投资的资本成本当期敏感性与滞后一期敏感性均达到了 5% 的显著性水平，说明商业类国有企业的当期与滞后一期资本成本均能对投资决策起到锚定作用。

（3）长期敏感性系数。由于企业投资行为是动态调整的，所以我们除了估计上述 β_p、γ_p、δ_p 的当期或滞后期的短期反应系数外，还根据各变量短期反应系数计算得到长期敏感性系数。以资本成本的长期敏感性系数为例，其计算公式为：

$$Lrs = \frac{\sum_{p=0}^{P} \gamma_p}{\left(1 - \sum_{p=0}^{P} \alpha_p\right)} \tag{4.2}$$

对全样本来说，中国国有企业投资的资本成本当期敏感性虽然为负，但统计上并不显著，长期敏感性为 －0.039，表明资本成本每上升 1%，国有企业的新增投资率长期仅下降 0.039 个百分点；而净现金流的当期系数高达 0.083，长期系数为 0.165，表明净现金流每下降 1 个

87

百分点，企业的新增投资率当期下降 0.083 个百分点，长期下降 0.165 个百分点。较高的净现金流敏感系数说明现金流是影响我国国有企业投资的重要变量，我国国有企业投资支出对现金流的依赖较强。按照融资约束理论，这说明国有企业投资受到较严重融资约束，存在金融自给现象。而较低的资本成本敏感性系数可能意味着资本成本至今仍不能充分发挥其影响国有企业投资决策的重要作用。

将国有企业分类为公益类和商业类国有企业之后，对商业类国有企业而言，投资的资本成本当期敏感性为 -0.026，达到了 5% 的显著性水平，长期敏感性为 -0.092，表明资本成本每上升 1%，国有企业的新增投资长期下降 0.092 个百分点。与全样本相比，商业类国有企业子样本的投资资本成本敏感性系数更大，表明资本成本对商业类国有企业的投资决策发挥着更强锚定作用。

4.1.2　国有企业投资效率现状的分类比较

本节采用两种方法度量国有企业投资效率：其一，利用理查德森（Richardson，2006）模型回归求出国有企业预期正常投资，具体地，企业正常投资与企业的一些特征相关联，比如投资机会、现金持有等，因此，可以用这些特征拟合出企业的预期正常投资，然后计算出国有企业实际投资支出偏离预期正常投资的部分，即理查德森（Richardson，2006）模型的残差，偏离越严重表示投资效率越低，取残差的绝对值得到国有企业投资效率的第一种衡量指标。其二，在估算国有企业投资回报率及加权资本成本的基础上，计算投资回报率高于股权资本成本的差额，即国有企业投资的阿尔法系数，以此作为国有企业投资效率的第二种衡量指标。

1. 国有企业投资效率现状分析——基于投资的阿尔法系数

本节内容用 CCER（2007）的微观非模型化方法来测算我国国有企业的投资回报率，并在前述章节按照 CAPM 模型及 FF 三因素模型估算的资本成本的基础上，计算出国有企业投资的阿尔法系数，即投资回报补偿资本成本后的余额，以此来考察国有企业的投资效率。具体地，若阿尔法系数为正，表明国有企业的投资回报在弥补资本成本后还有剩余，说明国有企业的投资行为是有效率的；若阿尔法系数为负，表明国有企业资本投资所获得的投资回报并未达到投资者的最低报酬率要求（资本成本），造成投资效率损失。

（1）投资回报的计算公式。投资回报率的计算借鉴北京大学中国经济研究中心（CCER，2007）的做法。CCER 将资本的投资回报率定义为资本回报与创造回报所用资本直接度量值之间的数量比率关系。其中，所谓的资本回报是指企业运用资本获得收益扣除合同性成本费用后所形成的剩余权益，包括资本所有者收益（即利润）和社会收益（即相关政府税收）两个部分。

基于企业财务会计数据来看，财务会计报表中的净利润指标直接衡量了股东等资本所有者从资本运营中所获得的净回报，它可以作为从资本所有者角度衡量投资效益的最有实质意义的指标。不过，净利润并非资本运用所带来的全部剩余，还有一部分资本剩余以税收形式构成资本社会回报，包括企业所得税这一直接税以及企业负担的交易税或增值税等间接税。此外，特定企业或特定行业整体所获得的补贴收入也会影响社会资本回报的度量。上述基于企业财务数据测算资本投资回报率的方法被称为 CCER（2007）的"微观非模型化方法"。本节内容在测算企业的投资回报时仅考虑企业所得税这一直接税所构成的资本社会回报，其他间接税等的影响不予考虑。

张勋和徐建国（2014）对 CCER 的"微观非模型化方法"进行了修正，其认为，利息费用也是资本回报的一个重要组成部分，CCER 没有将利息费用纳入模型，会导致微观非模型化方法对投资回报率的低估。张勋和徐建国（2014）指出，"利息支出是否应当作为资本回报，取决于投资回报率的分母是资产还是权益。权益回报衡量企业权益所有者的回报，不应纳入利息支出。资产回报则衡量权益所有者和债权人的平均回报，而债权人的回报就是利息支出"。企业可以通过负债占用更大范围资源以创造收入和回报，因此我们测算资产总额的投资回报率，故需要考虑利息支出。具体地，本节测算投资回报的公式如下：

$$投资总回报 = 权益回报 + 利息支出 + 社会回报$$
$$= 净利润 + 利息支出 + 所得税费用$$
$$= 息税前利润 \tag{4.3}$$
$$投资回报率 = 息税前利润/资产总额 \tag{4.4}$$

（2）国有企业投资效率分行业测算结果。表4－4列示了2007～2016年十年间各行业的投资回报均值及资本成本均值，及由此计算出来的阿尔法系数均值。分行业描述性统计的结果显示，各行业十年间的平均投资回报相差较大，其中投资回报率最高的行业是采矿业，其均值为8.1%，该行业的高投资回报可能与其垄断性质有关；投资回报率最低的行业是农、林、牧、渔业，其均值仅为3.1%，投资回报最高的行业与最低的行业相差5个百分点。

表4－4　国有企业投资回报与资本成本均值差异分行业 T 检验结果

行业代码	行业名称	样本量	投资回报均值	资本成本均值	阿尔法系数均值	T 值
A	农、林、牧、渔业	150	0.031	0.080	－0.047	－9.828***
B	采矿业	353	0.081	0.070	0.011	3.049***
C	制造业	4749	0.049	0.073	－0.025	－26.610***
D	电力、热力、燃气及水生产和供应业	659	0.060	0.066	－0.007	－3.863***
E	建筑业	262	0.041	0.057	－0.016	－8.613***
F	批发和零售业	677	0.058	0.069	－0.011	－6.441***
G	交通运输、仓储和邮政业	614	0.072	0.067	0.005	2.452***
H	住宿和餐饮业	59	0.070	0.089	－0.019	－2.952***
I	信息传输、软件和信息技术服务业	251	0.055	0.083	－0.028	－7.052***
J	金融业	8	0.049	0.037	0.012	4.455***
K	房地产业	530	0.051	0.060	－0.009	－4.985***
L	租赁和商务服务业	130	0.069	0.080	－0.011	－1.942**
M	科学研究和技术服务业	26	0.058	0.081	－0.023	－2.019**
N	水利、环境和公共设施管理业	83	0.079	0.081	－0.003	－0.547
O	居民服务、修理和其他服务业	23	0.073	0.078	－0.005	－0.580
P	教育	5	0.042	0.084	－0.042	－1.814*

行业代码	行业名称	样本量	投资回报均值	资本成本均值	阿尔法系数均值	T 值
R	文化、体育和娱乐业	120	0.063	0.080	−0.016	−3.098 ***
S	综合	194	0.054	0.075	−0.021	−6.104 ***
	总计	8893	0.054	0.072	−0.017	−27.950 ***

注：最后一列为投资回报与资本成本均值差异的 T 检验结果。表格中 *** 、 ** 、 * 分别表示相关统计量在1%、5%、10%统计水平上显著。

　　不同行业十年间的加权资本成本也相差很大，其中加权资本成本最高的行业是住宿和餐饮业，其加权资本成本高达8.9%，食品原材料成本上升、劳动力成本提升、管理人才匮乏、成本控制难、食品安全等不确定因素等现存问题均困扰着该行业的发展；加权资本成本最低的行业是金融业，其资本成本仅为3.7%。金融业上市公司的业务具有特殊性，与其他类型的企业不同，银行本身具有为其他企业提供资金的能力，金融业上市公司本身就成为一种资源。

　　此外，信息传输、软件和信息技术服务业、科学研究和技术服务业、教育、农、林、牧、渔业这些行业不仅面临较高的资本成本，而且投资回报很低，远不足以弥补其高昂的资本成本，其投资阿尔法系数均显著小于零。一方面，信息传输、软件和信息技术服务业、科学研究和技术服务业这种资本和技术密集型行业可能需要较高的资本投入，面临较高的资本成本，而产能的逐渐扩张会使这类行业逐渐丧失先前卖方市场的优势，从而使投资回报较低；另一方面，这类行业赖以生存的创新能力、研发能力不足，使高投入难以收回。

　　通过对各行业的投资回报与资本成本均值差异进行 T 检验，我们发现，仅有采矿业、交通运输、仓储和邮政业及金融业三个行业的投资阿尔法系数是显著为正的，即仅有这三个行业可以获得高于资本成本的投资回报；此外，水利、环境和公共设施管理业与居民服务、修理和其他服务业这两个行业的投资回报略低于资本成本，但统计上并不显著，投资回报与资本成本基本持平。通过计算国有企业各行业的阿尔法系数，我们发现，大多数行业的投资回报未能弥补资本成本，国有企业的投资非效率问题普遍存在。

　　（3）国有企业投资效率分年度测算结果。表 4 - 5 列示了 2007 ~

2016 年每年的投资回报均值、资本成本均值，及由此计算出来的阿尔法系数。分年度进行描述性统计的结果显示，投资回报最高的年度为 2007 年，投资回报均值为 6.8%，投资回报最低的年份为 2015 年，仅为 4.3%，这可能与 2015 年的"股灾"有关，其次投资回报最低的年份是 2008 年，这与由美国次贷危机所引起的全球金融危机有关。

表 4-5　国有企业投资回报与资本成本均值差异分年度 T 检验结果

年份	样本量	投资回报均值	资本成本均值	阿尔法系数均值	T 值
2007	817	0.068	0.071	-0.004	-1.696 **
2008	843	0.048	0.089	-0.039	-16.260 ***
2009	853	0.053	0.074	-0.021	-9.842 ***
2010	886	0.064	0.062	0.002	1.367 *
2011	885	0.062	0.065	-0.004	-1.778 **
2012	907	0.055	0.070	-0.016	-9.321 ***
2013	916	0.053	0.065	-0.013	-7.217 ***
2014	924	0.048	0.066	-0.018	-10.030 ***
2015	927	0.043	0.094	-0.051	-25.360 ***
2016	935	0.049	0.059	-0.011	-7.182 ***
总计	8893	0.054	0.072	-0.017	-27.950 ***

注：最后一列为投资回报与资本成本均值差异的 T 检验结果。表格中 ***、**、* 分别表示相关统计量在 1%、5%、10% 统计水平上显著。

值得注意的是，资本成本最高的年份也是 2015 年，2015 年的资本成本高达 9.4%，远低于该年的投资回报，这一年的投资阿尔法系数也是十年间阿尔法系数最小的一年，达到 -5.1%，2015 年高资本成本、低投资回报的状况与该年所发生的"股灾"不无关系。资本成本在经历 2015 年的最高峰之后，2016 年明显回落，是十年内资本成本最小的一年。

投资回报与资本成本在 2007~2016 年十年间的走向如图 4-1 所示。由图 4-1 我们可以看出，2015 年与 2008 年这两年的投资回报远低于资本成本,二者差距极大,阿尔法系数远小于零。表4-5中最后一列为每年的投资回报与资本成本均值差异的T检验结果,从T检验的结果可以看出,只有2010年的阿尔法系数为正值,且在10%的显著性水平上显著,其余年份的阿尔法系数均显著为负。通过对投资回报与资本成本的分年度描述性统计,不难发现,不同年份国有企业投资的阿尔法系数存在较大波动,表明微观企业的投资受宏观经济形势的影响较为严重。

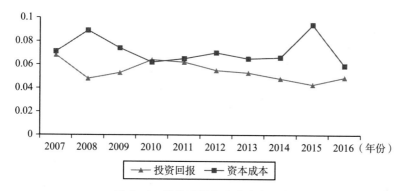

图4-1 投资回报与资本成本趋势

(4)投资回报率与经济增长率变动趋势分析。从图4-2可以看出,我国国有上市公司投资回报率整体上与GDP增长率变化趋势保持一致。2008年,受金融危机的影响,GDP增长率与国有企业的投资回报率均剧烈下跌,2009年开始回升,这是因为全球金融危机以后,我国政府出台了一系列的宏观调控政策,例如"4万亿元人民币经济刺激计划""降准降息"以及"互联网+"等,这些激励政策的出台短期内降低了外围市场低迷对我国经济造成的冲击。2010年GDP增长率与国有企业投资回报率均达到后金融危机时代峰值,而2010年以后,我国GDP增长率一直处于下降趋势,国有企业的投资回报也处于下降趋势,这是因为这一时期开始,中央政府"四万亿"投资计划的负面效应开始凸显,经济衰退与通货膨胀并行,经济形势下滑。

国有企业投资回报率与我国GDP增长率几乎相同的变动趋势说明微观企业的投资回报受宏观经济变动的影响较为严重,因此,要研究微观企业的投资行为,便不能忽视宏观经济环境的影响效应。此外,投资回报率趋势线一直位于 GDP 增长率趋势线的下方，二者之间存在一定差距，反映出国有企业创造的价值对我国 GDP 增长的贡献率有待提高，国有企业投入资本的获利能力偏低，即相对于较高的 GDP 增长率来说，我国微观企业资本投资的报酬率偏低。

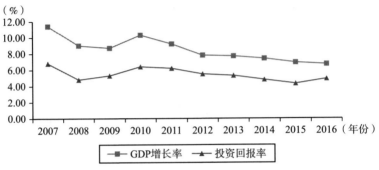

图 4－2　GDP 增长率与投资回报率趋势

（5）公益类国有企业与商业类国有企业投资效率分类分析。表 4－6 是 2007～2016 年公益类国有企业与商业类国有企业投资回报、资本成本及阿尔法系数三项指标的描述性统计，以及两类国有企业三项指标的均值差异 T 检验结果。在 8893 个总样本量中，公益类国有企业的公司——年度观察值个数为 1440，占比 16.19%，商业类国有企业的公司——年度观察值个数为 7453，占比 83.81%。

表 4－6　　两类国有企业各项指标描述性统计及均值差异 T 检验

变量名称	公益类国有企业				商业类国有企业				T 值
	观测值	均值	最小值	最大值	观测值	均值	最小值	最大值	
投资回报	1440	0.060	－0.153	0.224	7453	0.053	－0.153	0.224	4.261 ***
资本成本	1440	0.066	0.023	0.188	7453	0.073	0.023	0.188	－7.660 ***
阿尔法系数	1440	－0.007	－0.218	0.129	7453	－0.019	－0.218	0.129	7.651 ***

注：最后一列为公益类国有企业与商业类国有企业三项指标的均值差异 T 检验结果。表格中 *** 表示相关统计量在 1% 统计水平上显著。

公益类国有企业的投资回报均值为 6%，商业类国有企业的投资回报均值为5.3%，公益类国有企业投资回报均值与商业类国有企业投资回报均值之间差异的T值为4.261，在1%的显著性水平上显著，表明公益类国有企业在2007~2016年这十年间的投资回报显著高于商业类国有企业在2007~2016年十年间的投资回报。

公益类国有企业的加权资本成本均值为6.6%，商业类国有企业的加权资本成本均值为7.3%，公益类国有企业资本成本均值与商业类国有企业资本成本均值之间差异的T值为-7.660，在1%的显著性水平上显著，表明公益类国有企业在2007~2016年这十年间的平均资本成本显著低于商业类国有企业在2007~2016年十年间的平均资本成本。

公益类国有企业的阿尔法系数均值为-0.7%，商业类国有企业的阿尔法系数均值为-1.9%，二者均值差异的T值为7.651，在1%的显著性水平上显著，表明公益类国有企业在2007~2016年十年间的阿尔法系数显著高于商业类国有企业在2007~2016年十年间的阿尔法系数，表明公益类国有企业的投资活动比商业类国有企业的投资活动更有效率。

表4-7是公益类国有企业与商业类国有企业投资回报、资本成本及阿尔法系数三项指标的分年度描述性统计及两类国有企业阿尔法系数的均值差异T检验结果。表4-7还列示了每年的公益类国有企业样本量及商业类国有企业样本量。根据表4-7中列示的公益类国有企业与商业类国有企业每年的阿尔法系数均值，我们做了图4-3中两类国有企业的阿尔法系数趋势对比图，由图4-3可以看出，除了2010年与2011年，公益类国有企业在其他年份的阿尔法系数均大于商业类国有企业的阿尔法系数，表明公益类国有企业的投资效率整体上优于商业类国有企业。此外，虽然在2008年与2009年，公益类国有企业的阿尔法系数大于商业类国有企业的阿尔法系数（2008年与2009年二者均值差异的T值分别为0.200、0.789），但并没有达到10%的显著性水平，即2008年与2009年两年公益类国有企业与商业类国有企业的阿尔法系数差异较小，反映出金融危机对微观企业投资效率的冲击之大，无论是公益类国有企业，还是商业类国有企业，其投资的阿尔法系数均受到了金融危机的巨大冲击。此外，从图4-3中可以看出，两类国有企业的阿尔法系数均在2008年与2015年出现剧烈下跌，其投资效率受宏观经济形势的影响颇为严重。

表4-7　　　两类国有企业投资阿尔法系数差异分年度 T 检验结果

年份	公益类国有企业				商业类国有企业				T 值
	样本量	投资回报均值	资本成本均值	阿尔法系数均值	样本量	投资回报均值	资本成本均值	阿尔法系数均值	
2007	103	0.072	0.067	0.004	714	0.067	0.072	-0.005	1.378 *
2008	102	0.039	0.077	-0.038	741	0.050	0.090	-0.040	0.200
2009	103	0.052	0.068	-0.017	750	0.053	0.075	-0.022	0.789
2010	102	0.056	0.056	-0.001	784	0.065	0.062	0.002	-0.575
2011	105	0.052	0.060	-0.008	780	0.063	0.066	-0.003	-0.847
2012	175	0.064	0.066	-0.002	732	0.052	0.071	-0.019	4.243 ***
2013	178	0.064	0.060	0.004	738	0.050	0.066	-0.016	4.739 ***
2014	184	0.064	0.064	0.000	740	0.044	0.067	-0.022	5.228 ***
2015	193	0.066	0.087	-0.021	734	0.037	0.096	-0.058	8.008 ***
2016	195	0.056	0.056	0.000	740	0.047	0.060	-0.013	3.739 ***
总计	1440	0.060	0.066	-0.007	7453	0.053	0.073	-0.019	7.651 ***

注：最后一列为公益类国有企业与商业类国有企业三项指标的均值差异 T 检验结果。表格中 ***、* 表示相关统计量在 1%、10% 统计水平上显著。

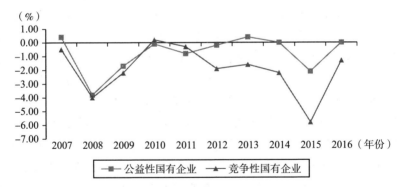

图4-3　公益类国有企业与商业类国有企业投资阿尔法系数趋势对比

2. 国有企业投资效率现状分析——基于理查德森模型

本小节内容主要考察以理查德森模型（Richardson，2006）来度量投资效率时，我国国有企业的投资效率现状。

96

（1）投资效率的度量——基于理查德森模型。本书在理查德森（Richardson，2006）、陈艳等（2015）的基础上建立预期正常投资估计模型（4.5），通过对模型（4.5）进行回归，得到模型的残差，并把该残差取绝对值作为衡量企业投资效率的变量，记为 Abi_k。

$$I\_k_{i,t} = \beta_0 + \beta_1 \times I\_k_{i,t-1} + \beta_2 \times Q_{i,t-1} + \beta_3 \times Lev_{i,t-1} + \beta_4 \times Cash_{i,t-1}$$
$$+ \beta_5 \times Age_{i,t-1} + \beta_6 \times Size_{i,t-1} + \beta_7 \times Rets_{i,t-1} + Year + Ind + \varepsilon_{i,t}$$

$$(4.5)$$

模型（4.5）中各解释变量均滞后一期放入模型，各变量的定义详见表 4-8。

表 4-8　　　　　　　　　理查德森模型各变量定义

变量名称	变量符号	变量计算
新增投资	I_k	固定资产、在建工程及工程物资、长期投资和无形资产的净增加额除以年初总资产
投资机会	Q	公司的市值除以资产总额
资产负债率	Lev	负债总额除以年初总资产
货币资金持有	Cash	货币资金总额与短期投资之和除以年初总资产
股票收益率	Rets	考虑现金红利再投资的年个股回报率
公司规模	Size	资产总额的自然对数
上市年龄	Age	公司截至年末的上市年限

（2）理查德森模型测算结果。由模型（4.5）拟合出国有企业的预期正常投资，然后计算出国有企业实际投资支出偏离预期正常投资的部分，即为投资过度或投资不足，表现为模型（4.5）的残差。模型回归结果如表 4-9 所示。按照理查德森模型（Richardson，2006）的思路，实际投资支出越接近于理查德森模型回归出来的预期正常投资支出，就代表投资越有效率，即理查德森模型的残差越接近于 0，代表投资越有效率，相反，残差不等于 0 时，企业的投资都是非效率的。具体地，残差大于 0 时，说明实际投资支出大于预期正常投资，投资过度；残差小于 0 时，说明实际投资支出低于预期正常投资，投资不足。

表 4 – 9　　　　　　　　　　　预期正常投资拟合结果

变量	Cons	$I\_k_{i,t-1}$	$Q_{i,t-1}$	$Lev_{i,t-1}$	$Cash_{i,t-1}$	$Size_{i,t-1}$	$Rets_{i,t-1}$	$Age_{i,t-1}$	N
系数	- 0.080 (0.109)	0.102 *** (0.000)	0.010 *** (0.000)	- 0.006 (0.270)	0.015 (0.146)	0.002 * (0.087)	0.011 *** (0.000)	- 0.002 *** (0.000)	8405
VIF	—	1.51	1.73	1.70	1.21	1.87	3.42	1.32	

注：表格中 ***、* 表示相关统计量在 1%、10% 统计水平上显著。

表 4 – 10 为理查德森（2006）模型残差的分类描述性统计。从表 4 – 10 可以看出，无论是全样本还是子样本，残差的中位数均为负值，表明我国国有企业更多的是存在投资不足的状况，但是均值为正，这说明部分国有企业过度投资的幅度较大，从而抬高了平均投资水平。

表 4 – 10　　　　　　基于理查德森模型残差的国有企业投资
效率分类描述性统计

变量名称	观测值	均值	标准差	最小值	中位数	最大值
A 栏：全样本（国有企业）						
投资残差	7350	0.003	0.134	- 0.216	- 0.020	0.897
B 栏：将国有企业细分为公益类国有企业和商业类国有企业						
公益类国有企业						
投资残差	1132	0.002	0.180	- 0.231	- 0.035	0.991
商业类国有企业						
投资残差	5720	0.001	0.111	- 0.209	- 0.017	0.708

4.2　宏观因素对投资资本成本敏感性的影响研究

在我国转轨经济大背景下，资本市场并不符合有效市场假说，我国资本市场运行易受宏观经济环境因素冲击，微观企业投资行为也会受到宏观经济环境牵连。一直以来，专家学者主要将投资机会作为传导介质来研究外部宏观环境对企业投资行为的影响。依据资本成本锚定相关理论，本研究报告认为，从资本成本视角来研究外部环境因素对国有企业投资效率的影响效应变得尤为重要。

4.2.1　宏观因素主要变量的选定与度量

宏观经济环境决定了整个经济体系中资本的供给和需求水平，从而深刻影响到企业的资本成本。企业对资金资源的一切占用，都要通过资本收益的形式予以回报。回报的最低标准就是资本成本，无论经济环境如何，资本成本必须是企业实施投资的收益率下限，否则便是社会资源的浪费。宏观经济环境对投资决策的重要影响就是它能够改变企业获取资本的成本，并通过影响资本成本进而影响企业投资规模甚至投资效率。

1. 各宏观影响因素变量的选择

国有企业投资效率的外部宏观影响因素主要可以分为经济政策因素和经济环境因素两个方面。

在众多宏观经济政策中，货币政策对企业资本成本的影响最为关键，卡什亚普等（Kashyap et al.，1993）研究指出为紧缩的货币政策会减少贷款供给，从而影响企业投资行为。博德里等（Beaudry et al.，2001）利用英国上市公司面板数据，研究发现货币政策对企业投资行为具有显著影响，而且货币政策频繁变动会给企业投资带来严重不确定性，从而导致企业为了规避不确定性风险而出现投资行为趋于一致的特点。刘金叶、高铁梅（2009）运用结构向量自回归（SVAR）模型方法研究了我国企业投资对财政货币政策冲击的反应，得出的结论是：在经济繁荣阶段，货币政策作用效果比较显著；反之，在经济衰退阶段，企业可选择的投资机会较少，央行采取扩张性货币政策不能有效提高货币供给量，货币政策作用效果减弱。靳庆鲁等（2012）考察货币政策对我国民营企业投资效率的影响，结果发现宽松的货币政策能够降低民营企业的融资约束，但对能否影响和改善公司投资效率的问题则依赖于公司面临的投资机会。综上可见，货币政策对企业投资行为乃至投资效率的重大影响毋庸置疑，但已有研究视角都忽略了企业的资本成本视角，而本书将从货币政策对投资资本成本敏感性以及投资效率资本成本敏感性的影响效应角度，来研究货币政策对国有企业投资效率的影响。

在经济环境方面，我国经过 40 多年的改革开放，已经初步完成由计划经济向市场配置资源为主的社会主义市场经济的转换，这一转换对我国企业投资效率的促进作用有目共睹。但是，市场配置资源并不一定是市场化程度越高越好，或者说，市场在资源配置上也不是完全有效的，例如市场经济非常容易导致所谓的强者恒强、弱者恒弱的资源配置低效。这就需要政府在市场化的基础上进行一定的经济政策调整，用经济政策调整弥补市场的不足。然而，由于制定经济政策依赖的各种经济信息瞬息万变且具有一定的滞后性，这又导致频繁的经济政策变更会提高经济政策的不确定性（饶品贵等，2017）。而经济政策的不确定性会对企业的投资行为产生各种深刻的影响。所以，在目前我国一方面进行经济的市场化转换，另一方面政府频繁运用各种政策干预经济运行的特定制度背景下，我们选择市场化程度和经济政策不确定性两个经济环境变量进行研究，来分别检验市场化程度和经济政策不确定性因素对我国国有企业投资行为的差异化影响，分析这些因素对投资资本成本敏感性以及投资效率资本成本敏感性的影响效应。

2. 货币政策、市场化程度及经济政策不确定性的度量

（1）货币政策的度量。关于货币政策的度量，我们借鉴陆正飞等（2011）及陈艳（2012）的研究，选择 Mp_t 指标（Mp_t = 广义货币供应量 $M2_t$ 增长率 – GDP_t 增长率 – CPI_t 增长率）来表示货币政策。具体变量的取值如表 4-11 所示。

表 4-11　宏观经济指标数据　单位：%

年份	GDP 增长率	CPI 增长率	M2 增长率	MP 值
2007	11.4	4.8	16.7	0.5
2008	9.0	5.9	17.8	2.9
2009	8.7	-0.7	27.7	19.7
2010	10.3	3.3	19.7	6.1
2011	9.2	5.4	13.6	-1.0
2012	7.8	2.6	13.8	3.4
2013	7.7	2.6	13.6	3.3
2014	7.4	2.0	12.2	2.8
2015	6.9	2.0	13.3	4.4
2016	6.7	2.0	11.3	2.6

注：相关数据参考中国人民银行官网各年度《中国货币政策执行报告》计算整理取得。

（2）市场化程度的度量。我们从市场化改革的动态效应视角来考察市场化改革是否能显著提高国有企业投资的资本成本敏感性，理论上，市场化改革会弱化国有企业事前投资最大化及事后费用最大化的倾向，弱化其软预算约束，企业的投资决策将对资本成本的高低及变动更为敏感（徐明东和陈学彬，2012）。我们用各地区的市场化指数来测度不同地区市场化改革的进程，考察市场化改革能否增强国有企业投资的资本成本敏感性。市场化指数来自樊纲等（2014）。

（3）经济政策不确定性的度量。所谓经济政策不确定性，是指影响经济社会和企业经营相关的政府政策，尤其是经济类政策在未来指向、强度等方向上不明确所引致的不确定性（饶品贵等，2017）。政府制定经济政策的目的是规范经济的整体运行，引导经济高效发展。在经济政策出台之前，企业很难准确预测到未来政策的内容；政策出台之后，其执行强度和效果尚有多重可能，因此企业决策时面临着经济政策的不确定性（Baker et al.，2016）。

经济政策不确定性的存在会对企业行为产生诸多方面的影响。因此，我们试图检验经济政策不确定性可能给企业投资行为带来的影响。我们采用由斯坦福大学和芝加哥大学联合公布的月度中国经济政策不确定性指数作为经济政策不确定性的度量指标，研究经济政策不确定性对我国国有企业投资资本成本敏感性的影响效应。该指数以《南华早报》为分析对象，检索识别出该报纸每月刊发的有关中国经济政策不确定性的文章，并将检索出的有关中国经济政策不确定性的文章数量除以当月刊发的文章总数量，然后得到月度中国经济政策不确定性指数。经济政策不确定性指数越大，代表经济政策的不确定性越高。

在本书中，我们将每年 12 个月的经济政策不确定性指数进行算术平均后取自然对数，作为该年的经济政策不确定性指数。

3. 模型设定

在模型（4.1）的基础上，引入宏观因素变量 Macro 和宏观因素与资本成本变动率的交乘项 $Macro_t \times \Delta lnWacc_t$，建立模型（4.6）如下：

$$I\_k_{i,t} = \alpha I\_k_{i,t-1} + \sum_{p=0}^{1} \beta_p \Delta lnS_{i,t-p} + \sum_{p=0}^{1} \gamma_p \Delta lnWacc_{i,t-p}$$

$$+ \sum_{p=0}^{1} \delta_p Cf\_k_{i,t-p} + \sum_{p=0}^{2} \&_p Macro_t \times \Delta lnWacc_{i,t-p}$$

$$+ \varphi \, \text{Macro}_t + \varphi \, Q_{i,t-1} + \rho \, \text{Lev}_{i,t-1} + \lambda_t + \eta_i + \nu_{i,t} \qquad (4.6)$$

其中，$i = 1, 2, \cdots, N$，表示企业数量。被解释变量为投资率 I_k，主要解释变量为宏观因素 Macro 及宏观因素与资本成本变动率的交乘项 $\text{Macro}_t \times \Delta \ln \text{Wacc}_t$，如前文所述，宏观因素 Macro 分别包括宏观货币政策因素，用 MP 表示；市场化指数因素，用 M_index 表示；经济政策不确定性因素，用 Epu 表示。其他控制变量的定义和计算同模型（4.1）。λ_t 为不可观测的时间效应，代表生产率特征；η_i 为面板模型不可观测的个体效应；$\nu_{i,t}$ 为服从均值为 0、方差为 σ_ν^2、独立同分布的随机扰动项。

4.2.2　各宏观变量对国有企业投资资本成本敏感性的影响

1. 货币政策与国有企业投资的资本成本敏感性

货币政策对国有企业投资资本成本敏感性的影响效应如表 4 - 12 所示，对全样本来说，货币政策 MP 本身的系数显著为正，即货币政策对企业的投资支出具有正向调控作用，货币政策与滞后一期资本成本的交互项系数显著为正，说明宽松的货币政策会降低投资资本成本敏感性，即降低投资效率。并且，回归结果显示，在 10% 的显著性水平上，Sargan 过度识别检验和序列相关检验均不能拒绝零假设，表明我们的 GMM 模型的干扰项不存在显著的序列相关，且工具变量的选取是合理的。

表 4 - 12　货币政策对国有企业投资资本成本敏感性的影响效应

自变量	全样本	子样本	
	国有企业	公益类国企	商业类国企
I_k_{t-1}	0.448 *** (0.000)	0.288 *** (0.000)	0.480 *** (0.000)
Cf_k_t	0.069 * (0.094)	0.179 (0.660)	0.111 *** (0.004)
Cf_k_{t-1}	0.005 (0.688)	− 0.022 (0.839)	0.002 (0.862)

因变量：国有企业新增投资 I_k_t

	因变量：国有企业新增投资 I_k_t		
自变量	全样本	子样本	
	国有企业	公益类国企	商业类国企
$\Delta \ln S_t$	0.030 *** (0.007)	0.018 (0.716)	0.013 (0.149)
$\Delta \ln S_{t-1}$	−0.005 * (0.074)	−0.017 (0.468)	−0.006 ** (0.041)
$\Delta \ln Wacc_t$	−0.023 (0.172)	−0.014 (0.681)	−0.051 *** (0.004)
$\Delta \ln Wacc_{t-1}$	−0.026 *** (0.004)	−0.033 (0.368)	−0.019 ** (0.035)
$MP \times \Delta \ln Wacc_t$	0.005 (0.166)	−0.004 (0.502)	0.008 * (0.097)
$MP \times \Delta \ln Wacc_{t-1}$	0.003 * (0.068)	0.002 (0.671)	−0.000 (0.813)
Q_t	−0.001 (0.553)	−0.013 (0.680)	−0.000 (0.898)
Lev_{t-1}	−0.007 (0.681)	0.121 (0.337)	−0.037 ** (0.036)
MP	0.002 ** (0.020)	0.002 (0.210)	0.003 *** (0.006)
Cons	0.044 *** (0.003)	−0.019 (0.594)	0.030 ** (0.043)
N	5620	862	4565
Sargan（p 值）	0.220	—	0.267
AR（2）（p 值）	0.981	—	0.985

注：表格中 ***、**、* 表示相关统计量在 1%、5%、10% 统计水平上显著。

　　在将国有企业划分为公益类国有企业和商业类国有企业之后，对商业类国有企业来说，货币政策与当期资本成本的交互项系数显著为正，说明宽松的货币政策会降低投资资本成本敏感性，即货币政策宽松时期，资本成本对商业类国有企业投资规模的锚定作用有所减弱。上述结论在公益类国有企业子样本中并不成立。

2. 市场化程度与国有企业投资的资本成本敏感性

市场化程度对国有企业投资资本成本敏感性的影响效应如表 4 – 13 所示。对全样本来说，市场化指数 M_index 本身的系数显著为正，即市场化改革对国有企业的投资支出具有促进作用，但是市场化指数与资本成本变量的交互项的估计系数统计上并不显著，说明市场化改革并没有提高国有企业投资的资本成本敏感性，这与徐明东和陈学彬（2012）、徐明东和田素华（2013）的结论是一致的。并且，回归结果显示，在 10% 的显著性水平上，Sargan 过度识别检验和序列相关检验均不能拒绝零假设，表明我们的 GMM 模型的干扰项不存在显著的序列相关，且工具变量的选取是合理的。但值得注意的是，此时投资资本成本的敏感性虽然为负，但并未达到 10% 的显著性水平。

表 4 – 13　市场化改革对国有企业投资资本成本敏感性的影响效应

因变量：国有企业新增投资 I_k_t			
自变量	全样本	子样本	
	国有企业	公益类国企	商业类国企
I_k_{t-1}	0.464 *** (0.000)	0.365 *** (0.000)	0.472 *** (0.000)
Cf_k_t	0.204 *** (0.005)	0.250 * (0.080)	0.191 ** (0.011)
Cf_k_{t-1}	−0.013 (0.461)	0.058 (0.321)	−0.012 (0.495)
ΔlnS_t	0.018 (0.488)	0.038 * (0.080)	0.035 (0.189)
ΔlnS_{t-1}	−0.005 (0.185)	−0.004 (0.606)	−0.003 (0.462)
$\Delta lnWacc_t$	−0.118 (0.383)	−0.126 * (0.079)	−0.138 * (0.099)
$\Delta lnWacc_{t-1}$	−0.028 (0.696)	0.009 (0.876)	−0.030 (0.664)

续表

因变量：国有企业新增投资 I_k_t		
自变量	全样本	子样本	
	国有企业	公益类国企	商业类国企
M_index	0.009 ** (0.034)	0.003 (0.799)	0.009 ** (0.022)
M_index × ΔlnWacc$_t$	0.013 (0.489)	0.014 (0.129)	0.011 (0.202)
M_index × ΔlnWacc$_{t-1}$	0.003 (0.734)	− 0.002 (0.755)	0.003 (0.661)
Q$_t$	− 0.004 (0.103)	− 0.041 *** (0.000)	− 0.001 (0.500)
Lev$_{t-1}$	− 0.006 (0.821)	0.046 (0.341)	− 0.041 * (0.073)
Cons	0.008 (0.844)	− 0.003 (0.972)	0.026 (0.433)
N	3895	457	3105
Sargan（p 值）	0.198	—	—
AR（2）（p 值）	0.567	—	—

注：表格中 ***、**、* 表示相关统计量在 1%、5%、10% 统计水平上显著。

　　在将国有企业划分为公益类国有企业和商业类国有企业之后，公益类国有企业与商业类国有企业的投资资本成本当期敏感性均在 10% 的显著性水平上显著为负，其符号与预期一致。在加入市场化指数与资本成本变动值的交互项之后，交互项系数并不显著，表明市场化改革对公益类国有企业及商业类国有企业的投资资本成本敏感性并无显著影响，市场化改革的效果微乎其微。

3. 经济政策不确定性与国有企业投资的资本成本敏感性

　　经济政策不确定性对国有企业投资资本成本敏感性的影响效应如表 4 - 14 所示，对全样本来说，滞后一期的资本成本变动值系数在 10% 的显著性水平上显著为负，说明资本成本上升会显著抑制企业投资。经济政策不确定性 Epu 与滞后一期资本成本变动值的交互项在 10% 的显著性水平上显著为正,说明当经济政策不确定上升时,资本成本对国有企业投资的约束作用减弱。上述结论对商业类国有企业依然成立,但在公益类国有企业中并不存在这一现象。

表 4 – 14　　　　经济政策不确定性对国有企业投资资本
成本敏感性的影响效应

	因变量:国有企业新增投资 I_k$_t$		
自变量	全样本	子样本	
	国有企业	公益类国企	商业类国企
I_k$_{t-1}$	0.465 *** (0.000)	0.415 *** (0.000)	0.515 *** (0.000)
Cf_k$_t$	− 0.122 (0.361)	0.143 (0.619)	0.043 (0.734)
Cf_k$_{t-1}$	− 0.025 (0.830)	0.336 * (0.083)	0.088 (0.424)
ΔlnS$_t$	0.059 (0.150)	0.012 (0.799)	0.028 (0.546)
ΔlnS$_{t-1}$	0.016 (0.650)	− 0.093 ** (0.013)	− 0.041 (0.226)
ΔlnWacc$_t$	0.561 (0.397)	1.188 (0.108)	0.589 (0.290)
ΔlnWacc$_{t-1}$	− 0.791 * (0.061)	− 0.950 (0.333)	− 0.891 * (0.057)
Epu × ΔlnWacc$_t$	− 0.118 (0.380)	− 0.245 (0.101)	− 0.124 (0.273)
Epu × ΔlnWacc$_{t-1}$	0.162 * (0.058)	0.199 (0.322)	0.181 * (0.057)
Q$_t$	− 0.002 (0.500)	− 0.020 * (0.099)	− 0.001 (0.659)
Lev$_{t-1}$	− 0.025 (0.319)	0.043 (0.592)	− 0.023 (0.307)
Cons	0.060 * (0.058)	0.052 (0.387)	0.028 (0.660)

自变量	全样本	子样本	
	国有企业	公益类国企	商业类国企
N	3860	465	3113
Sargan（p 值）	0.195	—	0.256
AR（2）（p 值）	0.733	—	0.279

因变量：国有企业新增投资 I_k$_t$

注：表格中 ***、**、* 表示相关统计量在 1%、5%、10% 统计水平上显著。

4.3 宏观因素对投资效率资本成本敏感性的影响研究

本节采用理查德森（Richardson，2006）模型残差和投资阿尔法系数两种方法计量国有企业投资效率，分别检验宏观货币政策、市场化指数及经济政策不确定性等影响因素对国有企业投资效率资本成本敏感性的影响。

4.3.1 宏观因素变量影响效应分析——基于理查德森模型

本小节内容分别检验基于理查德森模型测量投资效率时，货币政策、市场化指数及经济政策不确定性对投资效率资本成本敏感性的影响效应。

将理查德森模型残差的绝对值作为因变量，引入回归模型，分析资本成本及其他宏微观因素对投资效率的影响效应，建立动态面板模型（4.7），并将主要解释变量的两阶滞后项也作为解释变量纳入模型：

$$\text{Abi\_k}_{i,t} = \sum_{p=1}^{2} \alpha_p\, A_{i,t-p} + \sum_{p=0}^{2} \beta_p\, \Delta\ln S_{i,t-p} + \sum_{p=0}^{2} \gamma_p\, \Delta\ln\text{Wacc}_{i,t-p}$$
$$+ \sum_{p=0}^{2} \delta_p\, \text{Cf\_k}_{i,t-p} + \sum_{p=0}^{2} \&_p\, \text{Macro}_t \times \Delta\ln\text{Wacc}_{i,t-p}$$
$$+ \varphi\, \text{Macro}_t + \varphi\, Q_{i,t-1} + \rho\, \text{Lev}_{i,t-1} + \lambda_t + \eta_i + \nu_{i,t} \qquad (4.7)$$

其中，i = 1，2，…，N，表示企业数量。模型（4.7）中被解释变量为理查德森（Richardson，2006）模型残差的绝对值Abi_k$_{i,t}$，主要解释变量为宏观因素 Macro 及宏观因素与资本成本变动率的交乘项 Macro$_t$ × ΔlnWacc$_t$，同前述一致，宏观因素 Macro 分别包括宏观货币政策因素，用 MP 表示；市场化指数因素，用 M_index 表示；经济政策不确定性因素，用 Epu 表示。控制变量包括投资率的滞后值、实际销售收入增长率、净现金流比率、托宾 Q、资产负债率。λ_t 为不可观测的时间效应，代表生产率特征；η_i 为面板模型不可观测的个体效应；$\nu_{i,t}$ 为服从均值为 0、方差为 σ_ν^2、独立同分布的随机扰动项。

1. 货币政策对国有企业投资效率资本成本敏感性的影响效应

货币政策对国有企业投资残差资本成本敏感性的影响效应如表 4 – 15 所示，对全样本来说，货币政策 MP 本身的系数为正，但并不显著，投资残差资本成本敏感性的滞后一期系数为 – 0.047，在 10% 的显著性水平上显著为负，货币政策与滞后一期资本成本变动值的交互项系数在 10% 的显著性水平上显著为正，说明宽松的货币政策会降低投资残差对资本成本的敏感性，即宽松的货币政策会使资本成本对非效率投资的影响效应减弱。

表 4 – 15　　货币政策对国有企业投资效率资本成本敏感性的影响效应

自变量	因变量：投资残差绝对值 Abi_k$_{i,t}$		
	全样本	子样本	
	国有企业	公益类国企	商业类国企
Abi_k$_{i,t-1}$	0.131 *** (0.000)	– 0.058 * (0.059)	0.152 *** (0.000)
Abi_k$_{t-2}$	0.013 (0.559)	– 0.058 *** (0.004)	0.041 * (0.099)
Cf_k$_t$	0.063 (0.487)	0.098 (0.413)	0.028 (0.711)
Cf_k$_{t-1}$	0.019 (0.839)	0.310 *** (0.006)	0.030 (0.625)
Cf_k$_{t-2}$	– 0.023 (0.304)	– 0.105 (0.135)	– 0.017 (0.422)
ΔlnS$_t$	0.019 (0.465)	0.245 *** (0.000)	0.026 (0.324)

108

自变量	因变量：投资残差绝对值 $Abi\_k_{i,t}$		
	全样本	子样本	
	国有企业	公益类国企	商业类国企
$\Delta \ln S_{t-1}$	-0.012 (0.489)	0.061^* (0.091)	-0.037^{**} (0.046)
$\Delta \ln S_{t-2}$	-0.010^* (0.090)	-0.047^{***} (0.007)	-0.011 (0.119)
$\Delta \ln Wacc_t$	-0.065 (0.199)	0.037 (0.565)	-0.068 (0.106)
$\Delta \ln Wacc_{t-1}$	-0.047^{**} (0.014)	-0.023 (0.261)	-0.042^{**} (0.014)
$\Delta \ln Wacc_{t-2}$	-0.000 (0.973)	0.026 (0.206)	-0.000 (0.999)
$MP \times \Delta \ln Wacc_t$	0.017 (0.222)	0.005 (0.767)	0.018 (0.112)
$MP \times \Delta \ln Wacc_{t-1}$	0.011^* (0.069)	0.008 (0.252)	0.010^* (0.056)
$MP \times \Delta \ln Wacc_{t-2}$	-0.001 (0.817)	-0.011^* (0.080)	-0.002 (0.545)
MP	0.002 (0.349)	0.003^* (0.091)	0.001 (0.577)
Q_t	0.020^{***} (0.000)	0.049^{***} (0.000)	0.015^{***} (0.000)
Lev_t	0.020 (0.549)	-0.402^{***} (0.000)	0.060^* (0.071)
Cons	0.032 (0.361)	0.187^{***} (0.000)	-0.046 (0.196)
N	4179	626	3305
Sargan（p 值）	0.659	—	0.934
AR（2）（p 值）	0.871	—	0.924

注：表格中 ***、**、*表示相关统计量在 1%、5%、10% 统计水平上显著。

在将国有企业划分为公益类国有企业和商业类国有企业之后，对商业类国有企业来说，资本成本的滞后一期系数依然显著为负，且货币政策与资本成本变动率的交互项系数依然显著为正，表明宽松的货币政策也会降低资本成本对商业类国有企业非效率投资的影响效应，但上述结论在公益类国有企业子样本中并不成立。

2. 市场化改革对国有企业投资效率资本成本敏感性的影响效应

市场化改革对国有企业投资残差资本成本敏感性的影响效应如表4－16所示。对全样本来说，投资残差资本成本敏感性的当期系数显著为负，且市场化指数与当期资本成本变动值的交互项系数在5%的显著性水平上显著为正，表明市场化改革使资本成本对国有企业非效率投资的影响效应有所减弱。在将国有企业划分为公益类国有企业和商业类国有企业之后，对公益类国有企业来说，资本成本变动值的滞后两期系数显著为负，市场化指数与滞后两期资本成本的交互项系数虽为负，但并未达到10%的显著性水平，说明市场化改革的效果并不显著。对商业类国有企业来说，资本成本变动值的当期系数显著为负，市场化指数与资本成本交互项的系数均为正，但均未达到10%的显著性水平。

110

表4－16　　　市场化指数对国有企业投资效率资本成本敏感性的影响

因变量：投资残差绝对值 Abi_k$_{i,t}$			
	全样本	子样本	
自变量	国有企业	公益类国企	商业类国企
Abi_k$_{i,t-1}$	0.073 (0.242)	−0.101 ** (0.020)	0.071 (0.232)
Abi_k$_{i,t-2}$	−0.004 (0.881)	−0.118 *** (0.001)	0.050 (0.122)
Cf_k$_t$	0.190 (0.492)	0.076 (0.751)	0.093 (0.695)
Cf_k$_{t-1}$	0.015 (0.934)	0.115 (0.630)	0.110 (0.439)
Cf_k$_{t-2}$	0.009 (0.829)	−0.151 * (0.066)	−0.014 (0.700)
$\Delta \ln S_t$	0.042 (0.514)	0.222 *** (0.000)	0.012 (0.809)

自变量	全样本	子样本	
	国有企业	公益类国企	商业类国企
因变量：投资残差绝对值 $Abi\_k_{i,t}$			
$\Delta \ln S_{t-1}$	-0.028 (0.636)	-0.025 (0.572)	0.021 (0.641)
$\Delta \ln S_{t-2}$	-0.018 (0.153)	-0.012 (0.454)	-0.017 (0.135)
$\Delta \ln Wacc_t$	-0.861 ** (0.023)	0.133 (0.524)	-0.535 * (0.096)
$\Delta \ln Wacc_{t-1}$	-0.542 (0.149)	0.123 (0.368)	-0.222 (0.484)
$\Delta \ln Wacc_{t-2}$	-0.228 (0.236)	-0.332 *** (0.010)	-0.049 (0.766)
M_index	-0.018 (0.158)	-0.018 (0.567)	-0.010 (0.344)
M_index $\times \Delta \ln Wacc_t$	0.112 ** (0.026)	-0.025 (0.227)	0.070 (0.104)
M_index $\times \Delta \ln Wacc_{t-1}$	0.068 (0.180)	0.046 ** (0.015)	0.028 (0.525)
M_index $\times \Delta \ln Wacc_{t-2}$	0.030 (0.248)	-0.009 (0.725)	0.007 (0.753)
Q_t	0.028 *** (0.000)	0.052 *** (0.002)	0.020 *** (0.001)
Lev_t	0.037 (0.668)	-0.600 *** (0.000)	0.049 (0.522)
Cons	0.232 ** (0.037)	0.456 * (0.053)	0.125 (0.329)
N	2770	341	2196

注：表格中 ***、**、*表示相关统计量在1%、5%、10%统计水平上显著。

3. 经济政策不确定性对国有企业投资效率资本成本敏感性的影响效应

经济政策不确定性对国有企业投资残差资本成本敏感性的影响效应

如表 4 - 17 所示。

表 4 - 17　　　　　经济政策不确定性对国有企业投资效率
资本成本敏感性的影响

	因变量：投资残差绝对值 $Abi\_k_{i,t}$		
自变量	全样本	子样本	
	国有企业	公益类国企	商业类国企
$Abi\_k_{i,t-1}$	0.137 *** (0.000)	− 0.230 *** (0.000)	0.124 *** (0.000)
$Abi\_k_{i,t-2}$	0.011 (0.534)	− 0.130 *** (0.000)	0.042 ** (0.032)
Cf_k_t	− 0.078 (0.450)	0.545 *** (0.001)	0.089 (0.237)
Cf_k_{t-1}	− 0.096 (0.288)	0.855 *** (0.000)	0.014 (0.788)
Cf_k_{t-2}	0.004 (0.869)	0.135 * (0.067)	− 0.007 (0.724)
$\Delta \ln S_t$	0.066 ** (0.026)	0.294 *** (0.000)	0.013 (0.481)
$\Delta \ln S_{t-1}$	− 0.020 (0.434)	0.044 * (0.075)	0.007 (0.721)
$\Delta \ln S_{t-2}$	− 0.007 (0.309)	− 0.023 * (0.069)	− 0.011 ** (0.043)
$\Delta \ln Wacc_t$	− 0.221 (0.527)	− 1.211 *** (0.000)	− 0.077 (0.739)
$\Delta \ln Wacc_{t-1}$	− 0.020 (0.909)	− 0.325 (0.154)	0.101 (0.353)
$\Delta \ln Wacc_{t-2}$	− 0.137 ** (0.047)	− 0.565 *** (0.000)	− 0.127 ** (0.047)
$Epu \times \Delta \ln Wacc_t$	0.043 (0.548)	0.273 *** (0.000)	0.013 (0.783)
$Epu \times \Delta \ln Wacc_{t-1}$	0.001 (0.983)	0.062 (0.186)	− 0.024 (0.285)

自变量	全样本	子样本	
	国有企业	公益类国企	商业类国企
$Epu \times \Delta lnWacc_{t-2}$	0.027 * （0.056）	0.112 *** （0.000）	0.026 ** （0.050）
Q_t	0.024 *** （0.000）	0.057 *** （0.000）	0.018 *** （0.000）
Lev_t	− 0.070 （0.169）	− 0.486 *** （0.000）	− 0.003 （0.938）
Cons	− 0.294 *** （0.000）	0.118 * （0.087）	0.081 ** （0.019）
N	3465	430	2739
Sargan（p 值）	0.636	—	0.781
AR（2）（p 值）	0.418	—	0.590

因变量：投资残差绝对值 $Abi\_k_{i,t}$

注：表格中 ***、**、*表示相关统计量在 1%、5%、10%统计水平上显著。

113

对全样本来说，资本成本滞后两期的系数在 5% 的显著性水平上显著为负，表明资本成本的提高能有效约束国有企业的非效率投资行为，而经济政策不确定性指数与资本成本两期滞后值所构成的交互项的系数在 10% 的显著性水平上显著为正，表明经济政策不确定性增大时，资本成本对国有企业非效率投资的有效治理功能会有所减弱。

在将国有企业划分为公益类国有企业和商业类国有企业之后，对公益类国有企业来说，投资残差资本成本当期与滞后两期敏感性均显著为负，且当期交互项与滞后两期交互项均显著为正；对商业类国有企业来说，滞后两期的资本成本系数显著为负，经济政策不确定性指数与滞后两期的资本成本交互项系数显著为正，表明无论是公益类国有企业，还是商业类国有企业，经济政策不确定性的增大均会弱化资本成本对非效率投资的有效治理功能。

4.3.2　宏观因素变量影响效应分析——基于阿尔法系数

本小节内容分别检验基于投资的阿尔法系数度量国有企业投资效率

时，货币政策、市场化指数及经济政策不确定性对投资效率资本成本敏感性的影响效应。

投资的阿尔法系数具体计算过程如下：首先估算国有企业的投资回报与加权资本成本，然后计算投资回报高于加权资本成本的部分，即国有企业投资的阿尔法系数。其中，企业投资回报与加权资本成本的估算方法均秉承前文模型，采用 CCER（2007）的微观非模型化方法估算国有企业的投资回报；股权资本成本取 CAPM 模型与 FF 模型均值，债务资本成本为（利息支出＋资本化利息）×（1－所得税税率）/带息负债总额，采用账面价值权数计算加权平均资本成本。

将投资的阿尔法系数估算结果作为因变量，引入回归模型，分析资本成本及其他宏微观因素对阿尔法系数的影响效应，建立如下动态面板模型（4.8），并将主要解释变量的两阶滞后项也作为解释变量纳入模型。

$$A_{i,t} = \sum_{p=1}^{2} \alpha_p A_{i,t-p} + \sum_{p=0}^{2} \beta_p \Delta\ln S_{i,t-p} + \sum_{p=0}^{2} \gamma_p \Delta\ln Wacc_{i,t-p}$$
$$+ \sum_{p=0}^{2} \delta_p Cf\_k_{i,t-p} + \sum_{p=0}^{2} \&_p Macro_t \times \Delta\ln Wacc_{i,t-p}$$
$$+ \varphi Macro_t + \varphi Q_{i,t-1} + \rho Lev_{i,t-1} + \lambda_t + \eta_i + \nu_{i,t} \qquad (4.8)$$

其中，被解释变量为投资的阿尔法系数 $A_{i,t}$，其他变量的定义同模型（4.7）。

1. 货币政策对国有企业投资阿尔法系数资本成本敏感性的影响效应

货币政策对国有企业投资阿尔法系数资本成本敏感性的影响效应如表 4-18 所示。

表 4-18　　　　货币政策对国有企业投资阿尔法系数资本
成本敏感性的影响效应

	因变量：国有企业投资的阿尔法系数 A_t		
自变量	全样本	子样本	
	国有企业	公益类国企	商业类国企
A_{t-1}	0.401 *** (0.000)	0.341 (0.958)	0.273 *** (0.008)

续表

自变量	因变量：国有企业投资的阿尔法系数 A_t		
	全样本	子样本	
	国有企业	公益类国企	商业类国企
A_{t-2}	0.047 (0.206)	0.019 (0.996)	0.002 (0.963)
Cf_k_t	0.163 ** (0.050)	0.099 (0.957)	0.124 (0.134)
Cf_k_{t-1}	− 0.074 (0.307)	0.120 (0.913)	− 0.063 (0.312)
Cf_k_{t-2}	0.024 (0.204)	0.044 (0.940)	0.029 * (0.063)
$\Delta \ln S_t$	0.077 ** (0.013)	0.036 (0.959)	0.090 *** (0.001)
$\Delta \ln S_{t-1}$	0.010 (0.695)	− 0.005 (0.974)	0.021 (0.339)
$\Delta \ln S_{t-2}$	0.003 (0.356)	− 0.000 (0.998)	0.004 (0.295)
$\Delta \ln Wacc_t$	− 0.147 *** (0.001)	− 0.061 (0.861)	− 0.136 *** (0.004)
$\Delta \ln Wacc_{t-1}$	− 0.032 * (0.084)	0.003 (0.878)	− 0.033 ** (0.048)
$\Delta \ln Wacc_{t-2}$	− 0.014 (0.199)	0.001 (0.984)	− 0.014 (0.210)
$MP \times \Delta \ln Wacc_t$	0.021 ** (0.042)	0.009 (0.543)	0.020 * (0.097)
$MP \times \Delta \ln Wacc_{t-1}$	0.006 (0.225)	− 0.002 (0.975)	0.006 (0.203)
$MP \times \Delta \ln Wacc_{t-2}$	0.004 (0.239)	0.000 (0.979)	0.003 (0.385)
MP	− 0.000 (0.928)	− 0.001 (0.987)	0.000 (0.950)

115

续表

自变量	因变量：国有企业投资的阿尔法系数 A_t		
	全样本	子样本	
	国有企业	公益类国企	商业类国企
Q_t	0. 005 ** (0. 034)	0. 004 (0. 983)	0. 005 * (0. 052)
Lev_{t-1}	− 0. 201 *** (0. 000)	− 0. 083 (0. 952)	− 0. 211 *** (0. 000)
Cons	0. 009 (0. 655)	0. 014 (0. 990)	0. 214 *** (0. 000)
N	4685	690	3763
Sargan（p 值）	0. 184	—	0. 033
AR（2）（p 值）	0. 197	—	0. 284

注：表格中 ***、**、* 表示相关统计量在 1%、5%、10% 统计水平上显著。

对全样本来说，资本成本当期变动值与滞后一期变动值的系数均显著为负，表明资本成本的提高会降低国有企业的投资阿尔法系数；此外，货币政策与当期资本成本变动值的交互项系数在 5% 的显著性水平上显著为正，表明宽松的货币政策会降低阿尔法系数对资本成本的敏感性。在将国有企业划分为公益类国有企业与商业类国有企业之后，上述结论对商业类国有企业依然成立，但在公益类国有企业子样本中并不成立。

2. 市场化程度对国有企业投资阿尔法系数资本成本敏感性的影响效应

表 4 - 19 列示了市场化改革对国有企业投资阿尔法系数资本成本敏感性的影响效应回归结果。在全样本中，阿尔法系数与当期资本成本敏感性的系数在 10% 的显著性水平上显著，但是市场化指数与资本成本交互项的系数并不显著，表明市场化改革对阿尔法系数资本成本的敏感性没有影响。在将国有企业划分为公益类国有企业与商业类国有企业之后，资本成本虽然为负值，但并未达到 10% 的显著性水平，市场化指数与资本成本的交互项也不显著。

表 4 – 19　　市场化指数对国有企业投资阿尔法系数
资本成本敏感性的影响效应

自变量	因变量：国有企业投资的阿尔法系数 A_t		
	全样本	子样本	
	国有企业	公益类国企	商业类国企
A_{t-1}	0.308 *** (0.000)	0.285 ** (0.039)	0.220 (0.258)
A_{t-2}	0.037 (0.205)	0.056 (0.575)	0.036 (0.610)
Cf_k_t	0.208 *** (0.002)	0.034 (0.796)	0.546 ** (0.041)
Cf_k_{t-1}	0.019 (0.688)	0.369 * (0.097)	0.078 (0.626)
Cf_k_{t-2}	0.021 * (0.067)	− 0.066 (0.372)	0.018 (0.545)
ΔlnS_t	0.041 ** (0.034)	0.054 (0.128)	0.057 (0.509)
ΔlnS_{t-1}	0.007 (0.656)	− 0.061 (0.283)	− 0.019 (0.772)
ΔlnS_{t-2}	0.004 (0.247)	− 0.000 (0.977)	− 0.003 (0.730)
$\Delta lnWacc_t$	− 0.082 * (0.094)	− 0.306 (0.213)	− 0.338 (0.281)
$\Delta lnWacc_{t-1}$	− 0.008 (0.831)	− 0.188 (0.527)	0.128 (0.659)
$\Delta lnWacc_{t-2}$	− 0.011 (0.530)	− 0.353 (0.217)	0.091 (0.537)
M_index	0.003 (0.647)	− 0.001 (0.955)	0.008 (0.222)
$M\_index \times \Delta lnWacc_t$	− 0.001 (0.848)	0.039 (0.266)	0.026 (0.430)

续表

自变量	因变量：国有企业投资的阿尔法系数 A_t		
	全样本	子样本	
	国有企业	公益类国企	商业类国企
M_index $\times \Delta$lnWacc$_{t-1}$	0.001 (0.700)	0.022 (0.599)	-0.019 (0.530)
M_index $\times \Delta$lnWacc$_{t-2}$	0.003 (0.244)	0.046 (0.237)	-0.012 (0.401)
Q_t	0.006 ** (0.014)	0.026 * (0.062)	0.010 (0.128)
Lev$_{t-1}$	-0.140 *** (0.000)	-0.130 ** (0.037)	-0.188 *** (0.001)
Cons	0.106 *** (0.002)	-0.004 (0.964)	0.047 (0.562)
N	3040	359	2419
Sargan（p 值）	0.170	—	—
AR（2）（p 值）	0.513	—	—

注：表格中 ***、**、* 表示相关统计量在 1%、5%、10% 统计水平上显著。

3. 经济政策不确定性对国有企业投资阿尔法系数资本成本敏感性的影响效应

经济政策不确定性对国有企业投资阿尔法系数资本成本敏感性的影响效应如表 4 - 20 所示，对全样本来说，滞后一期资本成本的系数为 -0.677，在 10% 的显著性水平上显著为负，表明资本成本每提高 1%，国有企业的投资阿尔法系数会下降 0.677 个百分点，而经济政策不确定性指数与资本成本一期滞后值所构成的交互项的系数为 0.124，在 10% 的显著性水平上显著为正，表明经济政策不确定性增大降低投资效率的资本成本敏感性。在将国有企业划分为公益类国有企业和商业类国有企业之后，上述结论在商业类国有企业子样本中依然成立，但在公益类国有企业子样本中并不成立。

表 4 – 20　　　经济政策不确定性对国有企业投资阿尔法系数
资本成本敏感性的影响效应

自变量	因变量：国有企业投资的阿尔法系数 A_t		
	全样本	子样本	
	国有企业	公益类国企	商业类国企
A_{t-1}	0. 337 *** (0. 000)	0. 302 *** (0. 000)	0. 231 *** (0. 006)
A_{t-2}	0. 042 (0. 226)	0. 078 (0. 124)	0. 053 (0. 136)
Cf_k_t	0. 264 *** (0. 000)	0. 041 (0. 324)	0. 322 *** (0. 000)
Cf_k_{t-1}	0. 003 (0. 963)	0. 171 *** (0. 002)	0. 020 (0. 753)
Cf_k_{t-2}	0. 014 (0. 276)	0. 000 (0. 983)	0. 013 (0. 379)
ΔlnS_t	0. 032 * (0. 099)	0. 046 *** (0. 000)	0. 030 (0. 101)
ΔlnS_{t-1}	− 0. 008 (0. 718)	− 0. 016 (0. 255)	0. 009 (0. 682)
ΔlnS_{t-2}	0. 002 (0. 610)	0. 002 (0. 621)	0. 000 (0. 929)
$\Delta lnWacc_t$	− 0. 677 * (0. 065)	0. 142 (0. 419)	− 0. 762 ** (0. 050)
$\Delta lnWacc_{t-1}$	0. 011 (0. 971)	0. 008 (0. 970)	− 0. 158 (0. 596)
$\Delta lnWacc_{t-2}$	− 0. 058 (0. 574)	0. 223 ** (0. 027)	− 0. 029 (0. 811)
$Epu \times \Delta lnWacc_t$	0. 124 * (0. 094)	− 0. 038 (0. 279)	0. 141 * (0. 072)
$Epu \times \Delta lnWacc_{t-1}$	− 0. 011 (0. 864)	− 0. 006 (0. 890)	0. 023 (0. 702)
$Epu \times \Delta lnWacc_{t-2}$	0. 008 (0. 698)	− 0. 046 ** (0. 024)	0. 002 (0. 929)

自变量	因变量：国有企业投资的阿尔法系数 A_t		
	全样本	子样本	
	国有企业	公益类国企	商业类国企
Q_t	0.003 (0.119)	0.011 ** (0.019)	0.003 (0.145)
Lev_{t-1}	− 0.154 *** (0.000)	− 0.097 *** (0.002)	− 0.159 *** (0.000)
Cons	0.004 (0.829)	0.017 (0.522)	0.069 * (0.090)
N	3860	526	3117
Sargan（p 值）	0.226	—	0.233
AR（2）（p 值）	0.166	—	0.521

注：表格中 *** 、 ** 、 * 表示相关统计量在 1%、5%、10% 统计水平上显著。

综上可见，各宏观因素对投资资本成本敏感性的影响差异较大，宽松的货币政策仅会降低商业类国有企业的投资资本成本敏感性，即资本成本对商业类国有企业投资支出的锚定作用有所减弱；市场化改革对公益类国有企业及商业类国有企业的投资资本成本敏感性并无显著影响，市场化改革的效果微乎其微；经济政策不确定性上升仅会降低商业类国有企业的投资资本成本敏感性，说明频繁的经济政策调整很可能会导致资本成本对商业类国有企业投资的约束作用减弱。

关于各宏观因素对投资效率资本成本敏感性的影响，当以理查德森（Richardson，2006）模型残差的绝对值来衡量国有企业的投资效率时，回归结果显示，宽松的货币政策仅会降低资本成本对商业类国有企业非效率投资的影响；市场化改革对投资效率资本成本敏感性的影响不显著；无论是公益类国有企业，还是商业类国有企业，经济政策不确定性的增大均会弱化资本成本对非效率投资的影响作用。当以投资的阿尔法系数来衡量国有企业的投资效率时，回归结果显示，宽松的货币政策能够降低资本成本对投资阿尔法系数的影响作用，但仅对商业类国有企业成立；市场化改革对两类国有企业阿尔法系数资本成本敏感性的影响均不显著；经济政策不确定性增大会减弱资本成本对商业类国有企业投资阿尔法系数的影响。

第5章 资本成本对企业投资报酬率锚定效应的实证分析

所谓投资者预期报酬率，是指投资者在对企业进行投资时依据其对企业风险的评估而确定的最低要求报酬率，投资者（包括股东和债权人）的预期报酬率加权平均以后就形成企业的加权平均资本成本（简称资本成本）。企业投资决策的锚定效应是指以其资本成本值为锚确定企业投资决策的最低要求报酬率，以此最低要求报酬率为基准进行投资决策取舍，而形成的资本成本对企业投资决策的影响效应。一般而言，如果企业投资决策按照资本成本锚定值进行取舍，即把资本成本作为投资决策的基准点，以此基准点为起始点，或者不断调整形成一个可行区域来进行决策，则决策事后的实际投资报酬率应该也围绕资本成本锚值上下小范围内波动，这就是资本成本对投资报酬率的锚定效应。采用实证检验资本成本对投资报酬率锚定效应的办法，可以有效判断企业投资效率以及企业对资本成本（即投资者要求报酬率）的满足状况。本章从投资者预期报酬率（资本成本）对企业投资报酬率锚定效应视角来考察国有企业投资决策效率，分别选取公司层面和行业层面的投资者预期报酬率作为内在锚和外在锚，实证检验国有企业投资决策是否实现了投资者预期报酬率"导向"下的效率投资决策，并按公益类国有企业和商业类国有企业进行分类考察。

5.1 引　　言

所谓投资报酬率是指企业进行资本投资活动的实际报酬率，是企业投资决策的产物。依据资本成本锚定效应原理，如果企业投资决策按照资本成本锚定值进行取舍，即把资本成本作为投资决策的基准点，以此基准点为起始点，或者不断调整形成一个可行区域来进行决策，则决策事后的投资实际报酬率应该也围绕资本成本锚值上下小范围内波动。因而，通过验证资本成本对投资报酬率锚定效应的办法，可以有效判断企业投资效率以及企业对资本成本（即投资者要求报酬率）的满足状况。具体而言，如果资本成本能够发挥其对投资报酬率的锚定约束作用，企业的投资就是高效率的；反之，如果资本成本不能发挥其对投资报酬率的锚定约束作用，则说明企业投资是低效率的。那么，如何判断资本成本是否对投资报酬率具有锚定作用呢？我们通过对以下两个条件的检验来界定锚定效应：其一，投资报酬率与资本成本应具有一致性波动倾向，即二者是一种同向变动的关系；其二，资本成本是投资报酬率的截止点，即企业的投资报酬率不得低于投资者的资本成本。只有同时达到以上两个条件，才能有效发挥资本成本对企业投资决策的锚定约束作用，企业的投资才是高效率的。

本章以国有企业为研究对象，在张峥等（2004）的报酬率估算模型基础上，把法马和弗伦奇（Fama and French，1999）的内部报酬率法进行适当调整，对我国沪深两市 A 股非金融行业国有企业在 2007～2015 年的投资者预期报酬率（即资本成本）与企业投资报酬率进行直接估算，基于心理学中"锚定效应"理论，按照内在锚启动范式、外在锚启动范式及双锚加工机制，分别考察"企业投资者预期报酬率"（以下简称"企业预期报酬率"，即企业资本成本）和"企业所在行业投资者预期报酬率"（以下简称"行业预期报酬率"，即行业资本成本）以及二者的交互性对企业投资报酬率的锚定约束作用。

5.2 文献回顾与研究假设

锚定效应是指人们在进行判断或决策时，会以某个或者某些特定的数值、观念为起始值，从而对最终判断结果产生决定性影响（Tversky and Kahneman，1974）。特韦尔斯基和卡尼曼（Tversky and Kahneman，1974）通过经典的"幸运轮"实验发现了著名的锚定效应（Anchoring Effect），实验表明：高锚值会产生高估计值，低锚值会产生低估计值，也就是说，个体的判断是以初始值，或者说是以"锚"为依据，然后进行不充分的向上或向下调整，这就是所谓的"锚定与调整"（Anchoring and adjustment）。根据锚值的来源不同，锚可以分为内在锚和外在锚（Epley and Gilovich，2001；曲琛和罗跃嘉，2008）。所谓外在锚是指由决策情境以外的局外人提供的参照标准，内在锚是指由决策者根据决策主体以往经验及信息线索内生的决策标准。与锚定值分为内在锚值和外在锚值一致，锚定效应也根据锚定值的分类分为内在锚效应和外在锚效应。内在锚效应是指决策者依据内在锚值进行锚定产生的效应，外在锚效应是指决策者依据外在锚进行锚定产生的效应。当然，也有可能出现第三类情况，即内在锚和外在锚的双锚效应。也就是说，当决策者能够同时获得内在锚和外在锚时，决策也可能会同时存在内在锚效应和外在锚效应。因此，我们分内在锚、外在锚和双锚三种情况来探讨企业投资决策中的锚定效应。

5.2.1　资本成本对投资报酬率的内在锚效应

基于现代投资理论，企业进行投资行为必须创造出超过企业投资者预期报酬率（企业资本成本）的实际投资报酬率，才能实现企业的股东财富最大化理财目标。反之，如果企业进行资本投资的实际投资报酬率低于投资者预期报酬率，该投资行为便是一项价值减损活动。对于国有企业而言，投资者进行投资的目标也是为了获得满足其预期报酬率的回报，实现投入资本保值增值，这要求国有企业进行的投资决策行为也必须以投资者预期报酬率形成的资本成本为截止点。即投资者在对国有企业进行投资之初，应该在综合考虑投资风险和国家战略等因素基础上确定其对国有企业进行投资的最低预期报酬率。一般而言，这些投资的最低预期报酬率加权平均就形成国有企业的企业资本成本。在国有企业投资决策中，由总公司或者集团公司这一层级的企业资本成本（即投资者预期报酬率）开始，逐渐根据风险分解出子公司、分公司直至各投资项目的项目资本成本，国有企业分别以这些资本成本为锚定值进行各层级投资决策，形成资本成本锚定的企业投资决策，而资本成本锚定的企业投资行为最终会形成预期报酬率对投资报酬率锚定的投资结果。

所谓企业投资决策的内在锚效应是指以企业投资者的预期报酬率估算值（企业资本成本）为锚确定企业投资决策的最低要求报酬率，以此最低要求报酬率为基准进行投资决策取舍的锚定效应。一般情况下，对以股东财富最大化为理财目标进行价值管理的企业而言，其投资决策必然会考虑投资者预期报酬率，以企业资本成本为基准点进行理性取舍。如果国有企业投资决策按照企业资本成本内在锚效应进行取舍，即把企业预期报酬率锚值作为投资决策的基准点，以此基准点为起始点，或者不断调整形成一个可行区域来进行决策，则决策事后的投资实际报酬率应该也围绕企业预期报酬率锚值上下小范围内波动，这就是国有企业预期报酬率对投资报酬率的内在锚效应。依据锚定效应理论，预期报酬率对投资报酬率的内在锚效应具有如下特征：一是投资报酬率与预期报酬率应具有一致性波动倾向，即二者是一种同向变动的关系；二是预期报酬率是投资报酬率的截止点。同时达到以上两个条件就是预期报酬率对国有企业投资决策发挥了基准性锚定约束作用。

综上分析，提出如下研究假设：

假设 5.1：国有企业存在企业资本成本对投资报酬率的内在锚效应，即国有企业的"企业预期报酬率"（内在锚）对其投资报酬率有正向影响。

5.2.2　资本成本对投资报酬率的外在锚效应

所谓外在锚效应是指决策者依据外在锚值进行锚定产生的效应。外在锚效应主要通过选择通达机制发挥作用，而启动选择通达机制的一个重要前提条件即是信息通达性，即决策者对外在锚值的充分注意（Mussweiler and Strack，2000；李斌等，2010）。具体到企业的投资决策中，本行业预期报酬率能够引起企业决策者的充分注意，因为同行业企业面临着相似的外部行业环境与风险水平，其预期报酬率应当具有一定的趋同性（汪平和邹颖，2012）。因此，行业预期报酬率是企业预期报酬率的一个重要参照，我们把"企业所在行业预期报酬率"定义为外在锚，外在锚对企业投资报酬率的影响机理具体如下。

所谓行业预期报酬率是指该行业内所有企业的平均预期报酬率。投资者的预期报酬率归根到底是由投资风险决定的，是证券市场、企业投资风险及投资者偏好共同作用的结果（韩录，2013）。因此，如果某企业（或总公司、集团公司）面临的风险水平高于其所在行业的平均风险水平，不仅投资者对该企业的预期报酬率会在行业平均预期报酬率基础上调高一定百分比，而且企业投资决策的截止点也会相应调高，这样，企业的投资报酬率也应该随着预期报酬率的上升而上升，反之亦然。因此，我们认为企业所在行业预期报酬率也能够对企业的投资报酬率起到一定的锚定约束作用。综上分析提出如下假设：

假设 5.2：国有企业存在行业预期报酬率对投资报酬率的内在锚效应，即国有企业所在行业的"行业预期报酬率"（外在锚）对企业的投资报酬率有正向影响。

5.2.3　资本成本对投资报酬率的双锚效应

如果决策情境中同时存在内在锚和外在锚，决策结果可能会呈现双锚效应。当内在锚和外在锚同时存在时，决策者会启动双锚加工机制，即锚定调整机制和选择通达机制（Epley and Gilovich，2005，2006；曲琛和罗跃嘉，2008；李斌等，2012）。由于诱发锚定效应的外在锚属于个体的外部世界，不确定性较高，而诱发锚定效应的内在锚源于个体的内部世界，不确定性较低，可信度亦较强（李斌等，2012）。因此，当内在锚和外在锚同时存在时，锚定调整机制在一定程度上比选择通达机制更占优势（Stanovich and West，2000；李斌等，2012）。具体到企业投资决策中，当投资决策中既有内在锚（企业预期报酬率），又有外在锚（企业所在行业预期报酬率）时，由于企业自身预期报酬率比行业预期报酬率更契合企业自身的风险水平，内在锚对投资报酬率的锚定效应可能会比外在锚的锚定效应更强。因此提出如下假设：

假设 5.3：与国有企业所在行业的"行业平均预期报酬率"（外在锚）的影响相比，"企业预期报酬率"（内在锚）对其投资报酬率的正向影响更强。

5.3　研究设计与实证检验

5.3.1　研究设计

1. 预期报酬率与投资报酬率的估算模型

关于投资报酬率与预期报酬率的计算，我们借鉴法马和弗伦奇

（Fama and French，1999）和张峥等（2004）的做法，并在其基础上进行适当调整。与其不同的是，我们以国有企业为最小估算单元，分析该企业在 2007～2015 年每年的现金净流量以及项目期末终值，并将每年的净现金流量和终值折现到项目起点，使折现值分别与项目起点的账面价值和市场价值相等，以此求得国有企业的预期报酬率和投资报酬率。调整后的模型如下：

$$Iv_0 = \sum_{t=1}^{T} \frac{Ne_{i,t} + Int_{i,t} - dStd_{i,t} - dLtd_{i,t} - dE_{i,t}}{(1 + Rv)^t} + \frac{Tv}{(1 + Rv)^t} \quad (5.1)$$

$$Ic_0 = \sum_{t=1}^{T} \frac{Ne_{i,t} + Int_{i,t} - dStd_{i,t} - dLtd_{i,t} - dE_{i,t}}{(1 + Rc)^t} + \frac{Tv}{(1 + Rc)^t} \quad (5.2)$$

其中，由模型（5.1）计算得到的报酬率是投资者期望报酬率，即企业资本成本。由模型（5.2）计算得到的报酬率是该企业的实际报酬率。在模型（5.1）和模型（5.2）中，Iv_0 是指估算期期初企业总资本的市场价值；Ic_0 是指估算期期初企业总资本的账面价值；Rv 为企业的投资者预期报酬率；Rc 为企业投资的实际报酬率；Tv 是指估算期期末的企业资本市值；$Ne_{i,t}$ 是指企业 i 第 t 年年末的净利润；$Int_{i,t}$ 是指企业 i 第 t 年末的财务费用[①]；$dStd_{i,t}$ 是指企业 i 在第 t 年的短期债务资本（借款）相对于其 t−1 年的变动值；$dLtd_{i,t}$ 是指企业 i 在第 t 年的长期债务资本（借款）相对于其 t−1 年的变动值；$dE_{i,t}$ 是指企业 i 在第 t 年的股东权益相对于其 t−1 年的变动值。

借鉴张峥等（2004）的做法，用"短期债务资本账面值、长期债务资本账面值与股票总市值三者之和"来度量企业的资本市值；用"短期债务资本账面值、长期债务资本的账面值与股东权益账面值之和"来度量企业资本的账面价值。这里的短期债务和长期债务均指需要付息的债务。

2. 样本选择与数据来源

选取我国沪深国有上市公司 2007～2015 年数据为初始研究样本并

[①] 此处，财务费用用以代表利息费用。上市公司的年度财务报表数据中只有财务费用数据，没有具体的利息费用数据。虽然财务费用的核算内容包括利息费用、其他的筹资费用和外汇汇兑损益等，但由于中国上市公司的财务费用中绝大部分是利息费用，所以我们用财务费用作为利息费用的近似。

进行如下调整：（1）剔除 ST 类公司和金融类公司；（2）为消除极端值的影响，对除虚拟变量外的所有变量在 1% 和 99% 分位数上进行 Winsorize 处理；（3）剔除数据缺失的样本。经过上述筛选，共获得 674 个观察值可用于内部报酬率模型的估计。研究数据均来源于 CSMAR 数据库，统计分析软件为 Stata 13.1。

3. 锚定效应的分析与检验

通过两步测试来检验国有企业投资决策是否存在预期报酬率锚定或导向下的效率投资决策。

第一步，关于锚定作用的有效性检验。一方面，按照"锚定效应"理论，高锚值会产生高估计值，低锚值会产生低估计值。那么，高的"预期报酬率"会产生高的"投资报酬率"，低的"预期报酬率"会产生低的"投资报酬率"，即预期报酬率较高时，投资报酬率也较高；预期报酬率较低时，投资报酬率也较低。为此，我们参照陈仕华等（2016）的做法，首先选定一个理性预期报酬率作为分组基准，把"锚值"即预期报酬率划分为高、低两组，然后检验条件（1）：当抛低锚（锚值预期报酬率＜理性预期报酬率）时，投资报酬率是否显著低于理性预期报酬率；当抛高锚（锚值预期报酬率＞理性预期报酬率）时，投资报酬率是否显著高于理性预期报酬率。另一方面，按照 MM 理论，预期报酬率是企业投资项目选择的基准利率，只有投资报酬率高于预期报酬率，企业的投资才是有效率的。因此，我们在条件（1）的基础上分组检验条件（2）：当抛低锚（锚值预期报酬率＜理性预期报酬率）时，投资报酬率是否显著高于锚值预期报酬率；当抛高锚（锚值预期报酬率＞理性预期报酬率）时，投资报酬率是否显著高于锚值预期报酬率。如果条件（1）和条件（2）均成立，说明预期报酬率确实能够有效发挥对投资报酬率的锚定约束作用，且锚定作用较强，投资是有效率的；否则，说明预期报酬率对投资报酬率的锚定作用没有发挥出来，投资是非效率的。

第二步，使用 OLS 回归方法进一步对投资报酬率与预期报酬率的一致性波动倾向进行检验和分析，也就是对前文假设的进一步检验。模型设定如下：

为检验假设 5.1，即国有企业的投资报酬率与"企业预期报酬率"（内在锚）的正向关系，我们建立如下模型：

$$Rc = \beta_0 + \beta_1 Anchor\_in + \beta_2 Lev + \beta_3 Roa + \beta_4 Top1 + \beta_5 H2\_10$$
$$+ \beta_6 TobinQ + \beta_7 Man + \beta_8 Size + \beta_9 Industry + \varepsilon \qquad (5.3)$$

其中，因变量为由模型（5.2）估算出来的投资报酬率（Rc），自变量为内在锚（Anchor_in），是由模型（5.1）直接估算出来的企业预期报酬率。其他变量的定义详见表5-1。在模型（5.3）中，我们关注的系数主要是 Anchor_in 的系数 β_1，我们预测 β_1 的符号为正。

表5-1　　　　　　　　变量名称及计算公式

变量	变量名称	符号	定义
因变量	企业投资报酬率	Rc	由公式（2）估算而来
自变量	内在锚	Anchor_in	国有企业的预期报酬率，由公式（1）计算而来，即公式（1）中的 Rv
	外在锚	Anchor_out	国有企业所在行业的平均预期报酬率，由模型（1）估算出企业的预期报酬率后，再分行业计算而来的"行业平均预期报酬率"
控制变量[1]	资产负债率	Lev	年末总负债/年末总资产
	企业盈利能力	Roa	净利润除以总资产
	托宾Q值	TobinQ	（流通股股数×股票价格+非流通股×每股净资产+总负债账面价值）/总资产的账面价值
	股权集中度	Top1	年末第一大股东持股比例
	股权制衡度	H2_10	第2到第10大股东持股比例的平方和
	公司规模	Size	年末总资产的自然对数
	行业控制变量	Industry	控制行业效应，行业划分标准根据中国证监会《上市公司行业分类指引》（2001年版）确定，制造业按二级代码分类，其他按一级代码分类，共有20个行业虚拟变量

为检验假设5.2，即国有企业的投资报酬率与"行业预期报酬率"（外在锚）的正向关系，我们建立如下模型：

---

[1]　值得注意的是，由于自变量、因变量是基于整个估算期间进行的，因此，参照辛清泉等（2007）的做法，对于资产负债率、总资产报酬率等控制变量，取整个估算期的简单平均数。

$$Rc = \beta_0 + \beta_1 Anchor\_out + \beta_2 Lev + \beta_3 Roa + \beta_4 Top1$$
$$+ \beta_5 H2\_10 + \beta_6 TobinQ + \beta_7 Man + \beta_8 Size + \varepsilon \qquad (5.4)$$

其中，因变量为由模型（5.2）估算出来的投资报酬率（Rc），自变量为外在锚（Anchor_out），是由模型（5.1）估算出企业的预期报酬率后，再分行业求得的"行业平均预期报酬率"。其他变量的定义详见表 5 - 1。在模型（5.4）中，我们关注的系数主要是 Anchor_out 的系数 β_1，我们预测 β_1 的符号为正。

为检验假设 5.3，即"企业预期报酬率"（内在锚）和"行业预期报酬率"（外在锚）的交互影响，我们将内在锚、外在锚及二者的交互项同时纳入回归模型，具体模型如下：

$$Rc = \beta_0 + \beta_1 Anchor_{in} + \beta_2 Anchor_{out} + \beta_3 Anchor_{in} \times Anchor_{out}$$
$$+ \beta_4 LEV + \beta_5 ROA + \beta_6 Top1 + \beta_7 H2\_10 + \beta_8 TobinQ$$
$$+ \beta_9 Man + \beta_{10} Size + \varepsilon \qquad (5.5)$$

在模型（5.5）中，我们关注的系数主要是交互项 Anchor_in × Anchor_out 的系数 β_3，我们预测 β_3 的符号为负。

5.3.2　实证结果与分析

1. 变量描述性统计分析

主要变量的分样本描述性统计结果如表 5 - 2 所示。对全样本（即沪深 A 股非金融行业国有企业）来说，企业的投资报酬率（Rc）均值为 0.213，大于中位数 0.194，即投资报酬率的分布曲线整体呈右偏趋势，这说明 2007 ~ 2015 年我国部分国有企业的投资报酬率较高，从而抬高了平均水平；同时，企业的预期报酬率（Rv）均值为 0.111，大于中位数 0.097，即预期报酬率的分布曲线整体也呈右偏趋势。其他关键变量的描述性统计结果如表 5 - 2 的 A 栏所示。

表 5 - 2　　　　　　　　　主要变量的分组描述性统计

A 栏：全样本（国有企业）					
变量	样本量	均值	标准差	最小值	中位数	最大值
Rc	674	0.213	0.108	0.036	0.194	0.538

续表

A栏：全样本（国有企业）

变量	样本量	均值	标准差	最小值	中位数	最大值
Rv	674	0.111	0.075	0.004	0.097	0.356
Lev	674	0.532	0.177	0.109	0.540	0.923
Roa	674	0.031	0.038	−0.076	0.027	0.159
TobinQ	674	2.193	0.987	1.079	1.898	5.957
Top1	674	0.398	0.141	0.126	0.398	0.752
H2_10	674	0.014	0.021	0.000	0.005	0.112
Size	674	22.213	1.120	19.930	22.020	25.283

B栏：将国有企业分为公益类和商业类两类

公益类国有企业

变量	样本量	均值	标准差	最小值	中位数	最大值
Rc	108	0.184	0.085	0.055	0.168	0.427
Rv	108	0.105	0.058	0.018	0.098	0.269
Lev	108	0.544	0.196	0.104	0.546	0.976
TobinQ	108	1.792	0.627	1.079	1.593	3.625
Top1	108	0.430	0.146	0.144	0.443	0.698

商业类国有企业

变量	样本量	均值	标准差	最小值	中位数	最大值
Rc	566	0.218	0.111	0.031	0.202	0.541
Rv	566	0.112	0.078	0.004	0.097	0.362
Lev	566	0.530	0.174	0.122	0.540	0.918
TobinQ	566	2.269	1.024	1.086	1.981	5.979
Top1	566	0.392	0.139	0.121	0.392	0.752

在进一步将总样本划分为公益类和商业类两类国有企业之后，公益类国有企业投资报酬率（Rc）的均值为0.184，中位数为0.168，商业类国有企业投资报酬率（Rc）的均值为0.218，中位数为0.202。不难看出，公益类国有企业投资报酬率的均值及中位数均低于商业类国有企业。此外，公益类国有企业的预期报酬率（Rv）均值0.105低于商业类国有企业预期报酬率（Rv）均值0.112。这与汪平等（2015）的研究结论是一致的，即国家股东投资于公益类企业要求的报酬率（即预期报

酬率）及获得的投资报酬率均低于投资于商业类企业。其他的重要变量的分样本描述性统计结果如表 5 - 2 的 B 栏所示。

　　值得注意的是，由模型（5.1）和模型（5.2）计算出来的内部报酬率有名义和实际之别，其中，名义内部报酬率是指模型直接计算的结果，实际内部报酬率是指调整通货膨胀因素后的结果[①]。表 5 - 3 列示了沪深 A 股的非金融行业国有上市公司的名义内部报酬率与实际内部报酬率的测算结果。该测算结果显示：国有企业在 2007～2015 年的名义投资报酬率均值为 21.31%，名义预期报酬率均值为 11.08%；实际投资报酬率均值为 18.06%，实际预期报酬率均值为 8.10%，无论是从名义值来看，还是从实际值来看，2007～2015 年沪深 A 股非金融行业国有企业整体似乎是"增值"的[②]。但是，这种投资报酬率与预期报酬率的差别可能主要源自流通股的资本市值远高于资本账面价值（张峥等，2004）。一方面，由于计算 Ic_0 使用的是样本企业资产的账面价值，而未使用通过市场确认的公允价值或市场价值，这会导致企业资本的账面价值被低估，从而导致投资报酬率估算值偏高；另一方面，中国股票二级市场的价格被严重高估，导致企业的资本市值 Iv_0 被高估，从而导致预期报酬率估算值偏低。

131

表 5 - 3　非金融类 A 股国有企业名义与实际内部报酬率均值描述

项目	名义		实际	
	成本 IRR（投资报酬率）	价值 IRR（预期报酬率）	成本 IRR（投资报酬率）	价值 IRR（预期报酬率）
A 栏：全样本				
国有企业	21.31%	11.08%	18.06%	8.10%
B 栏：将国有企业分为公益类和商业类两类				
公益类国有企业	18.42%	10.48%	15.26%	7.51%
商业类国有企业	21.84%	11.20%	18.57%	8.22%

---

　　①　借鉴张峥等（2004）的做法，本书用"居民消费价格指数"来调整通货膨胀因素的影响。

　　②　张峥等（2004）采用 FF 方法对 1990～2001 年沪深 A 股非金融行业上市公司整体的内部报酬率进行估计的结果显示：名义成本内部报酬率为 19.28%，名义价值内部报酬率为 10.12%。

2. 相关性分析

我们对主要变量进行相关性分析，表 5 - 4 是各主要变量之间 Pearson 相关系数的检验结果。从表 5 - 4 可以看出，投资报酬率（Rc）与预期报酬率（Rv）呈现显著的正向关系（Pearson 系数为 0.796，在 1% 水平上显著），假设 5.1 得到初步验证。所有变量间相关系数绝对值均不大于 0.8，可见各变量之间不存在严重的共线性。

表 5 - 4　　　　　　　主要变量之间的 Pearson 相关矩阵

变量	Rc	Rv	Lev	Roa	TobinQ	Top1	H2_10
Rv	0.796 ***						
Lev	- 0.329 ***	- 0.225 ***					
Roa	0.330 ***	0.204 ***	- 0.431 ***				
TobinQ	0.760 ***	0.450 ***	- 0.376 ***	0.205 ***			
Top1	- 0.041	0.098 **	- 0.010	0.150 ***	- 0.059		
H2_10	- 0.059	0.012	- 0.019	0.009	0.045	- 0.148 ***	
Size	- 0.543 ***	- 0.394 ***	0.278 ***	0.186 ***	- 0.513 ***	0.315 ***	0.130 ***

注：*** 、** 、* 分别表示相关统计量在 1%、5%、10% 统计水平上显著。

3. 实证结果分析

（1）内在锚效应检验。

第一步，关于内在锚效应的存在性及其强度的检验。

为了便于分组，我们将估算期内所有国有企业的预期报酬率均值作为"理性预期报酬率"的代理指标，并将 2007 ~ 2015 年这一估算期内的锚值预期报酬率和投资报酬率进行了标准化处理。经过标准化处理之后的数据转化为均值为 0、标准差为 1 的数据序列，这意味着标准化处理之后"理性预期报酬率"为 0。因此，在对锚值预期报酬率与理性预期报酬率、投资报酬率与理性预期报酬率之间差异进行统计测试时，只要检验锚值预期报酬率、投资报酬率与 0 是否在统计上存在显著差异即可。

对于"企业预期报酬率"对投资报酬率的内在锚效应，条件（1）的检验结果见表 5 - 5。

表 5-5 内在锚效应条件（1）的测试结果①

A 栏：全样本（国有企业）				
低锚组（锚值预期报酬率 < 理性预期报酬率）				
统计量	样本数	均值	T 值	显著性
锚值预期报酬率与理性预期报酬率均值差异的 T 检验	385	-0.686	-33.565	0.000
投资报酬率与理性预期报酬率均值差异的 T 检验	385	-0.545	-15.608	0.000
高锚组（锚值预期报酬率 > 理性预期报酬率）				
统计量	样本数	均值	T 值	显著性
锚值预期报酬率与理性预期报酬率均值差异的 T 检验	289	0.914	19.223	0.000
投资报酬率与理性预期报酬率均值差异的 T 检验	289	0.726	13.931	0.000
B 栏：将国有企业分为公益类和商业类				
公益类国有企业				
低锚组（锚值预期报酬率 < 理性预期报酬率）				
统计量	样本数	均值	T 值	显著性
锚值预期报酬率与理性预期报酬率均值差异的 T 检验	58	-0.739	-12.619	0.000
投资报酬率与理性预期报酬率均值差异的 T 检验	58	-0.587	-6.639	0.000
高锚组（锚值预期报酬率 > 理性预期报酬率）				
统计量	样本数	均值	T 值	显著性
锚值预期报酬率与理性预期报酬率均值差异的 T 检验	50	0.857	8.118	0.000
投资报酬率与理性预期报酬率均值差异的 T 检验	50	0.681	5.464	0.000

① 注：表 5-5、表 5-6、表 5-8 和表 5-9 所使用数据为经标准化处理之后的数据序列，故均值只代表相对大小，并非报酬率的真实均值。

B栏：将国有企业分为公益类和商业类				
商业类国有企业				
低锚组（锚值预期报酬率＜理性预期报酬率）				
统计量	样本数	均值	T值	显著性
锚值预期报酬率与理性预期报酬率 均值差异的T检验	326	－0.683	－31.259	0.000
投资报酬率与理性预期报酬率 均值差异的T检验	326	－0.551	－14.431	0.000
高锚组（锚值预期报酬率＞理性预期报酬率）				
统计量	样本数	均值	T值	显著性
锚值预期报酬率与理性预期报酬率 均值差异的T检验	240	0.928	17.789	0.000
投资报酬率与理性预期报酬率 均值差异的T检验	240	0.748	13.452	0.000

134

　　对全样本（即全部国有企业）来说，在低锚组（锚值预期报酬率＜理性预期报酬率），经过标准化处理之后的锚值预期报酬率的均值是－0.686，该值与理性预期报酬率之间差异的T值是－33.565，说明锚值预期报酬率显著低于理性预期报酬率，此时，经过标准化处理之后的投资报酬率均值为－0.545，该值与理性预期报酬率之间差异的T值是－15.608，说明投资报酬率显著低于理性预期报酬率；在高锚组（锚值预期报酬率＞理性预期报酬率），标准化后的锚值预期报酬率均值是0.914，该值与理性预期报酬率之间差异的T值是19.223，说明锚值预期报酬率显著高于理性预期报酬率，此时，标准化后的投资报酬率均值是0.726，该值与理性预期报酬率之间差异的T值是13.931，说明投资报酬率显著高于理性预期报酬率。综合来看，当企业的预期报酬率显著低于理性预期报酬率时，企业的投资报酬率也显著低于理性预期报酬率（低锚组测试结果）；当企业的预期报酬率显著高于理性预期报酬率时，企业的投资报酬率也显著高于理性预期报酬率（高锚组测试结果），这在一定程度上能够说明企业的投资报酬率与锚值预期报酬率具有相同的波动倾向，即投资报酬率能够随着企业预期报酬率的波动而波动。检验结果如表5-5中的 A 栏所示。

进一步地，在将国有企业划分为公益类和商业类之后，无论是公益类国有企业还是商业类国有企业，上述结论是依然成立的，即企业投资报酬率能够随着锚定值预期报酬率的波动而波动，具体地，企业预期报酬率显著低于理性预期报酬率时，企业的投资报酬率也显著低于理性预期报酬率；企业预期报酬率显著高于理性预期报酬率时，企业的投资报酬率也显著高于理性预期报酬率。检验结果如表5-5中的 B 栏所示。

对于"企业预期报酬率"对投资报酬率的内在锚效应，条件（2）的检验结果见表5-6。

表5-6　　　　　　　　内在锚效应（2）的测试结果

A 栏：全样本（国有企业）				
低锚组（锚值预期报酬率＜理性预期报酬率）				
统计量	投资报酬率均值	锚值预期报酬率均值	T 值	显著性
投资报酬率与锚值预期报酬率均值差异的 T 检验	− 0.545	− 0.686	4.371	0.000
高锚组（锚值预期报酬率＞理性预期报酬率）				
统计量	投资报酬率均值	锚值预期报酬率均值	T 值	显著性
投资报酬率与锚值预期报酬率均值差异的 T 检验	0.726	0.914	− 5.358	0.000
B 栏：将国有企业分为公益类和商业类两类				
公益类国有企业				
低锚组（锚值预期报酬率＜理性预期报酬率）				
统计量	投资报酬率均值	锚值预期报酬率均值	T 值	显著性
投资报酬率与锚值预期报酬率均值差异的 T 检验	− 0.587	− 0.739	1.579	0.060
高锚组（锚值预期报酬率＞理性预期报酬率）				
统计量	投资报酬率均值	锚值预期报酬率均值	T 值	显著性
投资报酬率与锚值预期报酬率均值差异的 T 检验	0.681	0.857	− 1.974	0.027

B栏：将国有企业分为公益类和商业类两类				
商业类国有企业				
低锚组（锚值预期报酬率＜理性预期报酬率）				
统计量	投资报酬率均值	锚值预期报酬率均值	T值	显著性
投资报酬率与锚值预期报酬率均值差异的T检验	－0.551	－0.683	3.819	0.000
高锚组（锚值预期报酬率＞理性预期报酬率）				
统计量	投资报酬率均值	锚值预期报酬率均值	T值	显著性
投资报酬率与锚值预期报酬率均值差异的T检验	0.748	0.928	－4.679	0.000

对全样本（即全部国有企业）来说，在低锚组（锚值预期报酬率＜理性预期报酬率），标准化处理后的投资报酬率均值是－0.545，标准化后的低锚值预期报酬率均值是－0.686，两组均值差异T值是4.371，说明投资报酬率显著高于低锚值预期报酬率，这表明当企业预期报酬率较低时（即内锚低于理性预期报酬率），企业投资报酬率能够弥补预期报酬率，企业的投资是有效率的。在高锚组（锚值预期报酬率＞理性预期报酬率），标准化后的投资报酬率均值是0.726，标准化后的高锚值预期报酬率均值是0.914，两组均值差异T值是－5.358，说明投资报酬率显著低于高锚值预期报酬率，这表明当企业的预期报酬率较高时（即内锚高于理性预期报酬率），企业的投资报酬率不能弥补预期报酬率，导致投资效率的损失。检验结果如表5-6中的A栏所示。

进一步地，在将国有企业划分为公益类和商业类之后，无论是公益类国有企业还是商业类国有企业，上述结论依然成立，即低的"预期报酬率"会产生低的"投资报酬率"，但高的"预期报酬率"未能产生高的"投资报酬率"。具体地，投资报酬率能够弥补低锚值预期报酬率（低锚组测试结果），企业投资是有效率的；但投资报酬率不能弥补高锚值预期报酬率（高锚组测试结果），损害了企业投资效率，预期报酬率对投资报酬率的锚定约束效应失效。检验结果如表5-6中的B栏所示。

对于"企业预期报酬率"对投资报酬率的内在锚效应的检验结果表明,对低锚组来说,条件(1)与条件(2)均成立,这表明在实证检验中,当预期报酬率较低时,投资报酬率能够补偿预期报酬率,投资是有效率的,预期报酬率确实能够发挥其对投资报酬率的锚定作用;而对高锚组来说,只有条件(1)成立,这表明,当预期报酬率较高时,投资报酬率难以弥补高预期报酬率,投资是非效率的,预期报酬率没有发挥锚定作用,原因可能如下:第一,预期报酬率的提高会使企业可供选择的投资项目减少,从而压缩企业的盈利空间;第二,高预期报酬率一般也是企业投资项目"高风险"导致的结果,因而企业投资失败的可能性较大;第三,较高的预期报酬率可能由企业自身经营不善、融资困难等所致。因此,与低预期报酬率相比,高预期报酬率更容易使企业陷入"收不抵支"的境地,造成投资效率的损失,预期报酬率锚定作用失效。

第二步,使用 OLS 回归模型进一步检验企业投资报酬率与锚值预期报酬率的一致性波动倾向。

表 5-7 提供了假设 5.1 的检验结果。

表 5-7 　　　　　　　　**假设 5.1 的检验结果**

	因变量:Rc(企业投资报酬率)					
自变量	全样本		子样本			
	国有企业		公益类国有企业		商业类国有企业	
	基线回归(1)	加入控制变量(2)	基线回归(3)	加入控制变量(4)	基线回归(5)	加入控制变量(6)
Anchor_in	1.078 *** (0.000)	0.710 *** (0.000)	1.009 *** (0.000)	0.686 *** (0.000)	1.076 *** (0.000)	0.709 *** (0.000)
Lev		0.041 *** (0.000)		0.039 * (0.068)		0.041 *** (0.001)
Roa		0.532 *** (0.000)		0.458 *** (0.001)		0.537 *** (0.000)
TobinQ		0.049 *** (0.000)		0.073 *** (0.000)		0.047 *** (0.000)
Top1		-0.037 *** (0.002)		-0.021 (0.385)		-0.041 *** (0.003)

续表

因变量：Rc（企业投资报酬率）					
	全样本		子样本		
自变量	国有企业		公益类国有企业		商业类国有企业	
	基线回归（1）	加入控制变量（2）	基线回归（3）	加入控制变量（4）	基线回归（5）	加入控制变量（6）
H2_10		−0.349***（0.000）		−0.385***（0.003）		−0.293***（0.001）
Size		−0.013***（0.000）		−0.008*（0.067）		−0.014***（0.000）
Constant	0.234***（0.000）	0.366***（0.000）	0.095***（0.000）	0.152（0.121）	0.235***（0.000）	0.321***（0.000）
Industry	控制	控制	控制	控制	控制	控制
N	674	674	108	108	566	566
R−squared	68.18%	88.88%	61.54%	90.48%	68.63%	88.81%

注：***、**、*分别表示相关统计量在1%、5%、10%统计水平上显著，括号内为p值。

在全样本中，使用 OLS 回归的结果显示，在只控制行业的单变量回归到加入控制变量的多变量回归中，Anchor_in 的回归系数 β_1 均显著为正，与预期一致，表明内在锚（企业预期报酬率）对其投资报酬率有显著的正向影响，即投资报酬率会随着锚值预期报酬率的波动而波动，这与假设5.1的预测结果相一致。检验结果见表5-7的A栏。

我们希望进一步检验内在锚同企业投资报酬率的正向关系是否因国有企业类型的不同而发生变化。在进一步将国有企业划分为公益类国有企业和商业类国有企业之后，结果依然不变，即对公益类国有企业和商业类国有企业而言，无论是单变量的 OLS 回归，还是多变量的 OLS 回归，Anchor_in 的回归系数 β_1 均显著为正，内在锚同企业投资报酬率依然呈显著的正向关系。检验结果见表5-7的B栏。

（2）外在锚效应检验。

第一步，关于外在锚效应的存在性及其强度的检验。

对于"行业预期报酬率"对投资报酬率的外在锚效应，条件（1）的检验结果见表5-8。

表5-8 外在锚效应条件（1）的测试结果

A栏：全样本（国有企业）

低锚组（锚值预期报酬率＜理性预期报酬率）

统计量	样本数	均值	T值	显著性
锚值预期报酬率与理性预期报酬率 均值差异的T检验	396	－0.674	－43.659	0.000
投资报酬率与理性预期报酬率 均值差异的T检验	396	－0.258	－5.845	0.000

高锚组（锚值预期报酬率＞理性预期报酬率）

统计量	样本数	均值	T值	显著性
锚值预期报酬率与理性预期报酬率 均值差异的T检验	278	0.961	18.888	0.000
投资报酬率与理性预期报酬率 均值差异的T检验	278	0.368	5.860	0.000

B栏：将国有企业细分为公益类国有企业和商业类国有企业

公益类国有企业

低锚组（锚值预期报酬率＜理性预期报酬率）

统计量	样本数	均值	T值	显著性
锚值预期报酬率与理性预期报酬率 均值差异的T检验	74	－0.571	－45.229	0.000
投资报酬率与理性预期报酬率 均值差异的T检验	74	－0.328	－3.982	0.020

高锚组（锚值预期报酬率＞理性预期报酬率）

统计量	样本数	均值	T值	显著性
锚值预期报酬率与理性预期报酬率 均值差异的T检验	34	1.243	7.659	0.000
投资报酬率与理性预期报酬率 均值差异的T检验	34	0.714	3.561	0.001

B栏：将国有企业细分为公益类国有企业和商业类国有企业				
商业类国有企业				
低锚组（锚值预期报酬率＜理性预期报酬率）				
统计量	样本数	均值	T值	显著性
锚值预期报酬率与理性预期报酬率 均值差异的T检验	324	－0.685	－37.026	0.000
投资报酬率与理性预期报酬率 均值差异的T检验	324	－0.244	－4.862	0.000
高锚组（锚值预期报酬率＞理性预期报酬率）				
统计量	样本数	均值	T值	显著性
锚值预期报酬率与理性预期报酬率 均值差异的T检验	242	0.917	16.785	0.000
投资报酬率与理性预期报酬率 均值差异的T检验	242	0.327	4.939	0.000

140

对全样本（即全部国有企业）来说，在低锚组（锚值预期报酬率＜理性预期报酬率），标准化后的低锚值预期报酬率均值是－0.674，该值与理性预期报酬率之间差异的T值是－43.659，说明低锚值预期报酬率显著低于理性预期报酬率，此时，标准化后的投资报酬率均值为－0.258，该值与理性预期报酬率之间差异的T值是－5.845，说明投资报酬率显著低于理性预期报酬率；在高锚组（锚值预期报酬率＞理性预期报酬率），标准化后的高锚值预期报酬率均值是0.961，该值与理性预期报酬率之间差异的T值是18.888，说明高锚值预期报酬率显著高于理性预期报酬率，此时，投资报酬率的均值是0.368，该值与理性预期报酬率之间差异的T值是5.860，说明投资报酬率显著高于理性预期报酬率。综合来看，当企业所在行业预期报酬率显著低于理性预期报酬率时，企业的投资报酬率也显著低于理性预期报酬率；当企业所在行业预期报酬率显著高于理性预期报酬率时，企业的投资报酬率也显著高于理性预期报酬率，在一定程度上能够说明企业的投资报酬率与锚值预期报酬率具有相同的波动倾向，即企业投资报酬率能够随着行业预期报酬率的波动而波动。检验结果如表5－8中的A栏所示。

进一步地，在将国有企业划分为公益类国有企业和商业类国有企业之后，无论是公益类国有企业还是商业类国有企业，上述结论依然成立，即企业投资报酬率能够随着行业预期报酬率的波动而波动，具体地，行业预期报酬率显著低于理性预期报酬率时，企业的投资报酬率也显著低于理性预期报酬率；行业预期报酬率显著高于理性预期报酬率时，企业的投资报酬率也显著高于理性预期报酬率。检验结果如表5－8中的B栏所示。

对于"行业预期报酬率"对投资报酬率的外在锚效应，条件（2）的检验结果见表5－9。

表5－9　　　　　　　　外在锚效应（2）的测试结果

A栏：全样本（国有企业）				
低锚组（锚值预期报酬率＜理性预期报酬率）				
统计量	投资报酬率均值	锚值预期报酬率均值	T值	显著性
投资报酬率与锚值预期报酬率均值差异的T检验	－0.258	－0.674	9.780	0.000
高锚组（锚值预期报酬率＞理性预期报酬率）				
统计量	投资报酬率均值	锚值预期报酬率均值	T值	显著性
投资报酬率与锚值预期报酬率均值差异的T检验	0.368	0.961	－8.721	0.000
B栏：将国有企业细分为公益类国有企业和商业类国有企业				
公益类国有企业				
低锚组（锚值预期报酬率＜理性预期报酬率）				
统计量	投资报酬率均值	锚值预期报酬率均值	T值	显著性
投资报酬率与锚值预期报酬率均值差异的T检验	－0.328	－0.571	2.890	0.003
高锚组（锚值预期报酬率＞理性预期报酬率）				
统计量	投资报酬率均值	锚值预期报酬率均值	T值	显著性
投资报酬率与锚值预期报酬率均值差异的T检验	0.714	1.243	－2.310	0.014

B栏：将国有企业细分为公益类国有企业和商业类国有企业				
商业类国有企业				
低锚组（锚值预期报酬率＜理性预期报酬率）				
统计量	投资报酬率均值	锚值预期报酬率均值	T值	显著性
投资报酬率与锚值预期报酬率均值差异的T检验	－ 0.244	－ 0.685	9.066	0.000
高锚组（锚值预期报酬率＞理性预期报酬率）				
统计量	投资报酬率均值	锚值预期报酬率均值	T值	显著性
投资报酬率与锚值预期报酬率均值差异的T检验	0.327	0.917	－ 8.306	0.000

对全样本（即全部国有企业）来说，在低锚组（锚值预期报酬率＜理性预期报酬率），标准化后的投资报酬率均值是 － 0.258，标准化后的低锚值预期报酬率均值是 － 0.674，两组均值差异 T 值是 9.780，说明投资报酬率显著高于低锚值预期报酬率，这表明当企业所在行业预期报酬率较低时（即外锚低于理性预期报酬率），企业的投资报酬率能够弥补行业预期报酬率，在一定程度上说明企业的投资是有效的。在高锚组（锚值预期报酬率＞理性预期报酬率），标准化后的投资报酬率均值是 0.368，标准化后的高锚值预期报酬率均值是 0.961，两组均值差异 T 值是 － 8.721，说明投资报酬率显著低于高锚值预期报酬率，这表明当企业所在行业预期报酬率较高时（即外锚高于理性预期报酬率），企业的投资报酬率不能弥补行业预期报酬率，在一定程度上说明企业的投资可能存在非效率问题。检验结果如表 5 – 9 中的 A 栏所示。

进一步地，在将国有企业划分为公益类国有企业和商业类国有企业之后，无论是公益类国有企业还是商业类国有企业，上述结论依然成立，即投资报酬率能够弥补低锚值预期报酬率（低锚组测试结果），企业投资是有效率的；但投资报酬率不能弥补高锚值预期报酬率（高锚组测试结果），损害了企业投资效率，行业预期报酬率对企业投资报酬率的锚定约束效应失效。检验结果如表 5 – 9 中的 B 栏所示。

对于"行业预期报酬率"对企业投资报酬率的外在锚效应的检验结果表明，对低锚组来说，条件（1）与条件（2）均成立，这表明在实证检验中，当行业预期报酬率较低时，投资报酬率能够补偿低预期报酬率，投资是有效率的，行业预期报酬率确实能够发挥其对企业投资报酬率的锚定作用；而对高锚组来说，只有条件（1）成立，这表明，当行业预期报酬率较高时，投资报酬率难以弥补高预期报酬率，投资是非效率的，行业预期报酬率对企业投资报酬率的锚定作用失效。

第二步，使用 OLS 回归模型进一步检验企业投资报酬率与行业预期报酬率的一致性波动倾向。

表 5-10 提供了假设 5.2 的检验结果。

表 5-10　　　　　　　　　假设 5.2 的检验结果

因变量：Rc（企业投资报酬率）					
自变量	全样本		子样本			
	国有企业		公益类国有企业		商业类国有企业	
	基线回归（1）	加入控制变量（2）	基线回归（3）	加入控制变量（4）	基线回归（5）	加入控制变量（6）
Anchor_out	1.538 *** (0.000)	0.814 *** (0.000)	1.305 *** (0.000)	0.728 *** (0.000)	1.557 *** (0.000)	0.806 *** (0.000)
Lev		0.076 *** (0.000)		0.097 *** (0.000)		0.071 *** (0.000)
Roa		0.886 *** (0.000)		0.763 *** (0.000)		0.899 *** (0.000)
TobinQ		0.057 *** (0.000)		0.081 *** (0.000)		0.055 *** (0.000)
Top1		0.056 *** (0.001)		0.078 ** (0.016)		0.053 *** (0.006)
H2_10		-0.084 (0.446)		-0.064 (0.702)		-0.039 (0.767)
Size		-0.034 *** (0.000)		-0.019 *** (0.002)		-0.036 *** (0.000)

143

续表

自变量	因变量：Rc（企业投资报酬率）					
	全样本		子样本			
	国有企业		公益类国有企业		商业类国有企业	
	基线回归（1）	加入控制变量（2）	基线回归（3）	加入控制变量（4）	基线回归（5）	加入控制变量（6）
Constant	0.043 *** (0.006)	0.659 *** (0.000)	0.048 * (0.062)	0.280 ** (0.038)	0.044 ** (0.014)	0.717 *** (0.000)
N	674	674	108	108	566	566
R – squared	16.17%	73.05%	23.23%	78.48%	15.30%	72.63%

注：***、**、* 分别表示相关统计量在 1%、5%、10% 统计水平上显著，括号内为 p 值。

在全样本中，使用 OLS 回归的结果显示，在不加控制变量的基线回归到加入控制变量的多变量回归中，Anchor_out 的回归系数 β_1 均显著为正，与预期一致，表明外在锚（行业预期报酬率）对企业的投资报酬率有显著的正向影响，即投资报酬率会随着锚值预期报酬率的波动而波动，这与假设 5.2 的预测结果相一致。检验结果见表 5 – 10 的 A 栏。

我们希望进一步检验外在锚同企业投资报酬率的正向关系是否因国有企业公共性质的不同而发生变化。在进一步将国有企业划分为公益类国有企业和商业类国有企业之后，结果依然显著，即对公益类国有企业和商业类国有企业而言，无论是单变量的 OLS 回归，还是多变量的 OLS 回归，Anchor_out 的回归系数 β_1 均显著为正，外在锚同企业投资报酬率依然呈显著的正向关系。检验结果见表 5 – 10 的 B 栏。

（3）双锚效应检验。

我们希望进一步检验企业预期报酬率（内在锚）和行业预期报酬率（外在锚）这两类锚值对企业投资报酬率的锚定效应究竟孰强孰弱，表 5 – 11 给出了基于双锚效应较量的 OLS 回归结果。出于稳健性考虑，采用如下思路测试双锚效应：模型（5.1）同时将内在锚和外在锚纳入模型，考察双锚效应的影响；模型（5.2）在模型（5.1）的基础上引入内在锚和外在锚的交互变量（Anchor_in × Anchor_out），以期通过交互项的符号来判断内在锚和外在锚究竟是替代关系还是互补关系。

表 5 - 11　　　　　　　　　　假设 5.3 的检验结果

自变量	因变量：Rc（企业投资报酬率）					
	全样本		子样本			
	国有企业		公益类国有企业		商业类国有企业	
	(1)	(2)	(1)	(2)	(1)	(2)
A 栏：回归结果						
Anchor_in	0.717 ***	0.877 ***	0.691 ***	0.523 **	0.716 ***	0.909 ***
	(0.000)	(0.000)	(0.000)	(0.014)	(0.000)	(0.000)
Anchor_out	0.278 ***	0.457 ***	0.140	−0.093	0.285 ***	0.485 ***
	(0.000)	(0.000)	(0.212)	(0.755)	(0.000)	(0.000)
Anchor_in × Anchor_out		−1.411 *		1.581		−1.684 **
		(0.066)		(0.397)		(0.047)
Control&C	控制	控制	控制	控制	控制	控制
N	674	674	108	108	566	566
R - squared	88.09%	88.15%	89.72%	89.80%	87.99%	88.08%
B 栏：Anchor_in 与 Anchor_out 的 Wald 系数约束性检验						
Coeff_in − Coeff_out	0.439 ***	0.420 ***	0.551 ***	0.616 ***	0.431 ***	0.424 ***
	(0.000)	(0.000)	(0.001)	(0.001)	(0.000)	(0.000)

注：***、**、* 分别表示相关统计量在 1%、5%、10% 统计水平上显著，括号内为 p 值。

在全样本中，模型（5.1）的回归结果显示，Anchor_in 与 Anchor_out 的回归系数均显著为正，且 Wald 系数约束性检验结果表明，Anchor_in 的回归系数显著大于 Anchor_out 的回归系数，说明内在锚对投资报酬率的锚定约束效应要强于外在锚；模型（5.2）的回归结果显示，交互项的回归系数显著为负，说明内在锚和外在锚可能存在替代关系。基于上述证据，我们认为，在对企业投资报酬率的影响上，内在锚（企业预期报酬率）对投资报酬率的锚定效应更强，且内在锚的存在一定程度上替代了外在锚（行业预期报酬率）对企业投资报酬率的锚定约束效应。

我们希望进一步检验内在锚对外在锚的替代效应是否因国有企业公益性质的不同而发生变化。在进一步将国有企业划分为公益类国有企业和商业类国有企业之后，结果有所变动。对商业类国有企业而言，内在锚与外在锚依然表现为替代关系，且内在锚效应依然处于上风，但是对公益类国有企业而言，上述结论不再成立，具体表现为：模型（5.1）的回归结果显示，Anchor_in 的回归系数仍显著为正，而 Anchor_out 的回归系数虽然为正，却未能达到10%的显著性水平，说明内在锚的存在可能会削弱外在锚效应；但模型（5.2）加入交互项后的回归结果显示，外在锚的正向效应不复存在，甚至对企业的资本投资报酬率有损害作用［公益类国有企业模型（5.2）中 Anchor_out 的系数变为负值］。基于上述证据，我们认为内在锚对外在锚的替代效应仅存在于商业类国有企业子样本中。

5.4 结论与启示

本章运用内含报酬率估算（Fama and French，1999）的方法估算了沪深2007~2015年A股非金融行业国有企业的资本成本和投资报酬率。估算结果表明，我国沪深A股国有企业的资本成本（即投资者的预期报酬率）均值为11.08%，企业投资报酬率为21.31%。在内含报酬率估算结果的基础上，基于心理学中的"锚定效应"理论，按照内在锚启动范式、外在锚启动范式及双锚加工机制，分别考察"企业预期报酬率"和"行业预期报酬率"以及二者交互性对国有企业投资报酬率的锚定约束效应，研究发现：第一，企业的投资报酬率确实与锚值预期报酬率存在一致性波动倾向，即锚值预期报酬率较高（或较低）时，企业的投资报酬率也较高（或较低）。第二，当锚值预期报酬率较低时，投资报酬率能够弥补预期报酬率，投资是有效率的，预期报酬率能够发挥对投资报酬率的锚定约束效应，但是当预期报酬率较高时，投资报酬率未能弥补预期报酬率，投资是非效率的，预期报酬率对投资报酬率应有的锚定约束效应不复存在。第三，当内在锚和外在锚同时存在时，内在锚会部分替代外在锚对投资报酬率的约束效应，在进一步考察国有企业的公益性质对此替代效应的影响后发现，内在锚对外在锚的替代效应仅存在于商业类国有企业子样本中。值得注意的是，当预期报酬率较高时，投资效率损失，预期报酬率没有发挥锚定作用，原因可能如下：第一，预期报酬率的提高会使企业可供选择的投资项目减少，从而压缩企业的盈利空间。第二，高预期报酬率一般也是企业投资项目"高风险"导致的结果，因而企业投资失败的可能性较大。第三，较高的预期报酬率可能由企业自身经营不善、融资困难等所致，即企业本身经营风险较大、财务风险较大。

我国经济发展进入新常态，供给侧结构性改革如火如荼，迫切要求宏观经济增长与微观企业发展提质增效。因此，本章结论具有如下指导意义：

第一，作为宏观经济增长的重要推动力，国有企业必须迎合供给侧结构性改革，使要素实现最优配置，减少无效或低效投资。而保证国有企业效率投资的途径之一便是以"预期报酬率"为锚或向导进行投资决策，即国有企业要以"企业预期报酬率"（内在锚）作为投资决策的首要参照，可以适当辅之以"行业预期报酬率"（外在锚）。

第二，公益类国有企业和商业类国有企业预期报酬率锚定效果呈现异质性，具体地，在考察内在锚与外在锚的交互影响时，内在锚对外在锚的替代作用仅对商业类国有企业奏效，这为国有企业的分类改革、分类管理提供了经验支持，政府及相关部门在国有企业分类改革的后续操作过程中依然要杜绝采取"一刀切"的实施路径，切实提高改革的针对性。

第三，无论是公益类国有企业还是商业类国有企业，当预期报酬率较高时，其对投资报酬率的锚定效应失效，可以猜测较高的预期报酬率可能已超出预期报酬率锚定值合理界域的范围，故由此不合理锚值所导向的投资决策发生偏离，导致锚定效应失效，这警示国有企业管理层要着眼于降低资本成本，使预期报酬率回归合理界域，发挥其对投资决策的有效约束功能。

第6章　混合所有制改革与资本成本中介效应分析

作为影响企业投资决策的根本要素，资本成本对企业投资决策的重要作用，并不仅限于它是投资决策截止点的锚定值，而且还在于它是众多其他因素影响企业投资决策的中间传导介质。近年来，依据国有企业改革和国有经济布局结构调整要求，我国国有企业，尤其是商业类国有企业开展了多种形式的混合所有制股份改造，境外资本、民营资本的逐渐引入，不仅为国有企业注入了新鲜血液，而且逐渐改变了国有企业的投资行为和投融资效率。基于此，本章从资本成本中介效应视角，分别从混合主体深入性和混合主体制衡度两个方面考察混合所有制改革对国有上市公司投资行为的影响。

6.1　引　　言

目前，我国经济处于由高速增长阶段向高质量发展阶段的攻关期，国有企业作为政府实现经济发展规划和战略的重要抓手，其发展质量至关重要。但国有企业投融资效率低下，不断出现过度投资、过度负债和投融资效率背离等投融资异化问题。投融资异化行为不仅降低国有企业资源配置效率和自身可持续发展能力，而且是产能过剩的直接原因，严重制约我国经济发展的活力。因此，如何通过推动混合所有制改革，通过市场化股权转让、收购兼并，实现国有资产整合或剥离，既发挥国有经济在战略性产业国际化过程中的主导作用，又有效提升国有企业投融资效率，成为深化国有企业改革的关键。

我国进行国有企业混合所有制改革，主要目的是通过混合所有制来优化国有企业治理结构，进而通过改进生产关系实现国有企业投资效率以及生产力的提升。现有文献对混合所有制改革的实际效果进行了大量研究，一方面，部分学者认为我国国有企业是名义上混合所有制多而实质性混合所有制少，名义性混合所有制经营机制与原来国有企业没有本质区别（张文魁，2017），混合所有制改革后的留存国有股控制和高管政治关联仍旧对企业投资效率表现出负面影响（张祥建等，2015）。国有股权数量增加或者降低均有可能提高国有企业公司治理水平（王曙光等，2019），仅通过"调整国有股权比例、形成股权结构多元化"的产权混合并不一定具有实质性公司治理效应。另一方面，也有学者认为混合所有制改革确实能改善国有企业投融资效率。混合所有制改革通过减少国有股比例，增加机构投资者，可以提升国有企业治理水平和经营效率（徐二明和张晗，2011），混合所有制改革程度越高，国有企业过度负债水平越低（吴秋生和独正元，2019）。混合所有制通过促进不同股权性质资本有效融合，能够提升国有企业公司治理水平，降低国有企业投资过度和投资不足（祁怀锦等，2018），混合所有制不仅能够改进国有企业效率，而且能够在一定程度上治疗"僵尸国有企业"（方明月和孙鲲鹏，2019）。可见，不同研究对混合所有制改革影响国有企业投资行为效果的结论并不一致，主要原因在于混合所有制对国有企业投资行为发挥影响作用的路径并不唯一，马连福等（2015）认为混合所有制可以通过混合主体多样性、混合主体深入性以及混合主体制衡度三条路径发挥作用。但考虑到目前我国大部分国有企业引入的混合主体都是民营股东，较少有外资股东等其他性质股东参与，混合主体多样性路径发挥作用不大。因此，本章从混合主体深入性和混合主体制衡度两个方面，分别考察混合所有制改革对国有上市公司投资行为的影响以及资本成本对其中间传导介质作用的发挥。

6.2　理论分析与研究假设

6.2.1　混合主体制衡度与资本成本中介效应

所谓混合主体制衡，是指公司中存在多个相近比例股份并且能够有效参与公司生产经营决策的大股东，但其中任何一个大股东都无法独自控制整个公司生产经营以及决策。基于投资者保护的公司治理理论，存在股权制衡的股权结构能够缓解不同利益主体之间的代理冲突，提升投资者保护水平，进而投资者要求的投资回报率降低，企业资本成本降低。对国有企业而言，当非国有股东持股比例接近于第一大股东（国有股东）时，不同性质股东之间的监督动机可能高于合谋动机，制衡效果显著（Maury and Pajuste，2005；魏明海等，2013；刘星和刘伟，2007），此时，作为非控股股东的非国有股东对于优化国有企业治理水平，提高国有企业投资决策效率至关重要（Cheng et al.，2013；白重恩，2005）。因此，当国有股东与非国有股东实现股权制衡时，国有企业总体要求的报酬率就会降低，资本成本会相应降低（汪平等，2015）。

曹晓军等（2007）研究表明企业低效率的投融资行为源于偏低的融资成本，并且较低的资本成本会加剧企业内部管理者的"寻租行为"。寻租理论由美国经济学家克鲁格提出，主要贡献在于阐明企业可以依靠政府支持进行财富转移活动并从中获利，而这种"寻租行为"在国有企业中尤为明显。代理成本理论认为，代理人通常不会执行股东财富最大化的行动方案。原因在于以下几点：第一，管理者的利益目标和股东不一致。管理者追求"商业帝国"以获取高声誉、高薪酬，而股东的利益目标则是实现股东财富最大化。第二，管理层也是维护自身利益的"经纪人"，也会存在机会主义行为倾向。同时，由于我国外部资本市场不完善，所有者与经营者之间存在信息不对称问题，国有企业中第一大股东很难识别出管理者某些隐蔽性行为，这就给了管理层偏离股东财富最大化目标的机会。因此，正是因为国有企业中高管激励约束机制缺乏，相对于积极工作，高管层更热衷于在职消费，往往为了自身效用最大化将资金投入净现值为负的项目。而较低的资本成本使得管理层更加重视短期行为，忽略项目长期回报率，降低国有企业投资效率。

基于此，我们提出**假设 6.1：混合主体制衡度与国有企业资本成本呈负向关系，混合主体制衡度对投资支出的影响被资本成本所中介。**

6.2.2　混合主体深入性与资本成本中介效应

所谓混合主体深入性是指非国有股东在国有企业中的持股比例。尽管混合主体会对公司资本成本产生一定影响，但这种影响的程度可能会因为混合主体深入性不同而存在不同效果。国有企业改革过程中，政府对国有企业由最初的"管企业"演变到"管资本"，混合所有制的引入提升了非国有股东的话语权，缓解了国有大股东和非国有中小股东间的利益冲突。随着非国有股东持股比例的提升，国有股东持股比例相应下降，公司的股权资本成本会显著上升（汪平和兰京，2016）。然而，公司资本成本并非随着非国有股东持股比例的上升一直提高，相反，当非国有资本股东持股比例较小时，随着非国有资本在国有企业中所占比例的扩大，国有企业资本成本显著上升，国有企业由"一股独大"向"股权分散"格局缓慢过渡。而当非国有股权比例越来越接近于国有股权时，分散的股权就会形成大股东间的相互制衡，不同性质股东之间的利益博弈就会形成国有企业的最低资本成本。

詹森（Jensen，1986）自由现金流假说认为管理层之所以无节制进行投资是源于其掌控大量自由现金流，这一观点在国有企业得到充分验证。政府的政策性支持使国有企业并不重视破产风险，亏损缺口会从政府这个第一大股东手中得到补偿，相反，国有企业总是存在自由现金流，这使得管理层创建"商业帝国"的信念越发膨胀，盲目扩大投资规模的动机也愈加强烈。然而，在一定程度内，混合主体深入性所带来的资本成本显著增加与政府干预的减少大大降低了国有企业自由现金流数量。国有企业不再能够轻易获取政府的补偿资金，资本成本的提升亦使国有企业面临融资约束增大，提升了投资时对回报率的重视，这会有效抑制管理层过度投资行为。此外，国有企业股权结构的完善使得其在进行投资决策时要考虑国有股东与非国有股东双方的利益，提高了投资决策的科学性和合理性，平等反映不同股东的利益需求（齐平和李彦锦，2017）。然而，随着非国有资本的增加，非国有股东持股比例不断提升，当达到与国有股东相制衡后，非国有股东持股比例的再增加会导致国有股东和非国有股东间制衡度增加，进而降低资本成本，扩大投资规模。

基于此，我们提出假设 6.2a 和假设 6.2b。

151

假设**6.2a**：国有企业混合主体深入性与资本成本呈倒"U"形的非线性关系。

假设**6.2b**：混合主体深入性与投资支出呈"U"形的非线性关系，资本成本在混合主体深入性与投资支出的"U"形关系发挥着中介效应。即混合主体深入性通过倒"U"形曲线效应影响资本成本，进而影响投资支出，促成混合主体深入性与投资支出的"U"形关系。

6.3 研究设计与实证检验

6.3.1 数据来源与样本选择

本节以 2003~2014 年全部 A 股上市公司为研究样本，依据前 10 大股东中的国有、外资和民营三类不同性质股东的持股比例，定义混合主体深入性以及混合主体制衡度，基于资本成本中介效应视角，考察混合所有制结构对国有上市公司投资行为的影响。样本数据筛选标准如下：第一，剔除 ST 公司、金融行业和数据不完整的公司；第二，剔除 Tobinq 大于 10，Lev 大于 1 或小于 0 的极端数据；第三，剔除资本成本 Re 小于等于 0 的数据；第四，对于无法准确界定实际控制人类别企业予以剔除。同时，对所有连续变量在 1% 和 99% 分位数上进行 Winsorize 处理，以消除异常值对于样本稳健性的影响，部分数据来源于 CSMAR 数据库，对于混合主体深入性以及混合主体制衡度两个变量中涉及股东性质以及股权比例的数据来源于金融界网站。

6.3.2 变量定义与模型建立

1. 变量定义

（1）关于企业投资效率。我们借鉴理查德森（Richardson，2006）和陈艳等（2015）的研究方法，建立公司预期正常新增投资率估算模型（6.1）。通过回归模型可以计算样本公司的预期正常新增投资率以及公司投资不足与投资过度的非效率程度，为了减少内生性的影响，我们对解释变量采用滞后处理，各变量的定义见表 6 - 1。

$$\mathrm{Inv}_{i,t} = \beta_0 + \beta_1 \times \mathrm{Tobinq}_{i,t-1} + \beta_2 \times \mathrm{Lev}_{i,t-1} + \beta_3 \times \mathrm{Cash}_{i,t-1}$$
$$+ \beta_4 \times \mathrm{Age}_{i,t-1} + \beta_5 \times \mathrm{Size}_{i,t-1} + \beta_6 \times \mathrm{Ret}_{i,t-1}$$
$$+ \beta_7 \times \mathrm{Inv}_{i,t-1} + \sum \mathrm{Year} + \sum \mathrm{Industry} + \varepsilon_{i,t} \qquad (6.1)$$

其中，$\sum \mathrm{Year}$ 和 $\sum \mathrm{Industry}$ 分别表示年份和行业的哑变量。

表 6 - 1　　　　　　　　　　　主要变量定义

变量名称	变量符号	变量定义及计算方法
实际新增投资率	Inv	固定资产、在建工程及工程物资、长期投资和无形资产的净增加额除以年初总资产
投资机会	Tobinq	TobinqC 值
混合主体深入性	Mixra	以前 10 大股东中的外资与民营持股比例之和衡量
混合主体制衡度	Restr	以外资和民营持股比例之和减去国有持股比例之差的绝对值衡量
资产负债率	Lev	负债总额除以年初总资产
货币资金持有	Cash	货币资金总额与短期投资之除以年初总资产
股票收益率	Ret	考虑现金红利再投资的年个股回报率
成长性	Growth	(本年营业收入 – 上年营业收入)/上年营业收入
公司规模	Size	资产总额的自然对数
上市年限	Age	公司截至年末的上市年限
高管持股比例	Man	高管持股数/总股数
投资过度	Overinv	模型（6.1）的回归正残差
投资不足	Underinv	模型（6.1）的回归负残差取绝对值
独立董事比例	Ib	独立董事人数/董事会人数
董事长与总经理两职合一	Dual	董事长与总经理"两职合一"时，取1；否则取0
资本成本	Re	采用 CAPM 模型和 FF 三因素模型分别对权益资本成本进行估算，以其算数平均值作为公司的权益资本成本；采用利息支出与债务资本的比率估算债务资本成本，最后分别以所有者权益和总负债与资产总额的账面价值比为权重计算得出加权平均资本成本

（2）关于资本成本的测算。采用 CAPM 模型和 FF 三因素模型分别对权益资本成本进行估算，以其算数平均值作为公司的权益资本成本；采用利息支出与债务资本的比率估算债务资本成本，最后分别以所有者权益和总负债与资产总额的账面价值比率为权重计算得出加权平均资本成本。

CAPM 模型如模型（6.2）所示。

$$Re = R_f + \beta \times (R_m - R_f) \tag{6.2}$$

其中，R_f 表示无风险报酬率，本书以十年期国债到期率衡量，β 表示市场风险系数，$R_m - R_f$ 借鉴 Brigham 和 Ehrhardt 的方法估算风险溢价。

FF 三因素模型如模型（6.3）所示。

$$Re = R_f + \beta_1 \times (R_m - R_f) + \beta_2 \times SMB + \beta_3 \times HML \tag{6.3}$$

其中，SMB 表示市值因子，HML 表示账面市值比因子。

采用利息支出与债务资本的比率作为债务资本成本 R_D，具体公式为：

$$R_D = \frac{Interests_t}{Paid\_Debt_t} \times (1 - T_t) \tag{6.4}$$

其中，$Interests_t$ 为 t 年费用化利息与资本化利息之和，$Paid\_Debt_t$ 为 t 年带息负债，T_t 为 t 年公司适用的所得税税率。

2. 模型建立

对于中介传导效应的考察。由于不同变量之间关系不同，针对不同的假设和模型采用不同的中介效应检验方法。对于混合主体制衡度变量，借鉴温忠麟等（2004）的方法对资本成本的中介效应进行检验。此中介效应检验一般包括以下三个步骤：（1）投资支出对混合主体制衡度的回归，以检验混合主体制衡度与投资支出的回归系数是否显著，如果显著则进行下一步，否则停止检验。（2）作为中介变量的资本成本对混合主体制衡度的回归，检验混合主体制衡度与资本成本的回归系数是否显著。（3）将中介变量资本成本放入第一步回归方程后，检验混合主体制衡度与资本成本的回归系数是否显著。因此，为了验证假设6.1，我们构建以下模型来研究资本成本的中介效应：

$$Inv_{i,t} = \beta_0 + \beta_1 \times Restr_{i,t} + \beta_2 \times Size_{i,t-1} + \beta_3 \times Man_{i,t-1} + \beta_4 \times Tobinq_{i,t-1}$$
$$+ \beta_5 \times Lev_{i,t-1} + \beta_6 \times Growth_{i,t-1} + \varepsilon_{i,t} \tag{6.5}$$

$$\text{Re}_{i,t} = \beta_0 + \beta_1 \times \text{Restr}_{i,t} + \beta_2 \times \text{Growth}_{i,t-1} + \beta_3 \times \text{Ib}_{i,t-1} + \beta_4 \times \text{Dual}_{i,t-1} + \varepsilon_{i,t}$$
$$(6.6)$$

$$\begin{aligned}\text{Inv}_{i,t} = {} & \beta_0 + \beta_1 \times \text{Restr}_{i,t} + \beta_2 \times \text{Re}_{i,t} + \beta_3 \times \text{Size}_{i,t-1} + \beta_4 \times \text{Man}_{i,t-1} \\ & + \beta_5 \times \text{Tobinq}_{i,t-1} + \beta_6 \times \text{Lev}_{i,t-1} + \beta_7 \times \text{Growth}_{i,t-1} + \varepsilon_{i,t} \quad (6.7)\end{aligned}$$

依据假设 6.1，我们预期模型（6.5）中 β_1 的符号显著为正，模型（6.6）中 β_1 的符号显著为负，而模型（6.7）中 β_1 的符号依然显著为正。

由于混合主体深入性和投资支出以及资本成本之间的非线性关系，也就是说需要验证"混合主体深入性通过倒 U 形曲线效应影响资本成本，进而影响投资支出，促成混合主体深入性与投资支出的 U 形关系"，上述的"三步骤"中介效应检验法并不适用（Edwards and Lambert，2007）。因此，借鉴爱德华和兰伯特（Edwards and Lambert，2007）、董保宝（2014）的调节路径分析方法来研究资本成本对混合主体深入性和投资支出的中介效应，以验证假设 6.2。为此，我们建立以下两个模型：

$$\begin{aligned}\text{Re}_{i,t} = {} & \beta_0 + \beta_1 \times \text{Mixra}_{i,t} + \beta_2 \times \text{Mixra}_{i,t}^2 + \beta_3 \times \text{Growth}_{i,t-1} \\ & + \beta_4 \times \text{Ib}_{i,t-1} + \beta_5 \times \text{Dual}_{i,t-1} + \varepsilon_{i,t} \quad (6.8)\end{aligned}$$

$$\begin{aligned}\text{Inv}_{i,t} = {} & \beta_0 + \beta_1 \times \text{Mixra}_{i,t} + \beta_2 \times \text{Re}_{i,t} + \beta_3 \times \text{Mixra}_{i,t}^2 + \beta_4 \times \text{Re}_{i,t} \times \text{Mixra}_{i,t} \\ & + \beta_5 \times \text{Man}_{i,t-1} + \beta_6 \times \text{Size}_{i,t-1} + \beta_7 \times \text{Tobinq}_{i,t-1} \\ & + \beta_8 \times \text{Lev}_{i,t-1} + \beta_9 \times \text{Growth}_{i,t-1} + \varepsilon_{i,t} \quad (6.9)\end{aligned}$$

同样，我们依据假设 6.2，预期模型（6.8）中 β_2 的符号显著为负，说明混合主体深入性与资本成本呈倒"U"形关系；模型（6.9）中 β_2 符号显著为负，β_3 的符号显著为正，表明混合主体深入性通过资本成本的中介作用与投资支出呈"U"形关系。

6.3.3　实证结果与稳健性检验

1. 主要变量描述性统计

根据表 6-2 可知，我国国有企业的平均新增投资率为 0.0429，高于新增投资率的中位数 0.0141，整体分布呈右偏，说明我国大部分国有企业的投资支出规模低于平均水平，但是部分国有企业的投资支出水平远高于平均水平，从而拉高了我国国有企业的平均投资规模。资本成本的均值和中位数相差不大，几近正态分布。混合主体深入性的平均程度为0.0431，最大值为0.5434，中位数为0.0027，这表明我国国有企业虽然正在大量引入国有股以外的其他性质股东，但是在大多数国有企业中，国有股股东依然是第一大股东，持股比例远高于民营股东和外资股东。此外，国有企业混合主体制衡度的平均程度为0.3762，低于其中位数0.3930，多数国有企业的混合主体制衡程度依旧维持在较低水平，民营股东和外资股东难以发挥制衡作用，这与通过混合主体深入性描述性统计分析得出的结论基本一致。

表6－2   主要变量的描述性统计

变量名	N	平均值	标准差	最小值	中位数	最大值
Inv	6354	0.043	0.136	−0.297	0.014	0.808
Mixra	6354	0.043	0.099	0.000	0.003	0.543
Restr	6354	0.376	0.197	0.000	0.393	0.796
Tobinq	6354	1.958	1.131	0.862	1.578	6.791
Size	6354	21.993	1.174	19.772	21.846	25.523
Lev	6354	0.526	0.187	0.088	0.539	0.908
Man	6354	0.000	0.001	0.000	0.000	0.004
Growth	6354	0.201	0.439	−0.529	0.132	2.885
Ib	6354	0.356	0.052	0.200	0.333	0.556
Dual	6354	0.098	0.297	0.000	0.000	1.000

2. 相关性分析

主要变量的相关性分析结果见表6－3，如表所示，投资支出与资本成本在1%的水平上显著为负，说明国有企业资本成本与其投资规模负相关。混合主体深入性与资本成本在1%水平上显著负相关，混合主体制衡度与投资支出和资本成本在1%水平上显著负相关，这初步说明高水平的混合主体深入性和混合主体制衡度有助于形成较低资本成本，而资本成本的降低会使国有企业面临更多投资机会，从而扩大投资规模，这在一定程度上支持了假设6.2。同时，表6-3中所有变量的相关性系数的绝对值均低于0.8，说明各个变量之间不存在共线性问题。

表 6-3　　　　　　　　　　　主要变量的 Pearson 分析

变量名称	Inv	Re	Mixra	Restr	Tobinq	Size	Lev	Growth
Re	-0.093 ***							
Mixra	-0.005	-0.041 ***						
Restr	0.075 ***	-0.071 ***	-0.184 ***					
Tobinq	0.074 ***	-0.190 ***	-0.011	0.021 *				
Size	0.083 ***	-0.055 ***	-0.018	0.135 **	-0.335 *			
Lev	-0.031 **	0.113 ***	-0.055 ***	-0.059 *	-0.278 **	0.344 **		
Growth	0.054 ***	-0.035 ***	-0.005	0.048 *	0.069 **	0.075 **	0.079 **	
Ib	-0.005	0.115 ***	-0.027 **	-0.025 *	-0.014	0.146 **	0.076 **	-0.015

注：***、**、* 分别表示相关统计量在1%、5%、10%统计水平上显著。

3. 假设验证结果分析

（1）混合主体制衡度、资本成本与投资支出关系检验。如表6-4所示，第一步依据模型（6.5）进行混合主体制衡度对投资支出的线性回归分析，结果显示混合主体制衡度越高，国有企业对外投资的规模越大，两者在5%水平上显著正相关；第二步模型（6.6）回归结果表明混合主体制衡度与资本成本在1%的水平上显著负相关，假设6.1部分得证；第三步依据模型（6.7）将中介变量资本成本纳入混合主体制衡度对投资支出的回归模型中，结果发现混合主体制衡度与投资支出的系数由0.0217下降为0.0213，仍在5%的水平上显著正相关，说明混合主体制衡度与投资支出的关系被资本成本部分中介，假设6.1得证。

表 6-4　　　　　　　　　　　假设 6.1 检验结果

变量名称	模型（6.5）	模型（6.6）	模型（6.7）
Restr	0.0217 ** (0.014)	0.0213 ** (0.015)	-0.0031 *** (0.000)

续表

变量名称	模型 (6.5)	模型 (6.6)	模型 (6.7)
Re		-1.0043 *** (0.000)	
Size	0.0117 *** (0.000)	0.0085 *** (0.000)	
Lev	-0.0135 (0.180)	-0.0092 (0.364)	
Tobinq	0.0115 *** (0.000)	0.0091 *** (0.000)	
Man	-3.340 (0.347)	-4.3268 (0.244)	
Growth	0.0104 *** (0.007)	0.0103 *** (0.007)	-0.0007 *** (0.001)
Ib			-0.0002 (0.928)
Dual			0.0001 (0.646)
Constant	-0.1693 ** (0.044)	-0.0436 (0.622)	0.0626 *** (0.000)
Year	控制	控制	控制
Industry	控制	控制	控制
N	6354	6354	6354
R – squared	8.21%	8.50%	52.14%

注: *** 、** 、* 分别表示相关统计量在1% 、5% 、10%统计水平上显著, 括号内为 p 值。

(2) 混合主体深入性、资本成本与投资支出关系检验。如表 6 - 5 所示, 模型 (6.8) 回归结果表明混合主体深入性的平方与资本成本呈负相关关系, 即混合主体深入性与资本成本呈倒 "U" 形的非线性关系, 但是两者关系未呈现出显著性; 相比于模型 (6.8), 模型 (6.9) 中加入中介变量资本成本和资本成本与混合主体深入性的交叉项, 回归结果表明投资支出与混合主体深入性的平方正相关, 即混合主体深入性与投资支出呈"U"形关系。资本成本对投资支出的影响显著，混合主体深入性和资本成本的交叉项显著影响投资支出，这表明随着混合主体深入性的程度不断加深，资本成本与投资支出之间的敏感性不断加剧，更有助于抑制国有企业盲目扩大投资规模。但由于在模型（6.8）和模型（6.9）中，混合主体深入性的平方项系数均不显著，故假设6.2未通过检验。

表6-5　　　　　　假设6.2检验结果

变量名称	模型（6.8）	模型（6.9）
Mixra	0.0002 (0.942)	0.1270 (0.191)
Mixra^2	-0.0018 (0.782)	0.0767 (0.485)
Re		-0.8724 *** (0.000)
Mixra × Re		-2.7330 ** (0.049)
Size		0.0095 *** (0.000)
Lev		-0.0115 (0.252)
Tobinq		0.0095 *** (0.000)
Man		-4.8634 (0.171)
Growth	-0.0008 *** (0.001)	0.1046 *** (0.007)
ib	-0.0002 (0.931)	
dual	0.0002 (0.479)	
Constant	0.0618 *** (0.000)	-0.0634 (0.474)

续表

变量名称	模型 (6.8)	模型 (6.9)
Year	控制	控制
Industry	控制	控制
N	6354	6354
R – squared	51.87%	8.48%

注：***、**、*分别表示相关统计量在1%、5%、10%统计水平上显著，括号内为
p值。

为了检验上述回归结果的可靠性，本书还从以下两个方面作了稳健性测试。第一，根据陈艳等（2015）的检验方法，为排除最小二乘法回归中未选入控制变量的影响，对于假设6.1我们选用固定效应检验。主要变量间的相关性和方向与最小二乘法回归结果相一致。第二，为排除指标选取上的有效性问题，参照喻坤等（2014）的做法，仅以固定资产和在建工程净额之和的变动代表投资支出，同时用总资产将其标准化。最终，主要变量的相关性及方向均与表6-4和表6-5的基准回归结果一致。

6.4 研究结论

本章利用我国国有上市公司2003~2014年的数据，从资本成本中介效应视角，分别从混合主体深入性和混合主体制衡度两个方面考察混合所有制改革对国有上市公司投资行为的影响。研究发现：混合主体制衡度越高，国有企业新增对外投资规模越大，而且，混合主体制衡度与新增投资支出的关系被资本成本部分中介。但是，混合主体深入性与国有企业资本成本呈不显著的倒"U"形非线性关系，混合主体深入性与投资支出呈不显著的"U"形非线性关系，即混合主体深入性不足以影响国有企业投资决策，而资本成本对混合主体深入性与新增投资支出关系也没有发挥出中介效应。

可见，国有企业经过混合所有制改革，实现了一定程度的异质性股权制衡，而这种混合主体制衡通过资本成本中介效应影响了国有企业投

资规模，但在混合主体深入性上，国有企业中的非国有股东持股比例明显不足，这可能是由于政府对国家安全的考虑，对国有企业的非国有股东持股比例仍然有所保留和控制，采用各种控制手段干预国有企业的混合主体深入，如部分私有化、收回条款（即再国有化）、黄金股等（厉以宁和程志强，2014），严重的政府干预会扭曲资源配置（Shleifer and Vishny，1994）。因此，为了完善和深化国有企业混合所有制改革，充分发挥混合所有制治理机制，国有企业在引入外部非公有制资本时，应该保障非国有资本必须达到一定比例，同时切实保证新入非国有股东的各项权利，增加非国有股东参与国有企业混合所有制改革的积极性。

第7章 产权性质与资本成本双重约束效应分析

本章基于上市公司数据，通过实证检验不同产权性质对企业投资资本成本敏感性和企业投资效率资本成本敏感性的影响，研究企业投资行为的资本成本双重约束效应现状。研究发现：企业投资资本成本敏感性系数显著为负，说明资本成本对企业投资发挥了锚定约束功能，而国有控股产权性质会提高投资的资本成本敏感性。进一步研究发现产权性质对企业投资效率资本成本敏感性也具有影响作用，但对不同非效率投资行为的影响效应不同。对于企业投资不足行为，资本成本与投资不足正相关，国有控股能够降低投资效率资本成本敏感性，提高企业投资效率；对于投资过度行为，资本成本与投资过度负相关，但国有控股会提高投资效率资本成本敏感性，降低企业投资效率。这为国有企业建立资本成本锚定的投资效率提升战略指明方向。

7.1 引　　言

自詹森和麦克林（Jensen and Meckling，1976）将代理理论、产权理论和财务理论结合起来，研究所有权结构及其引致代理冲突对企业投融资行为影响以来。在排除管理者有限理性前提下，代理成本便成为研究企业非效率投融资行为成因的最重要因素之一，相应的所有权结构也成为企业投融资异化行为治理的逻辑起点。在股权结构研究过程中，所有权性质重要性逐渐引起研究者注意，不同所有权性质控股股东，其对企业内部管理层监督能力不同，从而导致其控制下企业投融资决策的目标函数和效率不同。

喻坤等（2014）、佟爱琴和马星洁（2013）以及俞红海等（2010）

指出中国企业总体上投资效率低下，投资过度和投资不足非效率行为并存，所有权和控制权的两权分离是导致投资非效率的主要原因，所有权异质性导致的代理成本和公司治理差异，使得不同产权控股公司的投资效率有明显不同。就投资不足而言，民营上市公司比国有控股上市公司更为严重，而对于投资过度而言，国有控股上市公司比民营上市公司更加突出（罗明琦，2014；申慧慧等，2012；杨清香等，2010）。然而，虽然众多学者针对不同产权性质公司的投资效率进行了比较分析，并从公司治理的不同视角提出了企业投资非效率行为的治理建议。却鲜有学者基于资本成本锚定效应视角，对产权性质影响公司投资效率的资本成本传导机制进行研究和分析，忽视了利用资本成本约束功能来提高公司投资效率的路径。

因此，本章基于资本成本锚定作用理论分析，以企业投资资本成本敏感性来反映资本成本锚定作用发挥的效果，通过实证检验不同产权性质对企业投资资本成本敏感性和企业投资效率资本成本敏感性的影响，不仅验证资本成本对企业投资决策的锚定作用，而且实证分析产权性质异质性对企业的资本成本锚定功能以及投资效率资本成本敏感性的影响效应。本章的主要贡献在于：（1）在资本成本锚定效应理论的基础上，提出并验证资本成本不仅对企业投资具有锚定作用，而且对企业投资具有融资约束作用，即资本成本高估会导致投资不足、资本成本低估会导致投资过度的影响效应。（2）研究发现不同产权性质对投资的资本成本融资约束[①]具有影响作用，但对不同非效率投资行为的影响效果不同。（3）检验产权性质影响企业投资的资本成本传导机制，丰富了企业投资决策影响因素的研究视角，有助于加强公司管理人员的资本成本观念，为不同性质公司提高投资效率提供理论依据。

7.2 理论分析与研究假设

莫迪格莱尼和米勒（Modigliani and Miller，1958）在严格假设基础

163

---

① 本书所谓投资的资本成本融资约束（即投资的资本成本融资影响），是指在不完善资本市场条件下，公司投资效率受到外部融资资本成本水平的影响，即资本成本高估会导致投资不足，资本成本低估会导致投资过度，属于广义融资约束概念。

上，运用无套利证明方法推导出企业投资决策的截止点在任何情况下都是资本成本，从理论上证明了资本成本对企业投资的基准约束效应。此后，作为股东让渡资本使用权的基本报酬率要求，资本成本成为衡量企业投资机会优劣的准绳。

7.2.1 产权性质与投资资本成本敏感性

在莫迪格莱尼和米勒（Modigliani and Miller，1958）提出资本成本对投资具有基准约束作用以来，经验研究已经证明资本成本是影响企业投资规模的重要因素。其中，查特拉因等（Chatelain et al.，2003）以欧元区各国为例，经验检验了资本成本对企业新增投资的约束功能，结果发现企业的资本成本与其投资规模的长期敏感性系数在 -0.2 ~ -1，即资本成本每增加1%则公司的新增投资率下降至少0.2%。吉尔克里斯特和扎克拉耶斯克（Gilchrist and Zakrajesk，2007）基于美国公司样本，研究发现资本成本与公司投资规模的长期敏感性系数在 -0.5 ~ -1。徐明东和陈学彬（2012）以1999~2007年中国的国有及规模以上工业企业为样本，研究发现中国公司资本成本与新增投资规模的长期影响系数为 -0.058，远低于欧美公司。而且，中国国有企业和集体企业的投资对资本成本并不敏感，相对而言，私营和外资企业的投资对资本成本较为敏感，国有产权造成资本成本约束功能失效。这些研究成果表明，各国企业的资本成本都一定程度上发挥了对企业投资的基准约束功能，但发挥作用的大小并不相同，而产权性质是影响资本成本约束功能的重要因素。

在过去较长一段时期，中国国有企业漠视资本成本的约束作用，这既有国有企业管理决策层缺乏财务理念的主观原因，也有客观的历史和制度原因。客观上，北京大学中国经济研究中心宏观组（2004）指出：金融市场不发达，利率管制，金融抑制特征明显，价格机制无法给出市场定价，这导致了企业投资对资本成本因素不敏感。主观上，国有企业的管理决策者缺乏资本成本观念，尤其由于长期以来国有企业没有分红要求，对于政府投资的股权资本，往往认为是没有任何代价的，因而无须考虑其资本成本。这种理念直接导致国有企业对政府股东要求报酬率的忽视，从而丧失了国有企业进行科学投融资决策的基础，造成一段时期内国有企业资本成本约束功能丧失。然而，近年来，随着金融市场化、国有企业改革的深化以及国有企业分红政策的不断完善，不仅中国企业整体的资本成本观念逐步树立和强化，而且，由于国有企业独特的激励约束机制，国有企业投资决策层相比于非国有企业对于资本成本更加重视，国有企业投融资效率相对于非国有企业低下的现象逐渐消失，甚至出现国有企业与非国有企业投融资效率的反转。

基于上述分析可见，伴随着中国国有企业改革深化，国有企业的公司治理结构逐渐完善，国有资本要求报酬率的日益明确，国有控股公司资本成本对其投资支出规模的约束效应不断加强，最终导致相对于非国有控股公司，国有控股公司资本成本对投资规模的约束作用更强。因而提出假设如下：

假设 7.1：上市公司的资本成本与投资规模呈反比，即投资资本成本敏感性系数显著为负，而国有控股会提高投资的资本成本敏感性。

7.2.2　产权性质与投资效率资本成本敏感性

莫迪格莱尼和米勒（1958）提出公司投资效率的实现取决于投资机会和资本成本两个约束条件。而且，资本成本约束与融资来源无关，无论采用何种融资方式，一个公司的边际资本成本等同于资本的平均成本。尽管莫迪格莱尼和米勒的资本成本约束理论科学而严谨，但是关于资本成本与融资来源无关的结论是建立在信息对称、理性人和资本市场完善有效的假设基础之上，现实经济环境的不完美导致公司投资决策的基准资本成本不仅与项目的风险有关，而且受到公司不同融资渠道的影响。外部融资的资本成本要远高于公司内部积累资金的资本成本（Abel and Eberly，1999）。这使得资本成本对投资决策的约束作用可以分为两类：一类是资本成本作为公司投资决策截止点对投资支出规模的基准约束作用，这就是本书前面讨论的资本成本锚定功能。另一类则表现为资本成本对投资的融资影响效应。陈艳和杨鹏程（2015）将狭义的融资约束分为资本成本融资约束和资本可获得性融资约束两类，如果由于外部资本成本高估而导致投资不足则界定为投资的资本成本融资约束，反之，如果公司无法筹集到足够资金而形成投资不足，则属于投资的资本可获得性融资约束。然而，广义的资本成本融资影响效应不仅包括资本成本高估导致投资不足，而且包括资本成本低估会导致投资过度的影响效应。也就是说，企业投资非效率可表现为投资不足和投资过度两种形式，而资本成本对投资效率的影响，也表现为对投资不足和投资过度两种情况的影响，但对不同非效率投资行为的影响效应不同。

产权性质作为影响资本成本约束功能发挥的重要因素，也对企业的投资效率产生着重要影响。一方面，不同所有权控股公司的非效率投资行为方向不同，主要原因在于国有控股公司受到政府干预，要承担一定的"政策性负担"，往往需要投资于一些实现增加就业等社会目标的项目或者注重追求投资规模，加之"预算软约束"的存在，国有控股公司更容易发生投资过度非效率行为。反之，在不完全市场中，大量公司存在融资约束，无法获得足够的外部资金支持以满足净现值大于0项目的资金需要，而非国有公司的融资约束要强于国有公司，更容易造成投资不足。另一方面，产权性质不同，不仅会直接影响企业投资效率出现差异，而且企业进行融资的资本成本也必然不同。企业的资本成本主要受到其经营风险、财务风险以及公司特征的影响，非国有控股公司受政府保护较少，市场竞争激烈，经营和财务风险都比国有控股公司要高；而国有控股公司由于所有权的国有属性，更容易获得资本投入和政府支持，也更容易被投资者、民众和银行信任而降低让渡资本使用权的基本报酬率要求，因此，国有控股公司能够以较低的成本筹集到所需资金，资本成本较非国有公司低。从而以较低的资本成本为准绳来衡量公司的投资机会，必然会增大公司投资规模。这样，对于投资不足公司而言，国有控股会降低资本成本高估对投资规模的融资约束，缓解公司投资不足；对于投资过度公司而言，国有控股会加剧资本成本低估形成的投资过度，降低公司投资效率。

综上，资本成本和产权性质对企业的非效率投资程度具有影响作用，但对不同非效率投资行为的影响效应不同。对此提出如下假设：

假设7.2： 对于投资不足非效率行为，资本成本与投资不足呈正相关关系，即较高的资本成本会导致企业投资不足；但国有股东控股能够降低企业的投资不足资本成本敏感性，提高企业投资效率。

假设7.3： 对于过度投资非效率行为，资本成本与过度投资呈负相关关系，即较低的资本成本会导致企业过度投资；但国有股东控股会提高企业的过度投资资本成本敏感性，降低企业投资效率。

7.3 研究设计与实证检验

选取沪深 A 股 2004～2012 年所有国有上市公司作为初始样本。由于采用 Richardson 模型需要数据滞后一期，所以实际采用的是样本公司 2003～2012 年的财务数据。此外，对初始样本的处理原则遵循以下几个标准：（1）剔除有缺失值的样本。（2）剔除非正常交易状态的 ST、PT 公司。（3）剔除金融保险类行业的公司。（4）为消除异常值的影响，对连续变量进行 2% 的 Winsorize 缩尾处理。所用财务数据主要来自 CSMAR 数据库，部分来自 RESSET 数据库和 WIND 数据库，检验软件为 Stata。

参照李延喜等（2015）的做法，将样本数量小于 50 个的 H、M、O、P、Q 和 R 共 6 个行业合并为一类，最终样本量为 10340 个，行业共 13 类。如表 7-1 所示。

表 7-1　　　　　　　　数据样本的行业分布情况

行业代码	样本数量（个）	所占比重（%）
A 农、林、牧、渔业	212	2.050
B 采矿业	232	2.244
C 制造业	6215	60.106
D 电力、热力、燃气及水生产和供应业	499	4.826
E 建筑业	222	2.147
F 批发和零售业	780	7.544
G 交通运输、仓储和邮政业	387	3.743
H 住宿和餐饮业、M 科学研究和技术服务业、O 居民服务、修理和其他服务业、P 教育、Q 卫生和社会工作、R 文化、体育和娱乐业	150	1.451
I 信息传输、软件和信息技术服务业	353	3.414
K 房地产业	647	6.257
L 租赁和商务服务业	137	1.325
N 水利、环境和公共设施管理业	84	0.812

行业代码	样本数量（个）	所占比重（%）
S 综合	422	4.081
总计	10340	100

7.3.1　变量计算

依据莫迪格莱尼和米勒（Modigliani and Miller，1958）的投资决策理论，公司投资决策的截止点资本成本与融资来源无关，无论采用何种融资方式，一个公司的边际资本成本等同于资本的平均成本。因此，企业资本成本指标采用加权平均资本成本数据，加权平均资本成本由权益资本成本和债务资本成本两部分组成。

权益资本成本取 CAPM 模型和 FF 三因素模型估算结果的均值。

CAPM 模型为：

$$r_e = r_f + \beta(r_m - r_f) \tag{7.1}$$

其中 r_e 为权益资本成本；r_f 为无风险利率，用十年期国债到期收益率作为替代；$r_m - r_f$ 为市场风险溢价，$r_m = dps_1/P_0 + g$；β 为系统风险系数。

FF 三因素模型为：

$$r_e = r_f + \beta_1 \times (r_m - r_f) + \beta_2 \times SMB + \beta_3 \times HML \tag{7.2}$$

其中 r_m 和 r_f 同 CAPM 模型；SMB 为规模因子；HML 为账面市值比因子；β_1、β_2 和 β_3 为风险因子系数，采用月度数据进行回归得到。

债务资本成本计算公式为：$r_d = [（费用化利息 + 资本化利息）/带息负债] \times (1 - T)$。其中 T 为该企业实行的所得税税率。

最后，采用公式（7.3）计算公司 i 第 t 年的加权平均资本成本 $Wacc_{i,t}$。

$$Wacc_{i,t} = r_e \times W_e + r_d \times W_d \tag{7.3}$$

其中，权重指账面价值的权重数；W_d 为公司 i 的资产负债率，W_e 为 1 减去资产负债率。

关于企业投资效率变量，主要借鉴理查德森（Richardson，2006）、吴超鹏等（2012）以及刘行和叶康涛（2013）建立测度模型如下：

$$\text{Inv}_{i,t} = \alpha + \beta_1 Q_{i,t-1} + \beta_2 \text{Lev}_{i,t-1} + \beta_3 \text{Cash}_{i,t-1} + \beta_4 \text{Age}_{i,t-1} + \beta_5 \text{Size}_{i,t-1}$$

$$+ \beta_6 \text{Ret}_{i,t-1} + \beta_7 \text{Inv}_{i,t-1} + \sum \text{Year} + \sum \text{Industry} + \xi_{i,t} \quad (7.4)$$

其中，$\text{Inv}_{i,t}$ 表示公司 i 第 t 年的新增投资率，等于第 t 年固定资产和在建工程的净增加额除以年初总资产（喻坤等，2014）；$Q_{i,t-1}$ 表示公司的投资机会，用 t−1 年年末的托宾 Q 值反映，数据取自 CSMAR 数据库托宾 Q 值 A；$\text{Lev}_{i,t-1}$ 表示公司 t 年年初的资产负债率；$\text{Cash}_{i,t-1}$ 表示公司的货币资金持有量，等于公司 t 年年初货币资金与年初总资产的比值；$\text{Age}_{i,t-1}$ 表示公司从 IPO 到 t−1 年年底为止的上市年龄；$\text{Size}_{i,t-1}$ 等于公司 t 年年初总资产的自然对数；$\text{Ret}_{i,t-1}$ 表示公司第 t−1 年股票收益率。Year 和 Industry 分别表示模型中的年度和行业哑变量。

表 7−2 是对模型（7.4）进行回归后的结果。各指标回归结果中资产负债率和公司年龄与新增投资率显著负相关，其余指标显著正相关，这与肖珉（2010）和吴超鹏等（2012）的回归结果相一致。

表 7−2 　　　　　　　　　　　Richardson 模型回归结果

变量	Q	Lev	Cash	Age	Size	Ret	L_Inv	N	R²
系数	0.004 ***	−0.020 **	0.035 ***	−0.001 ***	0.007 ***	0.006 ***	0.343 ***	10340	22%
T 值	(5.42)	(−4.27)	(5.22)	(−8.26)	(9.30)	(4.46)	(40.36)		

注：***、**、*分别表示相关统计量在1%、5%、10%统计水平上显著。

依据上述模型估算出残差 Xinvt，Xinvt 表示企业实际投资率和预期正常投资率之间的差额，即投资的偏离度。Xinvt > 0 时表示投资过度，用 Over−Xinvt 表示。Xinvt < 0 时表示投资不足，取绝对值后用 Under−Xinvt 表示。Over−Xinvt 和 Under−Xinvt 的数值越大表示企业投资过度或投资不足的程度越大，即企业的投资效率越低。同时为了消除模型本身的偏误以及使回归结果更为稳定，对于假设 7.2 和假设 7.3 本书分别保留投资不足组和投资过度组中间 90% 的数据进行回归。经过上述处理后，假设 2 和假设 3 的样本量分别为 5749 个和 3559 个。

关于产权性质，按照公司实际控制人性质来划分公司产权性质，建立产权性质虚拟变量 State。具体划分方法参照喻坤等（2014）的做法，将实际控制人为国有公司和国有非公司单位（自治组织除外）的界定为国有控股公司，State 取值为 1；其他控制人类型则定义为非国有控股公司，State 取值为 0。详见表 7 - 3。

表 7 - 3   变量定义表

变量名称		符号	变量定义
因变量	投资支出	Inv	年末固定资产和在建工程的净增加额/年初总资产
	投资过度	Over - Xinvt	模型（2）回归残差中大于 0 的数值
	投资不足	Under - Xinvt	模型（2）回归残差中小于 0 的数值，并取绝对值
自变量	加权平均资本成本	Wacc	由公式（1）计算得出
	产权性质	State	产权性质虚拟变量，State = 1 表示国有控股公司，State = 0 表示非国有控股公司
控制变量	托宾 Q 值	Q	市值 A[①]/总资产
	资产负债率	Lev	年初总负债/年初总资产
	货币资金持有量	Cash	年初货币资金/年初总资产
	上市年龄	Age	从 IPO 到上年年底为止的公司上市年龄
	公司规模	Size	年初总资产的自然对数
	股票收益率	Ret	年末年个股回报率，取自国泰安数据库
	上年投资支出	L - Inv	上年年末固定资产和在建工程的净增加额/上年年初总资产
	经营活动现金流	Cfo	年末经营活动现金流量净额/年初总资产
	管理费用率	Fm	年末管理费用/年末营业收入
	年度虚拟变量	Year	控制年度经济影响，共设置 8 个年度虚拟变量
	行业虚拟变量	Industry	控制行业经济影响，共设置 12 个行业虚拟变量

① 人民币普通股×今收盘价当期值 + 境内上市的外资股 B 股×今收盘价当期值×当日汇率 +（总股数 - 人民币普通股 - 境内上市的外资股 B 股）×所有者权益合计期末值/实收资本本期期末值 + 负债合计本期期末值。取自国泰安数据库。

7.3.2 模型设计

1. 产权性质、资本成本与投资支出

关于假设7.1，借鉴理查森投资支出经典模型，将理查森模型中各变量以及经营活动现金流（Cfo）作为控制变量，在此基础上加入加权平均资本成本作为解释变量，研究加权平均资本成本与企业投资支出之间的关系，建立模型（7.5）如下：

$$
\begin{aligned}
\text{Inv}_{i,t} = {} & \alpha + \beta_1 \text{Wacc}_{i,t} + \beta_2 \text{State}_{i,t-1} + \beta_3 \text{Wacc}_{i,t} \times \text{State}_{i,t-1} \\
& + \beta_4 Q_{i,t-1} + \beta_4 Q_{i,t-1} \times \text{State}_{i,t-1} + \lambda \text{Contrls}_{i,t-1} \\
& + \sum \text{Year} + \sum \text{Industry} + \xi_{i,t}
\end{aligned} \tag{7.5}
$$

其中，$\text{Inv}_{i,t}$表示公司 i 第 t 年的新增投资支出，$\text{Wacc}_{i,t}$是公司 i 第 t 年的资本成本，由公式（7.3）计算得到。模型（5）中 β_1 和 β_3 是主要预测变量。

根据假设7.1，本书预期回归系数 β_1 的符号显著为负，即企业的资本成本与投资支出规模负相关，资本成本越高，企业投资支出越少；预期回归系数 β_3 显著为负，说明国有控股会增大企业投资的资本成本敏感性，即增大资本成本对投资规模的锚定约束作用。

2. 产权性质、资本成本与投资效率

为了验证假设 7.2 和假设 7.3，分别建立模型（7.6）和模型（7.7）来分类检验上市公司资本成本对公司投资效率的影响效应。具体模型如下：

$$
\begin{aligned}
\text{Under} - \text{Xinvt}_{i,t} = {} & \alpha_0 + \beta_1 \text{Wacc}_{i,t} + \beta_2 \text{State}_{i,t-1} + \beta_3 \text{Wacc}_{i,t} \times \text{State}_{i,t-1} \\
& + \lambda \text{Contrls}_{i,t-1} + \sum \text{Year} + \sum \text{Industry} + \xi
\end{aligned} \tag{7.6}
$$

$$
\begin{aligned}
\text{Over} - \text{Xinvt}_{i,t} = {} & \alpha_0 + \beta_1 \text{Wacc}_{i,t} + \beta_2 \text{State}_{i,t-1} + \beta_3 \text{Wacc}_{i,t} \times \text{State}_{i,t-1} \\
& + \lambda \text{Contrls}_{i,t-1} + \sum \text{Year} + \sum \text{Industry} + \xi
\end{aligned} \tag{7.7}
$$

其中，$\text{Under} - \text{Xinvt}_{i,t}$和$\text{Over} - \text{Xinvt}_{i,t}$分别表示公司 i 在第 t 年的投资不足程度和投资过度程度。根据周伟贤（2010）、陈运森和谢德仁（2011）以及罗明琦（2014）等，模型中还加入了托宾 Q、资产负债率

（Lev）、现金持有量（Cash）、公司上市年龄（Age）、公司规模（Size）、经营活动现金流量（Cfo）以及管理费用率（Fm）作为控制变量。在上述两个模型中，回归系数 β_1、β_2 和 β_3 都是重要的预测变量。

在模型 7.6 中，回归系数 β_1 反映企业资本成本对投资不足的直接影响，本书预期 β_1 显著大于 0，表示对于企业投资不足行为，资本成本与投资不足正相关，即较高的资本成本会导致企业投资不足。回归系数 β_2 反映国有控股对投资不足的直接影响，本书预期回归系数 β_2 显著小于 0，表示国有控股能够缓解企业投资不足；交叉项回归系数 β_3 反映加入产权性质后企业资本成本对投资不足的加成影响，而系数 $\beta_1 + \beta_3$ 则表示企业资本成本对投资不足的综合影响。依据假设 7.2，本书预期模型 7.6 中回归系数 $\beta_1 > \beta_1 + \beta_3 > 0$，即对于投资不足的公司，国有控股能够缓解资本成本高估导致的投资不足，提高企业投资效率。

在模型 7.7 中，回归系数 β_1 反映企业资本成本对投资过度的直接影响，本书预期 $\beta_1 < 0$，表示对于投资过度行为，资本成本与投资过度负相关；回归系数 β_2 反映国有控股对投资过度的直接影响，本书预期回归系数 β_2 显著大于 0，表示国有控股能够加剧企业投资过度；β_3 反映加入产权性质后企业资本成本对投资过度的加成影响，而系数 $\beta_1 + \beta_3$ 则表示企业资本成本对投资过度的综合影响。依据假设 7.3，本书预期 $\beta_1 + \beta_3 < \beta_1 < 0$，即对于投资过度的公司，国有控股会加剧资本成本低估形成的投资过度，降低企业投资效率。

7.3.3　实证结果分析

1. 描述性统计

本书分别按照控股股东的产权性质和投资效率将总样本进行分组，得到各主要研究变量的分类描述性统计结果见表 7-4。根据表 7-4 可知，在 10340 个全样本中，国有控股公司的样本 6554 个，占总样本的 63.4%，非国有控股公司的样本 3786 个，占总样本的 36.6%。按控股股东的产权性质划分后，可以看出两类公司的主要研究变量存在显著差异。投资支出方面，国有控股公司的投资支出均值（0.037）显著高于非国有控股公司（0.035）；投资效率方面，国有控股公司投资机会 Q

值的均值为 1.502，远低于非国有控股公司的 2.012，国有控股公司的资本成本 Wacc 均值为 0.067，显著低于非国有控股公司的资本成本均值 0.071，但公司的预期平均投资支出比率，相对于非国有控股公司而言，国有控股公司却明显较高，这与假设 7.2 和假设 7.3 预期的国有控股对企业投资效率（包括投资不足和投资过度）的影响方向一致。同时，国有控股公司投资过度的均值为 0.063，显著大于非国有控股公司的 0.058，国有控股公司投资不足的均值为 0.037，小于非国有控股公司的 0.038。这些也都与本书对国有控股公司和非国有控股公司投资效率的预期相一致。

表 7 - 4 　　　　　　　主要研究变量分类描述性统计

A 栏：按控股股东的产权性质划分							
变量名称	变量符号	非国有控股公司			国有控股公司			均值差异双侧 T 检验
		均值	中位数	观测数	均值	中位数	观测数	
新增投资支出	Inv	0.035	0.014	3786	0.037	0.013	6554	− 1.446 ***
投资不足	Under - Xinvt	0.038	0.029	2317	0.037	0.029	4070	0.738
投资过度	Over - Xinvt	0.058	0.033	1469	0.063	0.037	2484	− 2.133 **
资本成本	Wacc	0.071	0.062	3786	0.067	0.057	6554	13.613 ***
托宾 Q 值	Q	2.012	1.575	3786	1.502	1.128	6554	18.737 ***
资产负债率	Lev	0.467	0.477	3786	0.511	0.522	6554	− 11.717 ***
货币资金	Cash	0.183	0.153	3786	0.155	0.130	6554	11.762 ***
上市年限	Age	7.371	7.000	3786	8.858	9.000	6554	− 16.479 ***
公司规模	Size	21.260	21.140	3786	21.780	21.640	6554	− 24.787 ***
股票收益率	Ret	0.338	− 0.061	3786	0.331	− 0.053	6554	0.372
上年新增投资	Linv	0.040	0.017	3786	0.042	0.016	6554	− 1.404 **
经营活动现金流	Cfo	0.045	0.045	3786	0.060	0.056	6554	− 8.162 ***
管理费用率	Fm	0.096	0.074	3786	0.086	0.070	6554	6.619 ***
B 栏：按非效率投资类型划分							
变量名称	变量符号	投资不足			投资过度		
		均值	中位数	观测数	均值	中位数	观测数
新增投资支出	Inv	− 0.002	− 0.001	6387	0.099	0.074	3953

续表

		投资不足			投资过度		
变量名称	变量符号	均值	中位数	观测数	均值	中位数	观测数
		B栏：按非效率投资类型划分					
资本成本	Wacc	0.069	0.059	6387	0.068	0.058	3953
产权性质	State	0.637	1.000	6387	0.628	1.000	3953
托宾Q值	Q	1.713	1.262	6387	1.651	1.260	3953
资产负债率	Lev	0.491	0.504	6387	0.502	0.512	3953
货币资金	Cash	0.169	0.139	6387	0.159	0.133	3953
上市年限	Age	8.249	8.000	6387	8.417	8.000	3953
公司规模	Size	21.590	21.460	6387	21.580	21.470	3953
股票收益率	Ret	0.344	−0.061	6387	0.316	−0.042	3953
上年新增投资	Linv	0.038	0.012	6387	0.047	0.025	3953
经营活动现金流	Cfo	0.052	0.048	6387	0.060	0.058	3953
管理费用率	Fm	0.092	0.073	6387	0.086	0.070	3953

注：表格中 *** 、 ** 、 * 分别表示相关统计量在1%、5%、10%统计水平上显著。

2. 相关性分析

为避免交叉项与自变量之间存在多重共线性，回归时对相关变量进行了中心化处理；同时为了保证各研究变量的有效性，对所有变量都进行了相关性分析。具体结果如表7-5所示。在全样本组中，Wacc和Inv显著负相关，即加权平均资本成本越高，公司的投资支出越少。对于投资不足组，Wacc和Under-Xinvt显著正相关，也就是说加权平均资本成本越高，公司投资不足越严重；产权性质与投资不足负相关，但结果不显著。在投资过度组中，Wacc和Over-Xinvt显著负相关，即加权平均资本成本越高，公司投资过度的程度越低，公司投资效率越高；同时，产权性质同过度投资显著正相关，说明中国国有控股公司过度投资的程度要大于非国有控股公司。这些均符合研究假设。尽管各主要研究变量之间的相关系数大多显著，但变量相关性检验对实际回归结果的影响是有限的。

表7-5　　各主要研究变量相关性分析

全样本各研究变量相关性分析

	Inv	Wacc	State	Q	Lev	Cash	Age	Size	Ret	L-Inv
Wacc	-0.084***									
State	0.014	-0.133***								
Q	0.057***	0.140***	-0.181***							
Lev	-0.089***	-0.305***	0.114***	-0.393***						
Cash	0.065***	0.050***	-0.115***	0.234***	-0.360***					
Age	-0.177***	0.015	0.160***	-0.036***	0.244***	-0.195***				
Size	0.116***	-0.188***	0.237***	-0.336***	0.307***	-0.096***	0.187***			
Ret	0.020**	-0.114***	-0.004	0.412***	0.055***	-0.018*	0.051***	0.016		
L-Inv	0.423***	-0.071***	0.014	-0.049***	0.005	-0.047***	-0.214***	0.165***	-0.025***	
Cfo	0.159***	-0.062***	0.080***	0.146***	-0.119***	0.149***	-0.032***	0.077***	0.133***	0.156***

投资不足各组各研究变量相关性分析

	Under-Xinvt	Wacc	State	Q	Lev	Cash	Age	Size	Fcf
Wacc	0.091***								
State	-0.014	-0.114***							
Q	0.051***	0.152***	-0.171***						
Lev	-0.114***	-0.321***	0.104***	-0.398***					
Cash	-0.017	0.013	-0.101***	0.250***	-0.352				

投资不足组各研究变量相关性分析

	Under-Xinvt	Wacc	State	Q	Lev	Cash	Age	Size	Fcf
Age	-0.125***	0.030**	0.177***	-0.013	0.202***	-0.173***			
Size	-0.037	-0.201***	0.219***	-0.336***	0.314***	-0.068***	0.187***		
Cfo	0.110***	-0.050***	0.060***	0.149***	-0.129***	0.175***	-0.009	0.061***	
Fm	0.025*	0.140***	-0.051***	0.198**	-0.154***	-0.029**	0.011	-0.334***	-0.093***

投资过度组各研究变量相关性分析

	Over-Xinvt	Wacc	State	Q	Lev	Cash	Age	Size	Cfo
Wacc	-0.092***								
State	0.050***	-0.181***							
Q	0.070***	0.104***							
Lev	-0.087***	-0.272***	0.134***	-0.381***					
Cash	0.004	0.111***	-0.140***	0.215***	-0.387***				
Age	-0.132***	-0.001	0.151***	-0.075***	0.304***	-0.242***			
Size	0.047***	-0.164***	0.251***	-0.322***	0.290***	-0.137***	0.188***		
Cfo	0.171***	-0.072***	0.126***	0.140***	-0.115***	0.116***	-0.049***	0.116***	
Fm	-0.037**	0.103***	-0.088***	0.180***	-0.140***	-0.011	0.059***	-0.359***	-0.073***

注：表格中***、**、*分别表示相关统计量在1%、5%、10%统计水平上显著。

3. 实证结果分析

本部分内容利用多元回归分析考察各研究假设是否成立。表7-6报告了假设7.1的回归结果。列（1）和列（2）是在未加入产权性质虚拟变量情况下考察资本成本对公司新增投资支出的影响。从结果来看，不论是否加入控制变量，资本成本 Wacc 与新增投资支出 Inv 的回归系数 β_1 始终为负，且在1%水平上显著。这与预期一致，表明资本成本越高，企业的投资支出越低，即企业的资本成本与投资支出规模负相关。列（3）和列（4）是在前两列基础上进一步研究产权性质的影响，Wacc 与 Inv 仍然显著负相关，交叉项回归系数 β_3 显著为负，与预期一致，验证了国有控股会增大资本成本对投资规模的约束作用。假设7.1 得到验证。

表7-6　　　　　　　　　　假设7.1回归

自变量	新增投资支出（Inv）			
	基线回归		加入产权性质	
	控制变量：未加（1）	控制变量：加入年份行业、公司特征（2）	控制变量：未加（3）	控制变量：加入年份行业、公司特征（4）
Wacc	−0.491 ***	−0.601 ***	−0.575 ***	−0.612 ***
State	—	—	0.003 **	0.002
State × Wacc	—	—	−0.801 ***	−0.263 **
Q	—	0.003 ***	0.004 ***	0.003 ***
Q × State	—	—	−0.003 ***	−0.002
Lev	—	−0.031 ***	—	−0.031 ***
Cash	—	0.021 ***	—	0.020 ***
Age	—	−0.002 ***	—	−0.002 ***
Size	—	0.005 ***	—	0.005 ***
Ret	—	0.006 ***	—	0.006 ***
L_Inv	—	0.332 ***	—	0.330 ***
Cfo	—	0.049 ***	—	0.050 ***

续表

自变量	新增投资支出（Inv）			
	基线回归		加入产权性质	
	控制变量：未加（1）	控制变量：加入年份行业、公司特征（2）	控制变量：未加（3）	控制变量：加入年份行业、公司特征（4）
Cons	0.061 ***	− 0.041 **	0.035 **	− 0.061 ***
年份	—	控制	—	控制
行业	—	控制	—	控制
N	10340	10340	10340	10340
R – squared	0.70%	22.97%	1.74%	23.04%

注：表格中 ***、**、* 分别表示相关统计量在1%、5%、10%统计水平上显著。

表7−7给出了假设7.2的回归结果。当因变量为投资不足时，资本成本 Wacc 与投资不足的回归系数在基线回归下分别为0.160和0.154，均显著为正；这说明对于投资不足的公司，资本成本与投资不足正相关，即随着资本成本的增加会加剧公司的投资不足。引入产权性质后，列（4）的回归结果显示资本成本 WACC 对公司投资不足的回归系数 β_1 为0.152，仍然显著为正，交叉项回归系数 β_3 为 − 0.083，显著为负，这符合回归系数 $\beta_1 > \beta_1 + \beta_3 > 0$ 的预期，即对于投资不足的公司，国有产权能够缓解资本成本高估对公司投资不足的正相关效应。假设7.2得到验证。

表7−7　　　　　　　　　　　假设7.2回归

自变量	投资不足（Under – Xinvt）			
	基线回归		加入产权性质	
	控制变量：未加（1）	控制变量：加入年份行业、公司特征（2）	控制变量：未加（3）	控制变量：加入年份行业、公司特征（4）
Wacc	0.160 ***	0.154 ***	0.156 ***	0.152 ***
State	—	—	− 0.000	− 0.002 **

续表

自变量	投资不足（Under – Xinvt）			
	基线回归		加入产权性质	
	控制变量：未加（1）	控制变量：加入年份行业、公司特征（2）	控制变量：未加（3）	控制变量：加入年份行业、公司特征（4）
State × Wacc	—	—	– 0. 095 **	– 0. 083 *
Q	—	0. 001 ***	—	0. 001 ***
Lev	—	– 0. 004 **	—	– 0. 004 **
Cash	—	– 0. 007 ***	—	– 0. 008 ***
Age	—	– 0. 001 ***	—	– 0. 001 ***
Size	—	0. 001 **	—	0. 001 ***
Cfo	—	0. 019 ***	—	0. 020 ***
Fm		– 0. 000		– 0. 001
Cons	0. 026 ***	0. 013	0. 034 ***	0. 018 **
年份	—	控制	—	控制
行业	—	控制	—	控制
N	5749	5749	5749	5749
R – squared	0. 83%	9. 28%	0. 90%	9. 43%

注：表格中 *** 、 ** 、 * 分别表示相关统计量在1% 、5% 、10% 统计水平上显著。

179

表7－8 给出了假设7.3 的回归结果。当因变量为投资过度时，资本成本 Wacc 与投资过度的回归系数分别为 – 0. 352 和 – 0. 372，均显著为负，且在1%的水平下显著，这验证了资本成本与投资过度负相关的研究假设，即资本成本越高，投资过度的程度越低。加入产权性质建立交叉项后，加权平均资本成本 Wacc 对公司投资过度的回归系 β_1 为 – 0. 383，仍显著为负，交叉项系数 β_3 为 – 0. 261，也显著为负，这符合 $\beta_1 + \beta_3 < \beta_1 < 0$ 的研究预期，即对于投资过度的公司，国有产权会加剧资本成本低估对公司投资过度的影响。假设7.3 得到验证。

表 7 – 8　　　　　　　　　　　　假设 7.3 回归

| 自变量 | 投资过度（Over – Xinvt） | | | |
| | 基线回归 | | 加入产权性质 | |
	控制变量：未加（1）	控制变量：加入年份行业、公司特征（2）	控制变量：未加（3）	控制变量：加入年份行业、公司特征（4）
Wacc	– 0. 352 ***	– 0. 372 ***	– 0. 363 ***	– 0. 383 ***
State	—	—	0. 004 **	0. 001
State × Wacc	—	—	– 0. 504 ***	– 0. 261 **
Q	—	0. 003 ***	—	0. 003 ***
Lev	—	– 0. 014 **	—	– 0. 014 **
Cash	—	– 0. 025 ***	—	– 0. 025 ***
Age	—	– 0. 001 ***	—	– 0. 001 ***
Size	—	0. 003 ***	—	0. 003 ***
Cfo	—	0. 068 ***	—	0. 068 ***
Fm	—	– 0. 012	—	– 0. 012
Cons	0. 070 ***	0. 029	0. 052 ***	0. 015
年份	—	控制	—	控制
行业	—	控制	—	控制
N	3559	3559	3559	3559
R – squared	0. 85%	9. 58%	1. 39%	9. 70%

注：表格中 *** 、 ** 、 * 分别表示相关统计量在 1% 、5% 、10% 统计水平上显著。

4. 稳健性检验

为了进一步消除理查德森模型本身造成的回归偏差，借鉴陈运森和谢德仁（2011）的做法，将本书中投资不足组和投资过度组分别十等分，各剔除离 0 最近的一组数据。新样本数据回归结果表明上述实证结果是稳健的。本部分还做了如下稳健性检验。

（1）关于资本成本的稳健性测试。按照股权资本成本和债务资本成本各自的市值权数重新计算了加权平均资本成本 Wacc。市值权数即股权与债务的市值比例，具体算法为：W_d = 债务资本市值/总市值 = 债务资本账面价值/总市值，W$_e$ = 股权资本成本/总市值 = (总市值 - 债务资本账面价值)/总市值。在此基础上对样本进行了回归。表 7 - 9 给出各假设的回归结果，从表 7 - 9 可以看出重新计算后的样本数据表明上述实证结果是稳健的。

表 7 - 9　　　　　　　　　关于资本成本的稳健性检验

变量	假设 7.1	假设 7.2	假设 7.3
	新增投资支出（Inv）	投资不足（Under - Xinvt）	投资过度（Over - Xinvt）
Wacc	- 0.959 ***	0.277 ***	- 0.676 ***
State	0.003	- 0.004 ***	0.001
State × Wacc	- 0.462 ***	- 0.196 **	- 0.482 **
Q	0.002 **	0.001 **	0.003 **
Q × State	- 0.001	—	—
Lev	- 0.033 ***	- 0.001	- 0.025 ***
Cash	0.019 **	- 0.027 ***	- 0.003
Age	- 0.001 ***	- 0.001 ***	- 0.000
Size	0.004 ***	0.001 **	- 0.000
Ret	0.007 ***	—	—
L_Inv	0.307 ***	—	—
Cfo	0.061 ***	0.031 ***	0.099 ***
Fm	—	0.016 **	0.005
Cons	- 0.047 **	0.024 *	0.089 **
年份	控制	控制	控制
行业	控制	控制	控制
N	7955	4904	3051
R - squared	21.05%	9.44%	8.18%

注：表格中 ***、**、* 分别表示相关统计量在 1%、5%、10% 统计水平上显著。

（2）关于产权性质的稳健性测试。前文采用交叉项的方式研究了引入产权性质后公司资本成本对投资效率的影响，这里将原样本按照产权性质划分为非国有控股公司组和国有控股公司组两组分别进行回归。

回归结果见表 7-10。国有控股公司资本成本 Wacc 与投资支出的回归系数为 -0.676 明显大于非国有控股的投资 - 资本成本敏感性系数 -0.452，这符合假设 7.1 国有控股会增大资本成本对投资规模约束作用的预期。对于假设 7.2，国有控股公司资本成本 Wacc 与投资不足的回归系数分别为 0.121，明显低于非国有控股公司的 0.207，这与国有控股能够缓解资本成本高估导致的投资不足，提高公司投资效率的假设预期一致。对于假设 7.3，国有控股公司的 Wacc 与投资过度的回归系数为 -0.518，明显大于非国有控股公司的 -0.221，这与国有控股会加剧资本成本低估形成的投资过度，降低公司投资效率的预期一致。

表 7-10　　　　　　　　　关于产权性质的稳健性检验

变量	假设 7.1		假设 7.2		假设 7.3	
	新增投资支出（Inv）		投资不足（Under - Xinvt）		投资过度（Over - Xinvt）	
	非国有控股	国有控股	非国有控股	国有控股	非国有控股	国有控股
Wacc	-0.452 ***	-0.676 ***	0.207 ***	0.121 ***	-0.221 **	-0.518 ***
Q	0.005 ***	0.002	0.002 ***	0.001 **	0.007 ***	0.001
Lev	-0.024 ***	-0.034 ***	-0.005	-0.004 *	-0.005	-0.026 ***
Cash	0.033 ***	0.006	-0.013 ***	-0.005	-0.015	-0.031 **
Age	-0.002 ***	-0.001 ***	-0.001 ***	-0.001 ***	-0.001 ***	-0.001 ***
Size	0.005 ***	0.004 ***	0.001	0.001 ***	0.003	0.003 **
Ret	0.005 **	0.006 ***	——	——	——	——
L_Inv	0.300 ***	0.340 ***	——	——	——	——
Cfo	0.029 **	0.059 ***	0.023 ***	0.016 ***	0.057 ***	0.080 ***
Fm	-0.055 ***	-0.0480 ***	0.005	-0.005	-0.039 **	0.005
Cons	-0.024	-0.006	0.018	0.009	0.037	0.040
年份	控制	控制	控制	控制	控制	控制
行业	控制	控制	控制	控制	控制	控制
N	3786	6554	2079	3670	1324	2235
R - squared	23.46%	23.55%	9.73%	10.03%	12.83%	10.00%

注：表格中 *** 、 ** 、 * 分别表示相关统计量在 1%、5%、10% 统计水平上显著。

7.4　研　究　结　论

本章采用中国沪深 A 股非金融行业上市公司 2004～2012 年的财务数据，通过实证检验不同产权性质对企业投资资本成本敏感性和企业投资效率资本成本敏感性的影响，研究国有企业投资的资本成本双重约束效应现状。研究结论是：上市公司的资本成本与投资规模呈负相关关系，即资本成本对公司投资具有约束功能，而且国有控股会增大资本成本对投资规模的约束作用。进一步研究发现，资本成本和产权性质对公司的非效率投资行为具有影响效应，但对两类非效率投资行为的影响效应有所不同。对于公司投资不足行为，资本成本与投资不足正相关，国有控股能够缓解资本成本高估导致的投资不足，提高公司投资效率；对于投资过度行为，资本成本与投资过度负相关，但国有控股会加剧资本成本低估形成的投资过度，降低公司投资效率。

由此可见，资本成本是影响企业投资决策效率的关键性因素，同时具有对企业投资规模的约束功能和对非效率投资的融资影响效应，即资本成本对企业投资决策具有双重约束功能。同时，控股股东的产权性质不仅能够直接影响公司投资效率，而且还会影响公司投资效率的资本成本传导机制，上述结论为充分利用资本成本和控股股东性质对公司投资的影响作用来提高公司投资效率提供了理论依据，也为国有企业建立资本成本锚定的投资效率提升战略指明了方向。

第8章 财务柔性与资本成本锚定效应实证研究

资本成本作为投资决策的截止点，能否正常发挥其锚定作用，是决定企业投资效率的关键。财务柔性作为企业应对不确定性环境和利用投资机会的财务资源储备，在影响企业融资成本的同时，也会对企业投资决策行为产生影响。本章针对财务柔性对企业资本成本、投资行为以及资本成本锚定效应的影响作用进行实证研究，首先，从理论上分析财务柔性对缓解投资决策的融资约束与促进自由现金流过度投资倾向的不同作用，论证财务柔性对企业价值的双面影响效应。其次，分别针对现金柔性储备、债务柔性储备以及财务柔性储备综合指标对企业资本成本、投资规模以及投资资本成本敏感性的影响效应进行实证分析，探究财务柔性储备对企业投融资行为的影响效应，为企业进行合理而有预见性的财务柔性储备提高理论依据。

8.1 引　　言

一直以来，企业财务决策并存着自由现金流理论与财务柔性理论两种截然不同的指导理念，其中，自由现金流理念得到理论界更多的重视，财务柔性储备的重要意义被严重忽视。依据新古典投资理论，在理想状态下，公司投资规模取决于公司技术偏好和产出决定的投资机会，与公司的资本结构无关。也就是说，公司新增投资机会总是能够及时筹集到与其风险相应要求报酬率的足够资金，公司不需要进行财务柔性储备。同时，依据自由现金流理论，为了缓解管理层与股东之间的代理冲突，规避管理当局以自由现金流进行负净现值项目的投资过度，公司应该在满足了净现值为正的投资项目资金需求之后，把剩余的自由现金流全部分派给公司的投资者。

　　然而，构建于完美假设基础上的自由现金流理论，由于忽略了不确定性因素的冲击以及外部融资约束的客观存在，使其在对公司现实投融资行为进行解释的过程中遇到了严重困难。尤其是近年来，通胀态势延续、贸易保护主义抬头以及美元持续走强等国际因素对全球自由贸易和资本跨境流动形成重大影响，公司所处内外部环境的不确定性大大增加，为了及时把握投资机会，规避财务困境风险，财务柔性作为迅速获取筹资能力的可靠保障，不仅在公司财务风险管理实践中被广泛采纳，而且在理论上也开始得到诸多学者关注。岗巴和特里安迪斯（Gamba and Triantis，2008）提出财务柔性储备能够增加公司价值。在不确定环境下，高财务柔性公司具有更强的资金筹集能力来应对甚至利用不确定性事件，减轻由于缺乏融资机会而造成的投资不足，甚至避免财务危机，实现公司价值的增加。达钦等（Duchin et al.，2010）将金融危机视为外部信贷供应冲击，认为公司建立财务柔性储备能够缓解潜在的信贷约束。曾爱民、张纯和魏志华（2013）发现事前储备的财务柔性能够在有效缓解融资约束的基础上，更好地提升公司未来的财务业绩。阿尔斯兰等（Arslan et al.，2014）还发现高财务柔性公司更能够利用危机时较低的资本价格来把握投资机会。总之，企业设置财务柔性的意义在于对不确定性的缓冲、适应、协调甚至创新（赵华和张鼎祖，2010），是权变理论指导下的一种应变调整（刘明旭和向显湖，2014），储备财务柔性的企业更有能力处理外生冲击的不利影响（Yung et al.，2015）。为了能在不确定的经营环境中胜出，企业在进行财务政策选择时必须考虑财务柔性储备，以便对非预期投资机会和不利冲击做出灵活应对，更好地实现企业价值最大化目标（Graham and Harvey，2009；王满、许诺和于浩洋，2015）。

　　虽然上述研究证明了财务柔性储备对于企业面对不确定因素冲击有较好缓冲作用，对于缓解企业投资行为的融资约束具有积极作用。然而，这些研究主要基于投资与现金流敏感性视角，针对财务柔性对危机和风险的预防功能以及对投资决策融资约束的缓解功能进行研究。由于资本成本的测算比较困难，鲜有文献考虑财务柔性储备会对企业的资本成本造成怎样影响，或者财务柔性在能够有效缓解投资现金流敏感性的基础上，会对投资资本成本敏感性有怎样的影响？是否会降低资本成本对企业投资决策的基准约束功能？财务柔性的储备是否会成为资金资源的浪费而降低企业资本的获利能力？也就是说，鲜有文献从资本成本锚定效应视角来研究财务柔性储备对企业投资的影响效应。莫迪格莱尼和米勒（Modigliani and Miller, 1958）已经严谨证明了资本成本对公司投资决策的基准作用，在欧美国家公司投资的理论和实践中，作为投资决策截止点的资本成本也一直发挥着重要锚定作用。这使得基于资本成本锚定观视角来研究财务柔性储备对企业投资的影响效应具有重要的理论和现实价值。

　　基于此，本章针对财务柔性储备对企业资本成本以及投资行为的影响效应进行实证研究。主要贡献体现如下：一是研究发现现金财务柔性和负债财务柔性的储备不仅能够有效降低企业资本成本，提高企业投资水平，而且低财务柔性显著增加了投资的资本成本敏感性。即低于（高于）行业平均水平的现金持有水平（杠杆比率）增强了资本成本对投资支出的约束作用；但高财务柔性虽然能够降低企业资本成本，提高企业投资水平，却降低了资本成本对企业投资支出的约束作用，不利于提高企业投资效率。二是从理论上分析了财务柔性储备对缓解投资决策的融资约束与促进自由现金流投资过度倾向的不同作用，厘清了现金财务柔性与自由现金流的关系，论证了财务柔性对公司价值的双面影响效应。

8.2　理论分析与研究假设

　　财务柔性分为现金柔性和债务柔性，企业无论是储备现金柔性还是债务柔性都能够实现财务柔性的增加，同时，无论是现金柔性的储备还是债务柔性的储备，都会对企业的资本成本以及资本成本对企业投资的锚定效应产生影响。

8.2.1　财务柔性与资本成本

　　希金斯（Higgins, 1992）、吉尔森和华纳（Gilson and Warner,

1997）、岗巴和特里安迪斯（Gamba and Triantis，2008）将财务柔性定义为"企业以较低的成本获得和重组融资的能力"，格雷厄姆和哈维（Graham and Harvey，2009）认为财务柔性是"企业为未来扩张性投资机会积累负债融资能力或将支付债务利息义务最小化的能力"，这些具有代表性的定义初步证明财务柔性储备内含降低企业资本成本的目的与功能。优序融资理论认为企业面临融资需求时以资本成本降序排列进行资本结构选择。市场摩擦尤其是信息不对称和代理冲突，导致企业从外部筹集资本的代价升高（Stein，2003），内外源资本因成本上显著的异质性而无法满足自由和完全替代的假设。储备财务柔性的企业得益于柔性化的财务资源安排，在是否进行外部融资、择定外部融资规模上拥有更大的决策自主权和筹资渠道选择权，财务柔性储备越充实，越有利于企业通过合理安排资本结构和股权结构，发挥降低资本成本的主观能动性。

1. 现金柔性与资本成本

现金柔性来源于企业内部现金储蓄，具有自主性和完全流动性。企业储备现金柔性不仅能够及时主动防患现金流和投资机会的意外变化，而且其内源属性还能够带来资本成本的节约。一方面，它可以减少信息不对称程度和代理人掠夺以及与此相关的激励成本，降低投资者的预期风险和报酬率要求；另一方面，企业的现金柔性储备是投资者必要报酬的保障，投资者利益诉求主要以利息或股利的形式得以满足，因此，被投资企业储备一定的现金柔性对于债权人和偏好现金股利的股东而言具有十分重要的正面作用，投资者基于良好的收益预期，更加愿意向储备了现金柔性的企业提供资本；不仅如此，奥普勒等（Opler et al.，1999），阿尔梅达等（Almeida et al.，2004）发现，外部资本获取困难的公司，现金持有量往往更高。这是因为，当外部资金由于资本成本高昂而难以足额获取时，现金柔性储备可用以补足资本缺口（里迪克和怀特德（Riddick and Whited，2009）；林斯等（Lins et al.，2010），兼容内外源资金的资本结构相较纯外部融资的资本结构而言，具有更低的资本成本。

2. 债务柔性与资本成本

债务柔性是一种剩余负债能力，这种能力来源于公司杠杆比率的降

187

低（Goldstein et al., 2001; Jong et al., 2012; Denis and McKeon, 2012）。何平、金梦和陈辉（2010），阿伽和法夫（Agha and Faff, 2014）发现财务柔性会影响公司信用评级，因为低杠杆政策往往意味着高偿债能力，具有较低杠杆比率的企业或其发行的债券一般具有相对较高的信用评级，而信用评级越高，企业举债能力越强，举债成本越低；而且，低杠杆比率意味着较小偿付义务以及较低违约成本，企业因债务而陷入财务困境可能性较低，根据风险补偿原理，投资者的风险要价也会降低；此外，企业维持低杠杆水平，保留了在高资本需求期的借款期权（DeAngelo, 2008; DeAngelo and Whited, 2011），能避免以不利价格发行股票（Yung et al., 2015），极大提高了低成本获取外部资本的能力。因此提出如下假设：

假设 8.1：企业的财务柔性储备与资本成本负相关。即企业财务柔性储备越多，资本成本越低，财务柔性储备具有降低资本成本的作用。

8.2.2　资本成本对投资的锚定效应

资本成本是资本形成并参与项目投资的机会成本，是企业为资本使用权所付出的代价，这个价格为企业提供了衡量投资机会的标准。莫迪格莱尼和米勒（Modigliani and Miller, 1958）开创性的指出，作为决定企业价值创造实力的唯一活动，公司投资的截止点始终都是投资预期收益率与资本成本的平衡。直观来讲，一项投资当且仅当获得的收益高于或等于其占用资本的成本才是有意义的，在具体操作中，评价一个投资项目能否被接受的基本原则就是其内含报酬率（IRR）大于资本成本或以资本成本为折现率的净现值（NPV）大于零。在资本投资决策中，资本成本就像一只沉锚对投资支出起着牵引和约束的作用。

从资本预算的角度，资本成本升高将导致合意投资项目减少，降低公司的资本投资支出。从风险补偿的角度，资本成本是投资者基于风险承担而提出的报酬率要求，具体而言，资本成本是公司提供给长期投资者的不同收益率组合，债务资本成本是债权人基于违约风险和期限性风险而要求的利息率，权益资本成本是企业基于税后盈余所得的股利支付。利息和股利支付水平越高，公司用于再投资的现金资源或留存收益相对减少，资本支出规模亦受到限制。

　　基于资本成本锚定观，企业投资对资本成本敏感是价值最大化目标和投资理性的体现，脱离资本成本约束将导致资本配置低效甚至无效。董裕平（2007）在研究中发现公司投资对债务资本成本和权益资本成本均具有敏感性，回归系数为负且依序递减，其研究证明了上市公司投资决策的总体理性，也间接证明了异质资本的成本差异。刘洪玉、徐跃进和姜沛言（2015）将研究具体至房地产企业，基于资本成本对投资支出的约束理念，揭示了当前特殊背景下房地产行业蕴藏的风险。

　　探本溯源，财务中的资本成本概念萌芽于古典经济学的资本投资理论，利率降低时，企业因租赁资本的价格（资本成本）下降而加速资本支出；利率升高时，企业租赁资本的价格上涨，投资需求被抑制，企业将减少投资支出。乔根森（Jorgenson，1963）的新古典经济理论认为微观厂商的投资是一种资本存量的调整行为，合意资本存量即企业投资的最优状态会使得企业投资的边际收益等于资本租赁成本。由于市场噪音的存在，企业面临的资本供给并不具有完全弹性，何青（2006）运用新古典投资模型证明，存在较大资本存量调整成本的情况下，企业资本投资规模仍会对资本成本作出反向的积极变动。莫洪等（Mojon et al.，2002）、彭方平和王少平（2007）、徐明东和陈学彬（2012）出于对价格型货币政策工具有效性的研究，同样发现利率影响下的资本成本对公司的资本投资存在显著的负向影响。可见，资本成本决定于企业投资需求与投资者储蓄供给，尊重投资者利益、满足其报酬率要求是企业获得资金的前提，也是投资效率的判断基准。

　　因此，本书提出如下假设：

　　假设 8.2：企业资本成本与资本投资规模负相关。即企业的资本投资行为受资本成本锚定，资本成本越高，资本支出越少。

8.2.3　财务柔性与资本成本锚定效应

　　财务柔性是对意外投资机会的一种及时反应能力，作为一种资本获取策略，应对投资所需是企业储备财务柔性的重要动因。赵华和张鼎祖（2010）指出，财务柔性储备的资本特性随着投资需求的持续增加而具

189

有乘数效应化特征，潜在的财务柔性通过具体的公司财务活动而转化为现实的财务柔性。通过囤积现金形成财务柔性使得公司在投资于有利可图项目时，不必诉诸昂贵又耗时的外部融资。在一段时间内持续采取低杠杆策略的公司在之后往往具有更大的资本开支和异常投资，而资金恰恰来源于新发的低成本债务（Marchica and Mura，2010）。换言之，财务柔性储备是一种资本成本优势，这种优势为公司持续稳定的投资支出提供了相当的支撑，对于及时有效地承接投资项目、降低投资不足具有十分重要的意义。即财务柔性储备会由于其资本成本优势而增加公司的资本投资规模。

财务柔性储备不仅在数量上，而且在性质上影响着企业资本投资行为。财务柔性储备充实的企业，一方面会降低公司的投资不足，另一方面也可能会出现投资决策时忽略资本成本的约束，使投资规模偏离均衡位置出现投资过度的情况。王彦超（2009）、张会丽和陆正飞（2012）、张会丽和吴有红（2014）等均发现过于充实的现金柔性储备会引发企业投资过度。诚然，财务柔性储备能够降低企业获取资本的门槛和成本，但也因此牺牲了与自由现金流和杠杆相关的一些利益，比如对自由现金流进行分配在资本市场上的信号效应、债务资本的税盾和治理作用等。过高的财务柔性储备使公司免于承担严格的契约压力，但却极易加剧代理矛盾、诱发公司管理层或大股东的机会主义行为，最终导致投资效率下降和企业业绩滑坡（王文兵、干胜道和段华友，2013）。即基于预防性动机储备的财务资源也会形成企业缓冲和适应能力的冗余，虽然增加了企业抗风险能力，但却以资源浪费为代价，极具损害效率的嫌疑。

由此可见，财务柔性储备对投资效率的影响存在水平上的差异，过高的财务柔性储备会导致公司的资本支出脱离资本成本锚定，体现出投资的非理性特征，不利于效率提升，而稳健的财务柔性储备却会实现良好的投资效率提升效果。因此，提出如下假设：

假设8.3：企业财务柔性储备与资本投资规模正相关，即财务柔性储备能够促进企业的新增投资支出。但不同财务柔性储备水平对投资资本成本敏感性的影响不同，低财务柔性储备会增加投资的资本成本敏感性，高财务柔性储备会降低投资的资本成本敏感性。

8.3　研究设计与实证检验

8.3.1　研究设计

1. 核心变量设计

关于财务柔性变量，目前学界对财务柔性储备的衡量方法主要有三种：一是采用单一指标进行计量（Marchica and Mura，2010；顾乃康和万小勇，2011），如现金持有、资产负债率、留存收益等；二是采用多个指标相结合进行计量（曾爱民、傅元略和魏志华，2011；曾爱民、张纯和魏志华，2013；刘名旭和向显湖，2014）；三是采用一个综合指数进行计量（马春爱和韩新华，2014）。财务柔性是对各财务子系统柔性的综合调控，为了避免采用单一指标的片面性同时反映出各指标对财务柔性的贡献和差异，本章采用多指标结合法来测度公司的财务柔性储备（Ff）。具体见公式（8.1）。

$$Ff = Cf + Df \tag{8.1}$$

其中，Cf 为现金柔性储备，通过公司现金持有比率减去行业现金持有比率均值进行计算，Df 为债务柔性储备，选取行业负债比率均值减去企业负债比率的差值与零相比的较大值进行计算。以 Ff 的实际数值作为拟合依据，不同于现有采用哑变量形式进行的比较研究。

关于资本成本变量，本章采用 GGM 和 PEG 模型分别对权益资本成本进行估算，以其算数平均值作为公司的权益资本成本 R_E；采用利息支出与债务资本的比率估算债务资本成本 R_D，最后分别以所有者权益和总负债与资产总额的账面价值比率为权重计算得出加权平均资本成本 Wacc。之所以采用账面价值比率是因为账面价值与公司已经拥有的资本相关联，运用账面价值计算 Wacc 能够反映出公司已使用的资本要素成本。权益资本成本和债务资本成本的具体估算模型如下：

根据 PEG 模型，权益资本成本是 PEG 比率倒数的平方根，其具体公式为：

$$R_{E\_PEG} = \sqrt{\frac{Eps_2 - Eps_1}{P_0}} \qquad (8.2)$$

其中，Eps_1 与 Eps_2 分别为分析师预测的公司未来第 1 年和第 2 年的每股盈余，P_0 为上年股票价格，选取个股年末收盘价进行替代。

GGM 为 Gordon 股利增长模型，该模型基于固定增长的股利折现思想，具体公式为：

$$P_t = \sum_{i=1}^{T-1} \frac{Dps_{t+i}}{1 + R_{E\_GGM}} + \frac{Eps_{t+T}}{R_{E\_GGM}(1 + R_{E\_GGM})^{T-1}} \qquad (8.3)$$

其中，P_t 为 t 年股票价格，选取个股年末收盘价进行替代，Dps_{t+i} 为 t+i 期股利，Eps_{t+T} 为 t+T 期每股收益。计算中设置 T 值为 1，用现行股票价格推导权益资本成本 R_{E_GGM}。

采用利息支出与债务资本的比率作为债务资本成本 R_D，具体公式为：

$$R_D = \frac{Interests_t}{Paid\_Debt_t} \times (1 - T_t) \qquad (8.4)$$

其中，$Interests_t$ 为 t 年费用化利息与资本化利息之和，$Paid\_Debt_t$ 为 t 年带息负债，T_t 为 t 年公司适用的所得税税率。

2. 建立研究模型

综合考虑影响资本成本的各项因素并借鉴张淑英和杨红艳（2014），何玉、唐清亮和王开田（2014），汪平、邹颖和兰京（2015）的研究设计，建立模型（8.5）以检验假设 8.1。

$$Wacc_{i,t} = \alpha + \beta \times Ff_{it} - 1 + \eta Controls_{it} + Year\_FE + Industry\_FE + \varepsilon_{it}$$
$$(8.5)$$

模型（8.5）中，Wacc 为公司的资本成本，Ff 为财务柔性储备，Controls 为控制变量集合，包括与资本成本直接或间接相关的公司外部融资比例（Ext）、资本结构（Cst）、现金持有量（Cash）、总资产收益率（Roa）、公司规模（Size）、股权性质（Soe）、系统性风险（Beta）、投资机会（Tobinq）以及代理问题（Agent），Year_FE 和 Industry_FE 分别为年度和行业固定效应。该模型中，β 是主要测试变量，根据假设 8.1，本书预期 β 显著小于 0，即财务柔性储备与资本成本负相关。

借鉴顾乃康和万小勇（2011），陈红兵和连玉君（2013），曾爱民、张纯和魏志华（2013），陈艳、李鑫和李孟顺（2015）的研究设计，建立模型（8.6）以检验假设 8.2。

$$\text{Inv}_{it} = \alpha + \beta \times \text{Wacc}_{i,t} + \eta \text{Controls}_{it} + \text{Year\_FE} + \text{Industry\_FE} + \varepsilon_{it}$$

$$(8.6)$$

在模型（8.6）中，Inv 为公司的新增资本投资，Controls 为控制变量集合，包括可能影响公司资本投资的上期资本投资（Linv）、公司经营状况（Cfo）、投资机会（Tobinq）、总资产报酬率（Roa）、资产负债率（Lev）、公司规模（Size）、股权性质（Soe）以及上市年限（Age）。该模型中，β 是主要测试变量，根据假设 8.2，预期 β 显著小于 0，即公司资本成本与资本投资规模负相关。

在模型（8.6）的基础上，引入资本成本与财务柔性储备的交乘项，建立模型（8.7）以检验假设 8.3。

$$\text{Inv}_{it} = \alpha + \beta \times \text{Wacc}_{i,t} + \varphi \times \text{Wacc}_{i,t} \times \text{Ff}_{it-1} + \lambda \times \text{Ff}_{it-1} + \eta \text{Controls}_{it}$$
$$+ \text{Year\_FE} + \text{Industry\_FE} + \varepsilon_{it} \qquad (8.7)$$

在模型（8.7）中，φ 和 λ 是主要测试变量，根据假设 8.3，预期 λ 显著大于 0，即财务柔性储备与资本投资规模正相关；预期 φ 在低财务柔性组的回归结果中显著小于 0，在高财务柔性组的回归结果中显著大于 0，即低财务柔性储备会增加投资资本成本敏感性，高财务柔性储备会降低投资资本成本敏感性，不同财务柔性储备水平对投资效率的影响并不相同。

8.3.2　实证结果分析

本章初选样本为 2005～2015 年所有 A 股上市公司，在此基础上，进行了如下筛选：（1）剔除具有特殊资本结构的金融保险类上市公司；（2）剔除 ST 类上市公司；（3）剔除 2 种权益资本成本估算值同时缺省的年度观察值；（4）剔除资产负债率大于 1 的年度观察值；（5）根据模型剔除控制变量缺省的年度观察值。由此形成的面板数据共计 988 家公司，9500 个年度观察值。数据来源于 CSMAR 数据库、Wind 数据库和金融界网站。最后，对所有连续变量在 1st 和 99th 百分位上进行了 Winsorize 处理，以消除离群值对回归结果的影响。统计分析采用的是软件 Stata 14.0。主要变量的定义如表 8－1 所示。

表 8 – 1   主要变量定义

变量名	变量说明
Inv	资本投资，固定资产、在建工程、工程物资、长期投资和无形资产的净增加额之和除以年初资产总额
Cfo	经营状况，经营活动净现金流量除以资产总额
Lev	负债比率，负债总额除以总资产总额
Cst	资本结构，负债总额除以所有者权益合计
Ext	外部融资比率，长短期负债与总股本之和除以资产总额
Age	上市年限，公司截至年末的上市年限
Roa	总资产报酬率，净利润除以平均资产总额
Soe	股权性质，实际控制人性质为国有时赋值为 1，其他为 0
Size	公司规模，总资产取自然对数
Beta	系统性风险，公司的风险评价系数 β，取自国泰安数据库
Cash	现金持有量，货币资金与短期投资之和除以资产总额
Debt	借款总额，短期借款、一年内到期的长期借款、长期借款、应付债券、长期应付款、其他长期负债之和除以资产总额
Agent	代理问题，管理费用除以资产总额
Tobinq	投资机会，市值除以资产总额

1. 描述性统计

模型主要变量的基本统计特征如表 8 – 2 所示，分组方法采用百分位判定法。首先将面板数据按照 Ff 做升序排列，然后将财务柔性储备高于第 70 百分位样本作为高财务柔性组（High Ff 组），将低于第 30 百分位样本作为低财务柔性组（Low Ff 组）。需要说明的是，Ff 数值较低并非意味着企业完全没有财务柔性，根据自由现金流理论和主流资本结构理论，较低的现金持有和较高的杠杆比率仍然存在极大财务价值，因此，不同于先前研究如陈红兵和连玉君（2013）等，本书将 Ff 分布于低位的公司归为低财务柔性样本而非无财务柔性样本。根据表 8 – 2 所示数据分布可知：我国上市公司整体年均新增投资率为 0.044；平均资本成本为 0.062；现金柔性储备中位数为 – 0.024，债务柔性储备中位数为 0，说明半数以上企业现金持有量（杠杆比率）低于（高于）行业平均水平。对分组子样本进一步分析发现，位于低财务柔性组中的企业现金柔性储备与债务柔性储备均明显低于高财务柔性组中企业，低财务柔性组中的企业现金柔性储备均为负值，债务柔性储备平均水平仅为 0.004；高财务柔性组中的企业现金柔性储备均值和中位数分别为 0.090 和 0.083，均远大于 0，债务柔性储备平均水平则高达 0.163。根据描述性统计结果，我们可以发现，我国上市企业倾向于同时同向调整现金持有量和财务杠杆比率来实现财务资源的柔性化安排（高现金与低杠杆为同向、低现金与高杠杆为同向）。

表 8 - 2   基于财务柔性储备水平分组的描述性统计

项目	变量名	最小值	平均值	中位数	最大值	标准差
Total（总样本）	Inv	-0.118	0.044	0.019	0.433	0.087
	Wacc	0.002	0.062	0.053	0.648	0.042
	Ff	-0.240	0.068	0.023	0.981	0.165
	Cf	-0.264	0.000	-0.024	0.587	0.106
	Df	0.000	0.068	0.000	0.592	0.102
Low Ff 组（子样本）	Inv	-0.118	0.055	0.025	0.433	0.096
	Wacc	0.002	0.056	0.048	0.359	0.035
	Ff	-0.240	-0.078	-0.073	-0.030	0.034
	Cf	-0.240	-0.083	-0.078	-0.030	0.035
	Df	0.000	0.004	0.000	0.175	0.015
High Ff 组（子样本）	Inv	-0.118	0.032	0.012	0.433	0.076
	Wacc	0.002	0.071	0.061	0.648	0.049
	Ff	0.090	0.253	0.210	0.981	0.145
	Cf	-0.192	0.090	0.083	0.587	0.120
	Df	0.163	0.163	0.160	0.592	0.118

主要变量的组间单变量均值差异检验如表 8 - 3 所示，其中资本投资、资本成本、现金柔性储备以及债务柔性储备水平在两组之间存在显

著差异，初步说明本书分组方法合理可行。

表 8 – 3 基于财务柔性储备水平分组的单变量检验

变量名	均值检验（t 值）
Inv	10. 434 ***
Wacc	– 14. 312 ***
Ff	– 120. 000 ***
Cf	– 77. 517 ***
Df	– 74. 797 ***

注：***、**、*分别表示相关统计量在1%、5%、10%统计水平上显著。

2. 样本回归结果和分析

使用混合回归（Pooled OLS）、固定效应（FE）和随机效应（RE）三种方法分别对模型（8.5）进行回归，同时作 LR 检验、B – P LM 检验和 Hausman 检验，检验结果拒绝了 Pooled OLS 和 RE，因此，本书采用 FE 对模型（8.5）进行估计。由于面板数据兼具截面数据与时间序列特征，可能导致估计所依赖的同方差假设、序列无关假设以及截面不相关假设无法成立，进而致使估计无效。因此，本书对面板数据分别作组间异方差检验、序列相关检验和截面相关检验，然后分别采用对应的估计方法进行回归。回归结果如表8.4所示。财务柔性储备项前系数均显著为负，主要测试变量符号符合预期，验证了假设8.1，即公司的财务柔性储备与资本成本负相关。控制变量中，资本结构、总资产报酬率、投资机会的系数均显著为正，表明债务融资比例越高、资产获利能力越强、投资机会越多，投资者要求的报酬率就越高。公司规模系数显著为负，说明公司规模越小，抵御风险能力越弱，市场将对其要求更高的风险补偿；系统性风险系数也显著为负，这说明在我国资本流动高度波动的形势下，系统性风险高升时，投资者的资本回报反而越低，折射出我国资本市场对投资者利益的保护机制还不完善的现状。

表 8 - 4　　　　　　　　　模型（8.5）的回归结果

因变量：Wacc				
自变量	异方差估计	一阶相关估计	高阶相关估计	截面相关估计
Ff	- 0.011 ** (0.040)	- 0.013 *** (0.004)	- 0.011 ** (0.026)	- 0.011 ** (0.036)
Cst	0.005 *** (0.009)	0.005 *** (0.003)	0.005 *** (0.004)	0.005 *** (0.009)
Ext	- 0.003 (0.685)	- 0.010 (0.162)	- 0.003 (0.636)	- 0.003 (0.675)
Roa	0.281 *** (0.000)	0.275 *** (0.000)	0.281 *** (0.000)	0.281 *** (0.000)
Soe	0.004 (0.298)	0.001 (0.712)	0.004 (0.216)	0.004 (0.259)
Cash	0.003 (0.657)	- 0.004 (0.563)	0.003 (0.648)	0.003 (0.688)
Debt	- 0.017 * (0.078)	- 0.006 (0.511)	- 0.017 * (0.073)	- 0.017 (0.104)
Beta	- 0.008 *** (0.002)	- 0.008 *** (0.001)	- 0.008 *** (0.000)	- 0.008 *** (0.000)
Size	- 0.024 *** (0.000)	- 0.028 *** (0.000)	- 0.024 *** (0.000)	- 0.024 *** (0.000)
Agent	- 0.003 (0.569)	0.003 (0.286)	- 0.003 (0.000)	- 0.003 (0.150)
Tobinq	0.006 *** (0.000)	0.006 *** (0.000)	0.006 *** (0.000)	0.006 *** (0.000)
Industry and Year	Yes	Yes	Yes	Yes
R - square	24.5%	20.9%	24.5%	24.5%
N	8511	7523	8511	8511

注：*** 、 ** 、 * 分别表示相关统计量在1%、5%、10%统计水平上显著，括号内为 p 值。

由于模型（8.6）和模型（8.7）解释变量中含有被解释变量的滞后项，Pooled OLS、FE、RE 均为有偏估计。根据鲁德曼（Roodman，

197

2006）、万德梅杰（Windmeijer，2005）、李群峰（2010），由于无须基于随机误差项的分布假设且允许异方差和序列相关的存在，GMM（广义矩估计）对于动态面板的估计更加有效，因此，本书采用 GMM 对模型（8.6）和模型（8.7）进行估计。GMM 包括差分 GMM 和系统 GMM，差分 GMM 采用水平值的滞后项作为差分方程的工具变量，存在弱工具变量的问题，且无法估计不随时间变化的变量，而系统 GMM 进一步采用差分方程的滞后项作为水平值的工具变量，在增加可用工具变量的同时将差分 GMM 融合进来，估计效果较好。因此，本书最终采用系统 GMM 对模型（8.6）和模型（8.7）进行回归。

模型（8.6）和模型（8.7）的回归结果如表 8 - 5 所示。其中，模型（8.6）的回归结果显示，资本成本项前系数在 1% 的水平显著为负，说明公司投资的资本成本敏感性总体为负，体现出资本成本对公司投资行为的锚定作用。主要测试变量符号符合预期，验证了假设 8.2。控制变量中，负债比率、公司规模、投资机会均与资本投资正相关，表明公司的资本支出规模还受到财务杠杆、资产规模和未来发展潜力的积极影响。AR（2）检验和 Sargan 检验结果均不能拒绝原假设，表明 GMM 估计模型的干扰项不存在显著的二阶序列相关，工具变量的选取也是合理有效的。模型（8.7）的回归结果显示，资本成本项前系数均在 1% 的水平下显著为负，进一步验证了假设 8.2；财务柔性储备项前系数均在 1% 的水平下显著为正，说明公司储备的财务柔性促进了公司的资本投资，增加了投资规模；总样本回归中，资本成本与财务柔性储备的交乘项系数缺乏统计显著性，这可能是由于总样本特征掩盖了财务柔性作用于投资资本成本敏感性的具体方向。为了探究财务柔性储备对投资资本成本敏感性影响的确切途径，本书对模型（8.7）进行了分组回归。结果显示：在低财务柔性组子样本中，资本成本与财务柔性储备的交叉项系数在 1% 的水平下显著为负，这意味着财务柔性储备不仅能够有效提高资本投资水平，而且低财务柔性储备还能增加投资的资本成本敏感性。投资资本成本敏感性的增加说明公司的资本投资更加依赖外部融资，也就是说，财务柔性较低的上市公司，其资本投资行为受到的资本市场锚定作用被增强，其投资行为比较接近于理性和有效；而高财务柔性组子样本的回归结果显示，资本成本与财务柔性储备的交乘项系数在 5% 的水平下显著为正，这意味着尽管财务柔性储备能够促进资本支出，提高投资规模，但过高的财务柔性储备却显著降低了投资的资本成本敏感性，弱化了资本成本对资本投资的锚定作用，不利于提高公司投资效率。综上所述，主要测试变量符号符合预期，假设 8.3 得证。此外，通过控制变量在不同分组中的回归系数可知，财务柔性储备不仅影响了资本成本对投资支出的锚定作用，还改变了经营活动净现金流、上市年限、资产获利能力和股权性质等财务、非财务特征作用于资本投资的强度或方向。

表 8 - 5　　　　　模型（8.6）和模型（8.7）的回归结果

自变量	模型（8.6）	模型（8.7）		
		Total	Low Ff 组	High Ff 组
Linv	0.304 *** (0.000)	0.284 *** (0.000)	0.276 *** (0.000)	0.229 *** (0.000)
Wacc	-0.104 *** (0.001)	-0.109 *** (0.001)	-0.219 *** (0.000)	-0.100 *** (0.002)
Wacc × Ff	—	-0.110 (0.372)	-0.880 *** (0.001)	0.234 ** (0.034)
Ff	—	0.215 *** (0.000)	0.357 *** (0.000)	0.074 *** (0.000)
Cfo	0.008 (0.561)	0.054 *** (0.000)	0.044 * (0.052)	-0.003 (0.850)
Lev	0.098 *** (0.000)	0.097 *** (0.000)	0.188 *** (0.000)	0.069 *** (0.000)
Age	0.002 (0.516)	0.001 (0.703)	-0.005 (0.174)	-0.003 ** (0.015)
Roa	0.054 (0.107)	0.059 * (0.078)	0.169 *** (0.000)	0.044 (0.172)
Soe	0.003 (0.797)	0.004 (0.724)	-0.019 (0.182)	0.015 * (0.097)
Size	0.045 *** (0.000)	0.050 *** (0.000)	0.022 *** (0.005)	0.024 *** (0.002)

因变量：Inv

续表

自变量	模型（8.6）	模型（8.7）		
		Total	Low Ff 组	High Ff 组
因变量：Inv				
Tobinq	0.005 *** （0.001）	0.005 *** （0.001）	0.007 *** （0.006）	0.003 ** （0.044）
Industry and Year	Yes	Yes	Yes	Yes
AR（2）（p-value）	0.338	0.350	0.142	0.391
Sargan（p-value）	23.7%	13.2%	29.2%	11.4%
N	8512	8512	2811	2875

注：*** 、** 、* 分别表示相关统计量在 1%、5%、10% 统计水平上显著，括号内为 p 值。

3. 进一步研究

以财务柔性储备的综合指标作为回归变量，并不能探求现金柔性储备与债务柔性储备两种财务能力之间的差异，也无法明确公司对两种财务能力的选择机制。因此，有必要对现金柔性储备和债务柔性储备作进一步研究，对比二者对资本成本、资本投资和投资效率作用强度的差异，以期为上市公司如何合理选择和科学安排两种财务能力提供一定的经验参考。

进一步研究涉及对现金柔性储备和债务柔性储备两变量估计系数的比较，为了保证对比可行，本书首先对二者进行标准化处理，然后同时采用混合回归（Pooled OLS）、面板固定效应（FE）和系统 GMM 三种方法对模型（8.5）和模型（8.7）进行回归，其中对模型（8.5）的系统 GMM 回归采用广义矩算法下的最小二乘估计。在估计动态面板时，虽然 Pooled OLS 和 FE 估计值分别上偏于和下偏于需要估计的真实值，但是二者却决定了真实值的上界和下界，构成了真实值的合理区间（Roodman，2006），在对参数进行数值比较时，仍然具有重要的参考意义。

模型（8.5）的分类回归结果如表 8-6 所示。根据回归结果，除了现金柔性储备与资本成本的 FE 回归系数不显著之外，现金柔性储备和债务柔性储备均与资本成本显著负相关。相较而言，现金柔性储备对资本成本的负向效应要显著小于债务柔性储备，这意味着与内部现金储备相比，公司的剩余负债能力能够更加有效地降低资本成本。这可能是现金资源的完全流动性所致，以持有货币资金为主要手段的现金柔性储备使得公司在外部融资昂贵或者耗时较多时，能够快速资助投资机会。现金柔性储备在投资需求出现时即被及时释放，对降低后期资本成本的作用十分有限。而债务柔性储备本身就是一种尚未使用的举债能力，是一种借款期权，其弱于现金资源流动性的特征正是其能够明显降低公司后期资本成本的主要原因。

表 8 - 6　　　　　　　　　模型（8.5）的分类回归结果

因变量：Wacc						
自变量	现金柔性储备			债务柔性储备		
	Pooled OLS	FE	GMM	Pooled OLS	FE	GMM
Cf	-0.009 * (0.099)	-0.003 (0.585)	-0.009 ** (0.034)	—	—	—
Df	—	—	—	-0.019 *** (0.002)	-0.027 *** (0.000)	-0.019 *** (0.000)
Cst	0.002 (0.152)	0.005 *** (0.001)	0.002 * (0.065)	0.003 ** (0.024)	0.006 *** (0.000)	0.003 *** (0.004)
Ext	0.033 *** 0.000	-0.007 0.193	0.033 *** 0.000	0.043 *** 0.000	0.002 0.700	0.043 *** 0.000
Roa	0.289 *** (0.000)	0.281 *** (0.000)	0.289 *** (0.000)	0.288 *** (0.000)	0.279 *** (0.000)	0.288 *** (0.000)
Soe	-0.004 *** (0.000)	0.004 (0.247)	-0.004 *** (0.000)	-0.004 *** (0.000)	0.004 (0.233)	-0.004 *** (0.000)
Cash	-0.013 ** (0.025)	-0.000 (0.952)	-0.013 *** (0.004)	-0.019 *** (0.000)	-0.001 (0.800)	-0.019 *** (0.000)
Debt	-0.021 *** (0.000)	-0.011 (0.177)	-0.021 *** (0.000)	-0.034 *** (0.000)	-0.024 *** (0.006)	-0.034 *** (0.000)
Beta	0.001 (0.746)	-0.008 *** (0.000)	0.001 (0.676)	0.001 (0.693)	-0.008 *** (0.000)	0.001 (0.611)

	因变量：Wacc					
自变量	现金柔性储备			债务柔性储备		
	Pooled OLS	FE	GMM	Pooled OLS	FE	GMM
Size	0. 002 *** (0. 000)	− 0. 024 *** (0. 000)	0. 002 *** (0. 000)	0. 002 *** (0. 000)	− 0. 024 *** (0. 000)	0. 002 *** (0. 000)
Agent	0. 001 (0. 439)	− 0. 003 * (0. 070)	0. 001 (0. 319)	0. 002 (0. 288)	− 0. 003 (0. 118)	0. 002 (0. 171)
Tobinq	0. 005 *** (0. 000)	0. 006 *** (0. 000)	0. 005 *** (0. 000)	0. 005 *** (0. 000)	0. 006 *** (0. 000	0. 005 *** (0. 000)
Industry and Year	Yes	Yes	Yes	Yes	Yes	Yes
R – square	32. 1%	24. 5%	—	32. 2%	24. 6%	—
N	8511	8511	8511	8511	8511	8511

注：*** 、** 、* 分别表示相关统计量在1%、5%、10%统计水平上显著，括号内为 p 值。

模型（8.7）的分类回归结果如表8－7、表8－8所示。其中，表8－7为低财务柔性组的分类回归结果。结果显示，公司的现金柔性储备和债务柔性储备均与资本投资在1%的水平下正相关，说明现金柔性储备和债务柔性储备均能够显著提高公司的资本投资水平。相较而言，债务柔性储备对资本投资的边际促进效应要显著大于现金柔性储备。通过比较交乘项系数，可以发现，现金柔性储备比债务柔性储备更加显著地增加了投资的资本成本敏感性。公司的现金柔性储备即用即释放，跨期降低资本成本的能力十分有限，导致资本成本对公司投资的约束作用显著增强。

表8－7　　　　模型（8.7）的分类回归结果（低财务柔性组）

	因变量：Inv					
自变量	现金柔性储备			债务柔性储备		
	Pooled OLS	FE	GMM	Pooled OLS	FE	GMM
Linv	0. 347 *** (0. 000)	0. 126 *** (0. 000)	0. 272 *** (0. 000)	0. 343 *** (0. 000)	0. 144 *** (0. 000)	0. 265 *** (0. 000)
Wacc	− 0. 128 ** (0. 013)	− 0. 171 *** (0. 005)	− 0. 217 *** (0. 000)	− 0. 089 * (0. 079)	− 0. 148 ** (0. 016)	− 0. 247 *** (0. 000)

续表

自变量	因变量：Inv					
	现金柔性储备			债务柔性储备		
	Pooled OLS	FE	GMM	Pooled OLS	FE	GMM
Wacc × Cf	− 1. 957 *** (0. 000)	− 1. 414 ** (0. 022)	− 1. 384 *** (0. 004)	—	—	—
Cf	0. 394 *** (0. 000)	0. 433 *** (0. 000)	0. 367 *** (0. 000)	—	—	—
Wacc × Df	—	—	—	− 1. 245 ** (0. 027)	− 0. 958 (0. 136)	− 1. 114 *** (0. 000)
Df	—	—	—	0. 654 *** (0. 000)	0. 664 *** (0. 000)	0. 505 *** (0. 000)
Cfo	0. 082 *** (0. 000)	0. 014 (0. 619)	0. 027 (0. 224)	0. 063 *** (0. 004)	− 0. 005 (0. 845)	0. 021 (0. 176)
Lev	0. 064 *** (0. 000)	0. 078 *** (0. 009)	0. 180 *** (0. 000)	0. 130 *** (0. 000)	0. 120 *** (0. 000)	0. 134 *** (0. 000)
Age	− 0. 000 (0. 308)	− 0. 026 *** (0. 001)	− 0. 005 (0. 182)	− 0. 001 ** (0. 019)	− 0. 032 *** (0. 000)	− 0. 008 *** (0. 000)
Roa	0. 101 *** (0. 006)	0. 143 *** (0. 004)	0. 152 *** (0. 000)	0. 175 *** (0. 000)	0. 200 *** (0. 000)	0. 129 *** (0. 000)
Soe	− 0. 000 (0. 918)	0. 000 (0. 985)	− 0. 024 (0. 118)	0. 000 (0. 979)	0. 002 (0. 899)	− 0. 025 *** (0. 006)
Size	0. 006 *** (0. 000)	0. 029 *** (0. 000)	0. 022 *** (0. 007)	0. 006 *** (0. 000)	0. 030 *** (0. 000)	0. 033 *** (0. 000)
Tobinq	0. 006 *** (0. 002)	0. 009 *** (0. 002)	0. 006 *** (0. 008)	0. 005 *** (0. 009)	0. 010 *** (0. 000)	0. 007 *** (0. 000)
Industry and Year	Yes	Yes	Yes	Yes	Yes	Yes
R − square	26. 6%	13. 9%	—	27. 1%	13. 6%	—
AR (2) (p-value)	—	—	0. 133	—	—	0. 140
Sargan (p-value)	—	—	0. 313	—	—	0. 451
N	2811	2811	2811	2811	2811	2811

注：*** 、** 、* 分别表示相关统计量在1% 、5% 、10% 统计水平上显著，括号内为p值。

表 8-8 为高财务柔性组的分类回归结果。结果显示，公司的现金柔性储备和债务柔性储备均与资本投资至少在 5% 的水平下显著正相关，说明现金柔性储备和债务柔性储备均能够显著提高公司的资本投资水平。相较而言，债务柔性储备对资本投资的边际促进效应要显著大于现金柔性储备。通过比较交乘项系数发现，在此样本中，相较高额现金持有，以低位杠杆比率形式储备的潜在债务融资能力更加显著地降低了投资的资本成本敏感性。

表 8-8　　　模型（8.7）的分类回归结果（高财务柔性组）

自变量	因变量：Inv					
	现金柔性储备			债务柔性储备		
	Pooled OLS	FE	GMM	Pooled OLS	FE	GMM
Linv	0.286 *** (0.000)	0.075 *** (0.000)	0.147 *** (0.000)	0.289 *** (0.000)	0.078 *** (0.000)	0.185 *** (0.000)
Wacc	−0.064 ** (0.047)	−0.071 * (0.067)	−0.049 ** (0.013)	−0.077 ** (0.018)	−0.039 (0.315)	−0.010 (0.664)
Wacc × Cf	0.173 (0.336)	0.166 (0.420)	0.820 *** (0.000)	—	—	—
Cf	0.037 ** (0.040)	0.109 *** (0.000)	0.048 *** (0.003)	—	—	—
Wacc × Df	—	—	—	0.304 *** (0.007)	0.346 *** (0.006)	0.350 *** (0.000)
Df	—	—	—	0.082 *** (0.000)	0.135 *** (0.000)	0.174 *** (0.000)
Cfo	−0.016 (0.339)	0.001 (0.964)	−0.041 *** (0.000)	−0.016 (0.327)	−0.026 (0.206)	−0.039 *** (0.000)
Lev	0.022 ** (0.024)	0.026 (0.212)	0.074 *** (0.000)	0.095 *** (0.000)	0.083 *** (0.000)	0.078 *** (0.000)
Age	−0.001 *** (0.000)	−0.004 (0.451)	−0.005 *** (0.000)	−0.001 *** (0.000)	−0.007 (0.227)	−0.008 *** (0.000)
Roa	0.051 ** (0.026)	0.000 (0.994)	−0.039 ** (0.022)	0.064 *** (0.005)	0.022 (0.500)	0.029 * (0.095)

自变量	因变量：Inv					
	现金柔性储备			债务柔性储备		
	Pooled OLS	FE	GMM	Pooled OLS	FE	GMM
Soe	−0.009 *** (0.001)	0.014 (0.418)	−0.028 *** (0.000)	−0.008 *** (0.003)	0.006 (0.735)	−0.017 ** (0.044)
Size	0.007 *** (0.000)	0.022 *** (0.000)	0.056 *** (0.000)	0.007 *** (0.000)	0.026 *** (0.000)	0.048 *** (0.000)
Tobinq	0.004 *** (0.002)	0.004 *** (0.006)	0.006 *** (0.000)	0.004 *** (0.001)	0.005 *** (0.002)	0.009 *** (0.000)
Industry and Year	Yes	Yes	Yes	Yes	Yes	Yes
R − square	0.187	0.062	—	0.194	0.066	—
AR（2） (p-value)	—	—	0.798	—	—	0.581
Sargan (p-value)	—	—	0.298	—	—	0.241
N	2875	2875	2875	2875	2875	2875

注：***、**、*分别表示相关统计量在1%、5%、10%统计水平上显著，括号内为 p 值。

4. 稳健性检验

上述主体回归中，本书对模型估计方法做了谨慎的筛选，一定程度上保证了回归结果的有效性。为了使研究结论更加可靠，下面从不同角度对模型（8.5）、模型（8.6）和模型（8.7）的回归结果进行稳健性测试。

一是模型（8.5）主体回归采用的因变量是加权平均资本成本，现分别采用权益资本成本 R_E 和债务资本成本 R_D 作因变量进行回归检验。回归时，使用 Stata 14 中的 xtscc 程序作固定效应模型估计，因为当面板数据异方差、序列相关以及截面相关性质未知时，xtscc 提供了一种综合的保守估计方法。回归结果如表 8 − 9 所示。财务柔性储备、债务柔性储备和现金柔性储备项前系数均显著为负。测试结果与主体回归保持一致。

表 8 - 9　　　　　　　模型（8.5）的稳健性检验结果

自变量	因变量：R_E		因变量：R_D	
	回归系数	P 值	回归系数	P 值
Ff	− 0.022 ***	0.000	− 0.012 ***	0.001
Controls	Yes		Yes	
Industry and Year	Yes		Yes	
R − square	0.523		0.096	
N	8511		8511	
Cf	− 0.011 *	0.080	− 0.012 ***	0.000
Controls	Yes		Yes	
Industry and Year	Yes		Yes	
R − square	0.523		0.091	
N	8511		8511	
Df	− 0.051 ***	0.000	− 0.016 *	0.100
Controls	Yes		Yes	
Industry and Year	Yes		Yes	
R − square	0.524		0.091	
N	8511		8511	

注：*** 、** 、* 分别表示相关统计量在1%、5%、10%统计水平上显著。

　　二是模型（8.6）和模型（8.7）主体回归采用的因变量资本投资（Inv），以资产负债表中资本存量变化值来衡量，现采用现金流量表的资本流量即本期构建固定资产、无形资产和其他长期资产所支付的现金减去处置固定资产、无形资产和其他长期资产收回的现金净额除以年初总资产作为资本投资的替代变量（Inv_cfs），并采用系统 GMM 对模型（8.6）和模型（8.7）重新进行估计，结果如表 8 - 10 所示。模型（8.6）的测试结果显示，资本成本项前系数在1%的水平下显著为负，测试结果与模型（8.6）的主体回归相一致。模型（8.7）的测试结果显示，在总样本和分组回归中，财务柔性储备项前系数均在1%的水平下显著为正，并且，在低财务柔性组子样本中，资本成本与财务柔性储备的交乘项系数在1%的水平下显著为负，在高财务柔性组子样本中，资本成本与财务柔性储备的交乘项系数在 1% 的水平显著为正。测试结果与文中模型（8.7）的主体回归保持一致。

表 8 – 10　　　模型（8.6）和模型（8.7）的稳健性检验结果

自变量	模型（8.6）	模型（8.7）				
		因变量：Inv_cfs				
		Total	Low Ff 组	High Ff 组	行业中位数分组	
					Low Ff 组	High Ff 组
Linv_cfs	0.361 *** (0.000)	0.126 *** (0.000)	0.055 *** (0.000)	0.250 *** (0.000)	0.318 *** (0.000)	0.226 *** (0.000)
Wacc	− 0.067 *** (0.004)	− 0.157 *** (0.000)	− 0.098 * (0.065)	− 0.044 ** (0.045)	− 0.086 * (0.069)	− 0.061 * (0.073)
Wacc × Ff	—	0.128 ** (0.018)	− 1.371 *** (0.000)	0.181 *** (0.000)	− 1.082 ** (0.015)	0.387 *** (0.003)
Ff	—	0.161 *** (0.000)	0.425 *** (0.000)	0.061 *** (0.000)	0.385 *** (0.000)	0.047 ** (0.045)
Cfo	− 0.029 *** (0.002)	0.021 *** (0.001)	− 0.004 (0.845)	0.013 (0.152)	0.083 *** (0.000)	0.009 (0.468)
Lev	0.041 *** (0.005)	0.121 *** (0.000)	0.146 *** (0.000)	0.001 (0.932)	0.141 *** (0.000)	0.059 *** (0.001)
Age	− 0.002 (0.721)	− 0.006 *** (0.000)	0.007 (0.222)	− 0.005 *** (0.000)	0.004 (0.465)	− 0.003 * (0.075)
Roa	0.044 ** (0.026)	0.048 *** (0.001)	0.065 * (0.060)	− 0.061 *** (0.000)	0.123 ** (0.010)	0.030 (0.359)
Soe	− 0.009 (0.289)	0.032 *** (0.000)	− 0.002 (0.861)	− 0.017 ** (0.012)	− 0.016 (0.254)	− 0.003 (0.768)
Size	0.031 *** (0.000)	0.010 *** (0.000)	0.032 *** (0.000)	0.038 *** (0.000)	0.055 *** (0.000)	0.025 *** (0.001)
Tobinq	0.006 *** (0.000)	0.009 *** (0.000)	0.012 *** (0.000)	0.006 *** (0.000)	0.007 *** (0.009)	0.003 ** (0.024)
Industry and Year	Yes	Yes	Yes	Yes	Yes	Yes

续表

自变量	模型（8.6）	模型（8.7）				
		Total	Low Ff 组	High Ff 组	行业中位数分组	
					Low Ff 组	High Ff 组
AR（2） （p-value）	0.499	0.160	0.103	0.671	0.454	0.125
Sargan （p-value）	0.094	0.209	0.178	0.124	0.257	0.133
N	8512	8512	2811	2875	4264	4248

因变量：Inv_cfs

注：***、**、*分别表示相关统计量在1%、5%、10%统计水平上显著，括号内为 p 值。

三是为了说明主体回归中的分组方法对估计结果并无其他干扰，本书现采用行业中位数法将总样本分为低财务柔性组与高财务柔性组，并采用系统 GMM 进行估计。回归结果列示于表 8 - 10 右侧。结果显示，资本成本项前系数均显著为负，进一步验证了假设8.2；财务柔性储备项前系数分组样本中均显著为正，并且，在低财务柔性组子样本中，资本成本与财务柔性储备的交乘项系数在 5% 的水平下显著为负，在高财务柔性组子样本中，资本成本与财务柔性储备的交乘项系数在 1% 的水平下显著为正。测试结果仍与主体回归保持一致。

8.4 研 究 结 论

环境不确定性是公司储备财务柔性的外在前提，在危机中伺机投资、逆势成长是企业储备财务柔性的内在动因。当前全球经济形势错综复杂，中国经济不确定和不稳定因素增加，身处波动的宏观经济环境之中，微观企业面临着不断加剧的财务风险。储备财务柔性逐渐成为企业抵御财务系统风险，把握有利机会进行合理投资的关键。同时，伴随中国金融体系市场化改革的不断推进，市场约束机制发育渐全，微观企业财务政策与资本市场的联系更趋紧密，资本成本对企业投资的锚定作用不断增强。如何将内部财务柔性储备与外部资本供给相衔接，在预防意外资源不足的同时保证投资行为不失理性是所有企业在各个阶段都会面临的重要问题。

本章以 2005~2015 年沪深两市 A 股上市公司为样本，将公司内部财务特征与外部资本市场相联系，实证研究了公司内部财务柔性特征对公司资本投资数量和性质的影响，研究发现：（1）公司的财务柔性储备与资本成本负相关，公司储备的现金柔性和债务柔性均能够有效降低资本成本，缓解公司资金压力。（2）资本成本与资本投资规模负相关，上市公司投资资本成本敏感性系数整体为负，体现出资本成本具有锚定作用。（3）低财务柔性储备显著增加了投资的资本成本敏感性，即低于（高于）行业平均的现金持有水平（杠杆比率）增强了资本成本对投资扩张的约束作用；而高财务柔性储备却显著降低了投资的资本成本敏感性，即高于（低于）行业平均的现金持有水平（杠杆比率）减弱了资本成本对投资扩张的约束作用。（4）进一步研究发现，公司的债务柔性储备相较现金柔性储备对资本成本、资本支出的影响更加明显；对财务柔性储备水平较低的上市公司而言，现金柔性储备相较债务柔性储备更为显著地增加了公司投资的资本成本敏感性，而对储备了过高水平财务柔性的上市公司而言，债务柔性储备相较现金柔性储备更为显著地降低了公司投资的资本成本敏感性。值得注意的是，充实的柔性储备提高了公司的外部融资和资本投资的能力，但是过高的柔性储备却导致投资对资本成本敏感程度的降低，这意味着公司投资扩张的非理性倾向。

第9章 分红制度与资本成本锚定效应实证研究

我国自 20 世纪 90 年代建立股票市场以来，上市公司现金分红就一直处于较低水平，直到 2001 年，我国政府机构开始通过颁布一系列政策法规来引导和监督企业进行股利支付。尤其在 2008 年 10 月，中国证监会颁布实施《关于修改上市公司现金分红若干规定的决定》（以下简称《决定》），将上市公司申请再融资标准规定为"以现金方式累计分配的利润"不少于最近三年实现的年均可分配利润的 30%。这种适用于所有上市公司的半强制分红政策会给我国上市公司的分红行为和投资行为带来怎样的影响？本章利用上市公司数据，实证分析现行半强制现金分红政策下，我国企业迎合该政策制定的现金分红制度对其资本成本以及资本成本锚定效应的影响，为建立资本成本锚定的企业投资效率提升机制及配套保障机制提供理论上的支持和依据。

9.1 引　　言

在完美资本市场假设下，米勒和莫迪格莱尼（Miller and Modigliani，1961）提出经典的 MM 股利无相关理论，指出企业应该在首先满足投资决策所需现金后把盈利作为现金股利支付，现金分红的数量是企业投资支出的剩余数，这就是最优的剩余现金股利决策。依据 MM 股利无相关理论，企业价值取决于企业投资决策，企业投资决策取决于投资机会，企业现金股利支付等于企业的净盈余与投资支出之差。企业投资支出和现金股利支出都与资金来源无关，即企业投资支出总是能够筹集到具有与其风险相应要求报酬率的足够资金。然而，现实资本市场远没有达到完美假设，普遍存在信息不对称和代理冲突。这一方面导致企业股利决策并不适用股利无相关理论，反而遵从股利的信号理论和代理理论，对企业的投融资行为产生重要影响。

我国自20世纪90年代建立股票市场以来，上市公司的现金分红就一直处于较低水平。刘淑莲等（2003）研究发现中国上市公司1996～1999年不进行现金分红的比例分别为35%、54%、59%、62%，不仅现金分红比率低而且出现不进行现金分红公司逐年增多的现象。这一现象被归咎于我国资本市场不健全，导致上市公司忽视投资者利益。然而，在资本市场发达的英美以及欧盟等国家的上市公司，近年也出现了现金股利支付率不断下降的趋势（Fama and French，2001；Von and Megginson，2006；Denis and Osobov，2008）。对于世界范围内的这种股利决策趋势，拥有有效市场约束机制和良好公司治理结构的发达资本国家选择仍旧依赖市场的自我调节，而中国则选择了通过政府机构颁布有关的政策法规来引导和监督上市公司进行现金分红，目的是以此保护投资者利益，同时发挥现金分红决策的信号功能和代理冲突治理效应。

因此，自2001年起，中国证监会以及证券交易所一直不断出台监管措施以规范上市公司现金股利决策。尤其在2008年10月，中国证监会颁布实施《决定》，将最近三年"以现金或股票方式累计分配的利润"改为"以现金方式累计分配的利润"不少于最近三年实现的年均可分配利润的30%。这不仅提高了上市公司申请再融资的标准，而且更为强调现金分红。李常青（2010）将中国证监会这种关于上市公司权益再融资资格与现金分红水平相挂钩的政策界定为"半强制分红政策"。自上市公司再融资资格与现金分红水平相挂钩的半强制分红政策实施以来，对半强制分红政策有效性的研究就成为经济学者研究的热点。李常青等（2010）针对半强制分红政策的外部市场效应进行研究，王志强等（2012）、魏志华等（2014）针对半强制分红政策对上市公司分红行为的影响进行研究，他们重点分析半强制分红政策对上市公司现金分红水平的影响，从公司现金分红水平是否达到政策规定的视角来分析半强制分红政策对投资者保护目的是否实现。我们知道，在公司三大财务决策中股利决策和融资决策都是为投资决策服务的次要决策，不优先考虑投资决策有效性的股利决策最终将会远离股东价值最大化目标，根本谈不上对投资者保护。那么，这种半强制分红政策到底会给我国上市公司的分红行为和投资行为带来怎样的影响？上市公司基于此半强制分红政策建立的分红制度会对其投资效率造成怎样的影响？本章基于我国《决定》颁布以来的上市公司数据，实证分析现行半强制现金分红政策下，公司的迎合现金分红制度对其资本成本以及资本成本锚定效应的影响，为建立资本成本锚定的企业投资效率提升机制及配套保障机制提供理论上的支持和依据。

9.2 理论分析与研究假设

在半强制分红政策下，公司采取的现金分红制度会直接影响公司的内、外部融资能力和融资成本，并进而影响公司的投资行为。

9.2.1 迎合现金分红与资本成本

我国实施半强制分红政策，把"以现金方式累计分配的利润"不少于最近三年实现的年均可分配利润的 30% 作为上市公司申请再融资标准，这就导致了李常青（2014）所谓的"监管悖论"。即有再融资需求上市公司为获得权益再融资资格被强制制定进行现金分红的迎合现金分红制度，相反，对于无再融资需求上市公司，却由于受到半强制分红政策较低门槛的"负向激励"，造成原本高派现公司制定减少派现的现金分红制度。

在半强制现金分红政策下，对于因项目投资而有再融资需求的上市公司而言，其分红制度失去了完全自主权，为了达到半强制分红政策的权益再融资条件，它们不仅会选择进行现金分红，而且会制定符合再融资资格的迎合现金分红制度。虽然这种迎合现金分红会造成公司投资现金缺口扩大，但是，一方面由于迎合现金分红可以因符合再融资资格而取得权益再融资资本，另一方面迎合现金分红可以很好地发挥信号功能，有效降低外部投资者因为信息不对称导致的要求报酬率高估，最终不仅增加了公司的融资能力，而且降低了公司的融资成本。即有再融资需求上市公司进行迎合现金分红能够降低其资本成本。

对于不具有再融资需求上市公司而言，其制定现金分红制度受半强制分红政策的束缚较少，将会相对有再融资需求公司更加自主的设计现金分红制度。但是，由于我国制定半强制分红政策设置分红比率一刀切，而分红比率限制需要一定程度上考虑有再融资需求公司的分红能力，因此设置"分红门槛"较低，对于无再融资需求而拥有自由现金流可进行高派现的上市公司而言，半强制分红政策的较低门槛反而成为无再融资需求公司减少派现的"负向激励"。依据魏志华等（2014）的门槛效应理论，半强制分红政策的监管要求会激励原本高派现企业出现减少派现的门槛现金分红决策，这反而增加了企业内部资金资源。法扎里等（Fazzari et al, 1988）认为，在现实资本市场条件下公司的内部融资和外部融资在短期内不可能完全替代，外部融资的资本成本明显高于内部融资。可见，对于不具有再融资需求上市公司而言，负向迎合半强制分红政策制定的现金分红制度也会降低公司的资本成本水平。

通过以上分析，我们提出如下假设：

假设9.1：对于有再融资需求上市公司，迎合现金分红会降低其资本成本。

假设9.2：对于无再融资需求上市公司，迎合现金分红会降低其资本成本。

213

9.2.2　资本成本对投资的锚定效应

资本成本作为资本参与项目投资的机会成本，是公司为资本使用权所付出的代价，这个价格为公司提供了衡量投资机会的标准。财务中的资本成本概念萌芽于古典经济学的资本投资理论，利率降低时，企业因租赁资本的价格（资本成本）下降而加速资本支出；利率升高时，企业租赁资本的价格上涨，投资需求被抑制，企业将减少投资支出。莫迪格莱尼和米勒（Modigliani and Miller, 1958）严谨证明，企业投资的截止点始终都是投资预期收益率与资本成本的平衡。直观来讲，一项投资当且仅当获得收益高于或等于其占用资本的成本才是有意义的，在具体操作中，评价一个投资项目能否被接受的基本原则就是其内含报酬率（IRR）大于资本成本或以资本成本为折现率的净现值（NPV）大于零。在资本投资决策中，资本成本就像一只沉锚对投资支出起着牵引和约束的作用，这种作用也叫资本成本的锚定效应。

从资本预算角度，资本成本升高将导致合意投资项目减少，降低公司的资本投资支出。从风险补偿角度，资本成本是投资者基于风险承担而提出的报酬率要求，具体而言，资本成本是公司提供给长期投资者的不同收益率组合，债务资本成本是债权人基于违约风险和期限性风险而要求的利息率，权益资本成本是企业基于税后盈余所得的股利支付。利息和股利支付水平越高，公司用于再投资的现金资源或留存收益相对减少，资本支出规模亦受到限制。综上可见，资本成本锚定效应的发挥表现为企业投资支出与资本成本负相关，而企业投资对资本成本敏感是企业价值最大化目标和投资理性的体现，脱离资本成本约束将导致资本配置低效甚至无效。董裕平（2007）在研究中发现我国公司投资对债务资本成本和权益资本成本均具有敏感性，回归系数为负且依序递减，研究证明了我国上市公司投资决策的总体理性，也间接证明了异质资本的成本差异。彭方平和王少平（2007）、徐明东和陈学彬（2012）出于对价格型货币政策工具有效性的研究，同样发现利率影响下的资本成本对我国上市公司的资本投资存在显著的负向影响。可见，对于我国上市公司而言，无论是有再融资需求，还是无再融资需求，资本成本作为企业投资决策的截止点，都能够对公司投资规模产生负向影响，即资本成本越高，新增资本支出越少，资本成本与资本投资规模负相关。

因此，本书提出如下假设：

假设 9.3：对于有再融资需求上市公司，资本成本与资本投资规模负相关。即公司的资本投资行为受资本成本锚定。

假设 9.4：对于无再融资需求上市公司，资本成本与资本投资规模负相关。即公司的资本投资行为受资本成本锚定。

9.2.3　迎合现金分红与资本成本锚定效应

企业现金分红制度作为公司三大财务决策之一，它不仅直接影响公司的内部现金流水平和资本成本，而且对资本成本锚定的企业投资行为造成重要影响。

莫迪格莱尼和米勒（Modigliani and Miller，1958）在严格假设基础上，运用无套利证明方法导出企业投资决策的截止点在任何情况下都是资本成本，而资本成本与融资来源无关。企业无论采用何种融资方式和股利政策，一个企业的边际资本成本都等同于其资本平均成本，同时等同于其所属类的非杠杆经营流的资本化率，完全不受企业分红政策和内部现金流水平影响。尽管上述 MM 理论关于资本成本对企业投资决策基准作用的论点科学而严谨，但是关于资本成本与融资来源无关的结论是建立在信息对称、理性人和资本市场完善有效的假设基础上，在实证上并不成功。现实经济环境的不完美导致企业投资决策和基准资本成本不仅与项目风险有关，而且受到其股利政策以及内部现金流水平等因素的影响。法扎里等（Fazzari et al.，1988）在"融资约束与公司投资"一文中，提出内部现金流水平是公司投资的重要决定因素，而融资约束是导致公司投资与内部现金流具有敏感性的原因，并首次把投资—现金流敏感性大小作为判断公司融资约束程度的标准。随后，沙勒（Schaller，1993）、保志等（Hoshi et al.，1991）、欧文（Owen，1997）等都验证了投资现金流敏感性的存在以及其与融资约束的正向相关关系。

对我国公司而言，由于政府实施的半强制分红政策通过将权益再融资资格与现金分红水平相挂钩来强制企业进行现金分红，导致有再融资需求上市公司，为获得权益再融资资格而进行迎合现金分红；无再融资需求而应把自由现金流派现上市公司，却因"负向激励"减少现金分红。即无论有无再融资需求，上市公司的分红制度都忽视权益投资者的报酬率要求，即忽视股权资本成本锚定作用，从而偏离股东财富理财目标。这些偏离股东财富最大化理财目标的迎合现金分红制度反过来又会影响公司的融资约束程度和代理冲突，影响公司投资决策的理性判断，导致公司投资资本成本敏感性下降。

通过以上分析，我们提出如下假设：

假设 9.5：对于有再融资需求上市公司，迎合现金分红会降低其投资资本敏感性。

假设 9.6：对于无再融资需求上市公司，迎合现金分红会降低其投资资本敏感性。

9.3　研究设计与实证检验

9.3.1　样本选择和数据来源

由于中国证监会 2008 年 10 月颁布实施《决定》，明确"以现金方式累计分配的利润"不少于最近三年实现的年均可分配利润的 30%。而我国上市公司的年报和股利政策披露一般在会计年度下一年的 1 ~ 4 月底之间发布。因此,该半强制分红政策会对上市公司 2008 年及以后年度的现金分红决策产生影响。因此,本章选取 2008 ~ 2013 年沪深 A 股市场全部上市公司作为研究对象,涉及企业财务数据和股票市场数据来源于国泰安数据库。并按如下标准进行筛选:(1)剔除金融保险行业上市公司;(2)剔除资本成本小于 0 或大于 20% 的数据;(3)剔除 ST 类上市公司;(4)剔除年度净亏损的样本;(5)剔除再融资条件中现金分红占比小于 0 的样本;(6)剔除数据有缺失的样本。为避免线性回归中极端值的影响,对所有连续变量在 1st 和 99th 百分位上进行了 Winsorize 处理。同时,对面板数据进行了企业层面的聚类(cluster)调整,并对异方差进行了控制,得到 8657 个样本数据。然后,兼顾公司投资效率和内部现金缺口确定公司是否有再融资需求,并按照是否有再融资需求将总样本分组。其中,将 $Underinv_{i,t}$ 且内部现金缺口 $Icg_{i,t}$ 均大于 0 的样本界定为有再融资需求,得到有再融资需求上市公司样本数为 2618 个,将 $Overinv_{i,t}$ 大于 0 且内部现金缺口 $Icg_{i,t}$ 小于 0 的样本界定为无再融资需求,得到无再融资样本 1059 个,分别用于检验假设。统计分析采用的是软件 Stata 14.0。具体变量定义如表 9 - 1 所示。

表 9 - 1　　　　　　　　　　部分变量定义

变量名称	变量符号	变量定义及计算方法
实际新增投资率	Invest	固定资产、在建工程及工程物资、长期投资和无形资产的净增加额除以总资产
投资机会	TobinQ	TobinqC 值
迎合现金分红	Bdr	最近三年累计现金分红总额与最近三年年报未分配利润算术平均值之比
资产负债率	Lev	负债总额除以总资产
货币资金持有	Cash	现金与交易性金融资产之和除以总资产
公司规模	Size	资产总额的自然对数
股票收益率	Ret	年度股票收益率
上市年限	Age	公司截至年末的上市年限
经营活动现金流	Cfo	本期经营活动现金净流量用总资产进行标准化

变量名称	变量符号	变量定义及计算方法
预期正常新增投资率	Anin	公司实际新增投资率减去模型（9.1）的投资残差
内部现金缺口	Icg	预期正常新增投资率＋（本年计提累计折旧＋本年计提累计摊销－公司本年经营活动现金净流量）／总资产

9.3.2 研究设计

1. 投资不足与投资过度的计量模型

借鉴理查德森（Richardson，2006）、吴超鹏等（2012）、陈艳等（2015）的研究方法，建立企业预期正常新增投资率估算模型（9.1），为了减少内生性的影响，我们将解释变量进行了滞后处理。对模型（9.1）进行回归，可以预测样本企业的正常新增投资率 $Anin_{i,t}$，通过模型的回归残差 $Abin_{i,t}$ 可以获取企业投资不足与投资过度的非效率程度，若回归残差为正，则表示投资过度，用 $Overinv_{i,t}$ 表示；反之，若回归残差为负，则表示投资不足，对残差取绝对值后用 $Underinv_{i,t}$ 表示。$Overinv_{i,t}$ 和 $Underinv_{i,t}$ 数值大小代表着投资过度和投资不足的程度。

$$Invest_{i,t} = \beta_0 + \beta_1 \times TobinQ_{i,t-1} + \beta_2 \times Lev_{i,t-1} + \beta_3 \times Cash_{i,t-1}$$
$$+ \beta_4 \times Age_{i,t-1} + \beta_5 Ret_{i,t-1} + \beta_6 \times Size_{i,t}$$
$$+ \beta_7 \times Invest_{i,t-1} + \beta_8 \times Year + \beta_9 \times Industry + \varepsilon_{i,t} \quad (9.1)$$

2. 再融资需求变量

借鉴张敏（2011）、吴超鹏等（2012）、陈艳等（2015）把公司年度预期正常新增投资率加上公司本年计提的累计折旧和累计摊销（除以公司年初资产总额进行标准化）表示的估计维持性投资，得出公司的预期总投资，再减去公司年度经营活动现金净流量（除以公司年初资产总额进行标准化）的差额，得出公司本年度投资支出的内部现金缺口，用 $Icg_{i,t}$ 表示。

3. 加权资本成本变量

关于资本成本变量，本章采用 CAPM 和 PEG 模型分别对权益资本成本进行估算，以其算数平均值作为公司的权益资本成本 R_E；采用利息支出与债务资本的比率估算债务资本成本 R_D，最后分别以所有者权益和总负债与资产总额的账面价值比率为权重计算得出加权平均资本成本 Wacc。权益资本成本和债务资本成本的具体估算模型如下：

根据 PEG 模型，权益资本成本是 PEG 比率倒数的平方根，其具体公式为：

$$R_{E\_PEG} = \sqrt{\frac{Eps_2 - Eps_1}{P}} \tag{9.2}$$

其中，Eps_1 与 Eps_2 分别为公司未来第 1 年和第 2 年的每股盈余，P 为当年 12 月份股票价格均值。

依据 CAPM 模型，权益资本成本 R（或预期收益率）由公司的系统风险所决定，具体公式为：

$$R = R_f + \beta(R_m - R_f) \tag{9.3}$$

其中 R_f 为无风险收益率，选用 10 年期国债到期收益率作为无风险收益率。$(R_m - R_f)$ 即风险溢价[①]；β 是风险系数。数据取自中国债券信息网，得到每年的十年期国债日到期收益率，然后计算年度十年期国债日到期收益率的平均值，并以此为无风险报酬率。

借鉴徐明东和陈学彬（2019）采用利息支出与债务资本的比率计算债务资本成本 R_D，具体公式为：

$$R_D = \frac{Interests_t}{Paid\_Debt_t} \times (1 - T_t) \tag{9.4}$$

其中，$Interests_t$ 为 t 年利息费用，$Paid\_Debt_t$ 为 t 年带息负债[②]，T_t 为 t 年公司适用的所得税税率。

4. 回归模型设定

为了检验假设 9.1 和假设 9.2，本书建立如下回归模型：

$$Wacc_{i,t} = \beta_0 + \beta_1 Bdr_{i,t} + \beta_2 Controls_{i,t} + \sum Year + \sum Industry + \varepsilon_{i,t} \tag{9.5}$$

模型（9.5）中因变量为资本成本 Wacc；解释变量 Bdr 为迎合现金

---

① 关于我国的市场风险溢价，采用 Damodaran 的估计结果，资料来源：http://www. stern. nyu. edu/~adamodar。

② 有息负债包括短期借款、长期借款、应付债券和长期应付款。

分红；Controls 是可能影响资本成本的控制变量集合，包括资产负债率（Lev）、公司规模（Size）、上市年限（Age）、现金持有量（Cash）、总资产报酬率（Roa）、投资机会（Tobinq）。$\sum$ Year 和 $\sum$ Industry 分别表示年份和行业的虚拟变量。

依据假设 9.1，预期有再融资需求上市公司，迎合现金分红会降低其资本成本，则回归中 β_1 应显著小于零。依据假设 9.2，预期无再融资需求上市公司，迎合现金分红也会降低其资本成本，即回归系数 β_1 显著小于零。

借鉴顾乃康和万小勇（2011），陈红兵和连玉君（2013），曾爱民、张纯和魏志华（2013），陈艳、李鑫和李孟顺（2015）研究设计，建立模型（9.6）以检验假设 9.3 和假设 9.4。

$$\text{Inv}_{i,t} = \alpha + \beta \times \text{Wacc}_{i,t} + \eta \text{Controls}_{i,t} + \text{Year\_FE} + \text{Industry\_FE} + \varepsilon_{i,t}$$

$$(9.6)$$

在模型（9.6）中，Inv 为公司的新增资本投资，Controls 为控制变量集合，包括可能影响公司资本投资的上期资本投资（Linv）、公司经营状况（Cfo）、投资机会（Tobinq）、总资产报酬率（Roa）、资产负债率（Lev）、公司规模（Size）以及上市年限（Age）。该模型中，β 是主要测试变量，根据假设 9.3 和假设 9.4，本章预期 β 值显著小于 0，即公司资本成本与资本投资规模负相关。

为了检验假设 9.5 和假设 9.6，本章在模型 9.3 的基础上加入资本成本与迎合现金分红的交乘项，建立回归模型（9.7）：

$$\text{Inv}_{i,t} = \beta_0 + \beta_1 \text{Wacc}_{i,t} + \beta_2 \text{Bdr} \times \text{Wacc}_{i,t} + \beta_3 \text{Bdr}_{i,t} + \beta_4 \text{Controls}_{i,t}$$
$$+ \sum \text{Year} + \sum \text{Industry} + \varepsilon_{i,t} \qquad (9.7)$$

在模型（9.7）中，β_1 和 β_2 是主要测试变量。

依据假设 9.5，预期对于有再融资需求且投资不足上市公司，迎合现金分红会降低其投资资本敏感性，即在回归系数 β_1 显著小于零的情况下，回归系数 β_2 显著大于零。依据假设 9.6，预期无再融资需求且投资过度上市公司，迎合现金分红也会降低其投资资本敏感性，即在回归系数 β_1 显著小于零的情况下，回归系数 β_2 显著大于零。

9.3.3 实证结果分析

1. 投资变量估算结果及描述性统计

对模型（9.1）进行回归，得出各上市企业的预期正常新增投资率和投资残差，回归结果如表 9 - 2 所示。括号中为经过聚类和异方差调整后的 P 值。与以往研究一致，资本投资与投资机会、货币资金、市场收益、企业规模正相关，与财务杠杆、上市年限负相关，方程拟合优度达到了 19.5%。

表 9 - 2　　　　　　　　　　预期投资的回归结果

变量	系数	P 值
Constant	0.069 **	0.032
TobinQ	0.003 ***	0.011
Lev	- 0.015 **	0.000
Cash	0.031 ***	0.000
Age	- 0.002 ***	0.000
Ret	0.009 ***	0.000
Size	0.004 **	0.000
Inv	0.331 ***	0.000
Adj R^2	19.5%	
N	8657	

注：***、**、* 分别表示相关参数在 1%、5%、10% 置信度水平显著。

表 9 - 3 分样本报告了主要变量的基本统计特征。根据表 9 - 3 所示，我国上市公司中，有再融资需求公司样本数为 2618，远高于无再融资需求样本数 1059，说明上市公司中有再融资需求问题更加普遍。在有再融资需求公司中，其总体年均新增投资率为 1%，远低于无再融资需求公司 9.9% 的年均新增投资率，说明其投资规模受融资约束影响较大；平均资本成本为 8.1% 高于无再融资需求公司 7.8% 的平均资本成本，这间接证明了外部融资资本成本高于内部融资资本成本；依据再融资条件计算上市公司三年累计现金分红中位数是 0.176，低于无再融资需求公司

的 0.201，这说明对于有再融资需求上市公司而言，为了迎合半强制现金分红政策制定的分红制度也很难达到证监会规定的 30% 比例要求。

表 9 – 3　　　　　　　　　　　　样本描述性统计

有再融资需求样本						
变量	n	均值	标准差	最小值	中位数	最大值
Inv	2618	0.010	0.041	−0.145	0.007	0.118
Wacc	2618	0.081	0.029	0.025	0.077	0.173
Bdr	2618	0.260	0.312	0.000	0.176	1.777
Tobinq	2618	1.956	1.178	0.753	1.562	7.577
Age	2618	9.879	5.111	1.000	10.000	20.000
Size	2618	21.900	1.245	19.360	21.760	25.270
Roa	2618	0.043	0.038	0.001	0.033	0.186
Lev	2618	0.493	0.195	0.073	0.502	0.879
Linv	2618	0.066	0.108	−0.072	0.030	0.489
Cfo	2618	0.002	0.076	−0.311	0.016	0.146
无再融资需求样本						
变量	n	均值	标准差	最小值	中位数	最大值
Inv	1059	0.099	0.099	−0.013	0.071	0.457
Wacc	1059	0.078	0.027	0.026	0.074	0.170
Bdr	1059	0.288	0.308	0.000	0.201	1.579
Tobinq	1059	2.076	1.201	0.811	1.691	7.396
Age	1059	11.970	5.114	2.000	13.000	21.000
Size	1059	21.830	1.126	19.350	21.740	25.270
Roa	1059	0.076	0.059	0.002	0.062	0.305
Lev	1059	0.485	0.184	0.054	0.497	0.850
Linv	1059	0.018	0.072	−0.162	0.011	0.230
Cfo	1059	0.130	0.078	0.002	0.120	0.425

2. 模型检验结果分析

表 9 – 4 提供了假设 9.1 和假设 9.2 的实证检验结果。结果显示，对于有再融资需求公司，回归系数 β_1 数值为 −0.0067，在 1% 的水平上显

著小于零，与预期一致。这充分验证了假设9.1，即关于有再融资需求公司，迎合现金分红制度会降低公司资本成本。对于无再融资需求公司，回归系数 β_1 数值为 -0.0010，与预期一致，但是没有通过显著性检验。两组控制变量的符号一致，资产负债率、现金持有、公司规模和投资机会与资本成本负相关，公司上市年限和总资产报酬率与资本成本正相关。

表9-4　　　　　　　假设9.1和假设9.2的检验结果

	有再融资需求样本	无再融资需求样本
	Wacc	
Bdr	−0.0067 *** (0.001)	−0.0010 (0.721)
Lev	−0.0512 *** (0.000)	−0.0361 *** (0.000)
Cash	−0.0286 *** (0.000)	−0.0149 * (0.060)
Age	0.0003 ** (0.017)	0.0001 (0.795)
Size	−0.0006 (0.342)	−0.0012 (0.193)
Tobinq	−0.0024 *** (0.000)	−0.0036 *** (0.000)
Roa	0.0151 (0.376)	0.0063 (0.712)
Constant	0.1233 *** (0.000)	0.1250 *** (0.000)
年份	控制	控制
行业	控制	控制
Adjusted R^2	23.31%	22.35%
N	2618	1059

注：***、**、*分别表示相关参数在1%、5%、10%置信度水平显著，括号内为p值。

表9-5报告了假设9.3和假设9.4的检验结果。结果显示，无论有再融资需求还是无再融资需求样本，资本成本项前系数 β 值均在1%水平显著为负，即公司资本成本与资本投资规模负相关，这说明资本成

本对公司投资行为具有锚定作用，符合假设9.3和假设9.4预期。

表9－5　　　　　　　假设9.3和假设9.4的检验结果

	有再融资需求样本	无再融资需求样本
	Inv	
Wacc	－0.1637 *** (0.000)	－0.3733 *** (0.001)
Tobinq	－0.0003 (0.780)	0.0028 (0.400)
Age	－0.0020 *** (0.000)	－0.0026 *** (0.000)
Size	0.0058 *** (0.000)	－0.0006 (0.833)
Roa	0.0885 *** (0.000)	0.0439 (0.523)
Lev	－0.0288 *** (0.000)	－0.0418 ** (0.037)
Linv	0.1490 *** (0.000)	0.4046 *** (0.000)
Cfo	－0.0175 * (0.071)	0.1628 *** (0.002)
Constant	－0.1158 *** (0.000)	0.0351 (0.562)
年份	控制	控制
行业	控制	控制
Adjusted R^2	33.85%	33.57%
N	2618	1059

注：***、**、*分别表示相关参数在1%、5%、10%置信度水平显著，括号内为p值。

表9－6报告了假设9.5、假设9.6的检验结果。如表9－6所示，在模型9.6基础上加入迎合现金分红与资本成本交乘项后，投资资本成本敏感性依然存在且显著，但是拥有不同再融资需求企业，其迎合现金分红对投资资本成本敏感性的调节作用不同。对于有再融资需求企业，交乘项系数显著为正，这一主变量符号符合我们预期，表明迎合现金分

红会降低投资资本成本敏感性，假设 9.5 得证。对于无再融资需求样本，交乘项系数并不显著，这说明无再融资需求上市公司负向迎合的现金分红制度比较谨慎。

表 9 - 6 　　　　　　　　假设 9.5、假设 9.6 的检验结果

	有再融资需求样本	无再融资需求样本
	Inv	
Wacc	−0. 2117 *** (0. 000)	−0. 3352 ** (0. 022)
Bdr	−0. 0170 ** (0. 031)	−0. 0052 (0. 862)
Wacc × Bdr	0. 2111 ** (0. 017)	−0. 1444 (0. 659)
Tobinq	−0. 0003 (0. 796)	0. 0026 (0. 437)
Age	−0. 0020 *** (0. 000)	−0. 0027 *** (0. 000)
Size	0. 0059 *** (0. 000)	0. 0001 (0. 957)
Roa	0. 0874 *** (0. 000)	0. 0659 (0. 357)
Lev	−0. 0289 ** (0. 000)	−0. 0474 ** (0. 019)
Linv	0. 1488 *** (0. 000)	0. 4055 *** (0. 000)
Cfo	−0. 0184 * (0. 058)	0. 1620 *** (0. 002)
Constant	−0. 1135 *** (0. 000)	0. 0176 (0. 774)
年份	控制	控制
行业	控制	控制
Adjusted R^2	34. 04%	33. 81%
N	2618	1059

注：*** 、** 、* 分别表示相关参数在 1%、5%、10% 置信度水平显著，括号内为 p 值。

9.4 研 究 结 论

在我国以再融资资格与现金分红水平相挂钩的半强制分红政策背景下，利用我国上市公司 2008 ~ 2013 年数据，分别从有再融资需求和无再融资需求两种情况，研究公司迎合现金分红对公司资本成本以及投资资本成本敏感性的影响效应。研究结果发现：对于有再融资需求公司，迎合现金分红不仅降低了公司资本成本，而且也降低了公司的投资资本成本敏感性。这说明在半强制分红政策下，对于有再融资需求公司，公司迎合现金分红确实能够改善公司融资效率、降低公司资本成本，但是却降低了资本成本对公司投资的锚定效应，不利于提高公司投资效率。对于无再融资需求公司，迎合现金分红制度对公司资本成本和投资资本成本敏感性的影响均不显著，这从某种意义上验证了政府分红政策的半强制性。综上可见，我国实施半强制分红政策不仅对无再融资需求公司政策效果较差，即使对有再融资需求公司，虽然能够提高其现金分红水平和降低其资本成本，但是由于迎合现金分红同时降低了投资资本成本敏感性而不利于提高公司投资效率。选择以再融资资格与现金分红水平相挂钩来实现半强制分红，以及一刀切的较低分红门槛，这些都束缚了我国半强制分红政策效应的合理发挥。从长期来看，半强制分红政策的调整和完善应该不仅强调现金分红水平的提高，还应该充分考虑提高公司进行效率投资后的现金分红能力，区别对待不同融资需求公司以保证公司首先改善投资效率。在强制现金分红比率的规定上，应该借助行业股权资本成本的估算技术，设立基于行业股权资本成本锚定范围的现金分红比例门槛，分行业引导上市公司建立现金分红回报投资者的长效机制。

另外，虽然莫迪格莱尼和米勒（Modigliani and Miller, 1958）已经严谨证明理性投资决策中资本成本对企业投资决策的基准作用，但中国企业投资决策一直忽视资本成本的基准约束，造成企业投资效率低下。以往我国学者主要从投资机会视角通过分析现金流与投资机会的交互影响来研究企业非效率投资行为的现状和制约机制，与此对应，我国政府近几年也主要从管理和调控现金流供给方面对国有企业非效率投资进行约束和治理，通过建立强制国有企业现金分红制度来治理国有企业自由现金流过度投资。但是，通过投资机会与现金流交叉项来研究企业非效率投资制约机制只是关于影响趋势的定性分析，以此为依据的治理措施缺乏量化指导，过低现金分红比率无法有效遏制过度投资，而过高现金分红比率又会导致企业投资的融资约束。企业投资效率的提升不能仅仅依靠对非效率投资趋势的制约，缺失资本成本基准约束作用的投资规则和强制性现金分红政策都不能有效治理国有企业投资低效。因此，应该把资本成本的基准作用和锚定效应理论引入国有企业投资决策，建立资本成本对国有企业投资决策的锚定和调整效应机制，充分发挥资本成本的锚定效应和作为宏微观经济活动传导工具的传导作用，构建经济新常态下基于资本成本锚定效应的国有企业现金分红政策和投资效率提升机制，这对于完善政府宏观调控政策、深化国有企业改革具有重要现实意义。

第10章 资本成本锚定的国有企业投资效率提升机制设计

资本成本作为投资者的理性报酬率要求，不仅会约束国有企业投资规模、对国有企业非效率投资倾向产生影响效应，而且其对国有企业投资决策的锚定功能会因国有企业类别而呈现异质性效果。这为我们分类提出资本成本锚定的国有企业投资效率提升机制提供了经验证据。因此，针对我国政府近年来主要从进行混合所有制改革、提高金融发展水平以及管控现金流供给、通过建立强制现金分红制度等方面对国有企业非效率投资进行约束和治理的现状，本书提出将资本成本的基准作用和锚定效应理论引入国有企业投资决策，分类构建基于资本成本锚的商业类国有企业和公益类国有企业现金分红政策和投资效率提升机制。

10.1 国有企业资本成本锚定与调整效应一般原则

所谓"锚定与调整"效应，是指决策者的判断标准是以某初始值或者说"锚"值为依据，进行不充分的上下调整。具体到资本成本对国有企业投资决策的锚定与调整效应中，资本成本作为投资决策的"锚"，其估算值的大小会对企业可供选择的决策空间产生不容忽视的数量约束效应，资本成本估算值即锚值的微小变动可能会导致投资规模的大幅度波动，因此，资本成本的锚定效应对企业投资决策至关重要。

根据"锚定效应"理论，锚值既可以是合理的数值，也可以是极端数值；既可以是提供信息的数值，也可以是不提供信息的数值；既可以是随机数值，也可以是相关数值（Chapman and Johnson，2002）。这意味着如果锚值不合理、不相关或不科学的话，所产生的锚定效应也是有偏误的。相应地，如果资本成本锚的估算值不合理的话，那么，由它所锚定的企业投资决策也是有偏的，这显然会导致投资效率的损失。由此来看，确保资本成本锚定效应能够有效发挥的首要任务便是保证资本成本估算值的科学性与合理性。

10.1.1 资本成本锚值的确定原则

资本成本锚值的合理确定很大程度上取决于资本成本的估算值是否科学可靠。企业资本成本是由股权资本成本与债务资本成本按照一定权重加权计算而来。其中，债务资本成本计算比较简单，它本质上是由债权投资者与企业协商，以明确书面契约形式呈现出来并受到法律保护；而股权资本成本却估算难度很大。关于资本成本加权权重的计算口径，选择账面价值、市场价值还是目标资本结构来计算权重都各有优劣。目前理论界比较推崇采用目标资本结构来计算权重，认为采用目标资本结构来计算权重能够最大化企业价值同时最小化企业加权平均资本成本WACC，在目标资本结构较难确定情况下，也可以采用市场价值或账目价值来计算各类资本成本所占权重。

关于股权资本成本，由于不同估算方法可能对同一估算对象产生不同估算结果，有时甚至差异很大，而不同估算技术造成的股权资本成本估算值差异会影响加权平均资本成本估算值大小，并进而导致资本成本对企业投资决策的锚定效应遭受影响。然而，不同估算方法其本质是从不同视角反映投资者要求报酬率，其目的均为给企业投资决策提供报酬率标准。因此，这就需要企业财务人员运用其职业判断，在众多股权资本成本估算方法中挑选出适合本企业的某一种或某几种估算方法。正如第2章所论证，考虑到我国尚不成熟的金融环境以及国有企业自身与众不同的多种特征，本书认为应主要采用风险补偿技术来测算国有企业股权资本成本，并辅之以内含报酬率法进行检验。

另外，对于国有股东而言，在运用各种估算技术估算出股权资本成本之后，管理层可以与董事会协商对该股权资本成本估算值进行必要调整，以使该投资决策基准点能够一定程度上反映国家战略和企业规划。汪平和邹颖（2012）指出，受公司管理意志的影响，董事会和管理层通常会在一定的幅度内（如 3 ~ 5 个百分点）对资本成本锚定值进行调整。与此不同，本书认为如果资本成本锚定值的这种调整仅仅是依据管理层意志，而不是基于公司规划或者国家发展战略，那么这种调整将是低效率或者说无效率的。因此，尽管迄今为止对于资本成本的调整仅限于微小调整，未能形成一套科学而合理的调整方法，对于国有企业而言，通过管理层与董事会协商微调股权资本成本值以体现国家战略和企业规划，不失为一个理性选择。

10.1.2　资本成本锚值的修正和动态调整

估算因素的区间性决定资本成本不是一成不变的，资本成本估算值应当具有理性的数值约束范围。无论是从最佳资本结构的区间性、估算技术的多样性还是估算数值的区间性，都使资本成本估算值合理界域的存在成为必然。而"调整效应"应达到的最终效果就是确保资本成本锚值一定在其合理界域内。

关于锚值的调整，包括但不限于在建立锚值范围时的调整。也就是说，一方面在选择决策锚值时，资本成本锚范围的建立可以根据公司战略进行一定调整；另一方面在投资行为发生以后，投资决策的资本成本锚值也可以随其影响因素的改变而进行动态调整。资本成本估算值具有重要锚定效应，即使决策时资本成本锚定值有微小的变动，也会导致企业微观决策甚至宏观领域若干问题产生较大改变。然而，由于企业面临的各种风险、资本市场条件以及企业发展战略和目标资本结构等无时不在发生改变，因此，资本成本锚不应只是一个一成不变的静态数值，而应随着投资风险等各种影响因素的变动而适时调整（汪平和邹颖，2012）。换句话讲，如果企业的目标资本结构发生改变，企业有了新的、风险不同的资本投资项目，资本市场条件发生了变动，投资者对未来的期望发生了系统性改变，或者公司的发展战略出现了重大改变，企业的资本成本锚定值都可以进行调整或修正。

关于动态调整的锚值依据，以企业为起点，从企业资本成本锚按层级向下分别估计出部门资本成本甚至项目资本成本，不同层级的资本成本估算值都应当建立在相应层级的风险评估基础上，而企业资本成本估算值的高低最终取决于企业所投资的所有项目的风险水平。关于项目投资，企业应当基于项目风险估算项目资本成本锚，从而基于项目资本成本锚进行项目投资。但实际上，很多企业只是简单地采用一个静态资本成本数值（即企业的总资本成本）作为企业内所有投资项目的折现率（Kester et al.，1999），而不是根据每一投资项目的风险来调整资本成本。显然，这种做法极大降低了资本成本估算值对企业投资决策的约束功能。因此，为了提高效率，国有企业在确定投资决策资本成本锚值时，应逐渐以项目资本成本取代企业加权平均资本成本，以更好发挥国有企业的资本成本锚定与调整效应。

10.1.3　资本成本锚值合理界域的确定

资本成本合理界域，是指资本成本估算值并非一个单纯意义上的数值，它存在一个理性的数量范围（汪平和邹颖，2012；康玉梅，2013），而这个理性数量范围的确定受到资本结构动态优化的影响。莫顿（Morton，1966）曾指出，"最佳资本结构不是一成不变的，而是随着货币市场的状态和企业经营中投资者的态度而变化。当利率和资本化率变化或者投资者对于风险与安全的偏好发生变化时，最佳资本结构会发生改变"。因此，按照莫顿（Morton，1966）的观点，企业资本结构处在不断的动态优化过程中，最佳资本结构不可能是一个点，而只能是一个区间。企业资本成本的估算有赖于资本结构权数，资本结构的改变必然会导致企业资本成本的变化。因此，作为国有企业重要决策依据的企业加权平均资本成本不应是一个点，相反，它应该存在于一个合理区间或者说合理界域内，这个合理界域的确定要符合国有企业的经营战略和性质，不可范围过大或过小。同样原理，国有企业项目资本成本的确定也应该有其合理界域。

所谓资本成本锚值合理界域，是在综合考虑企业静态锚效应、动态锚效应、内在锚效应和外在锚定效应基础上建立起来的一个具有上下限范围的界域，处于这个合理界域内的资本成本锚是合理的、可接受的，脱离这一合理界域的资本成本锚则是不应接受的。锚值合理界域也是"调整效应"的产物，只有处于合理界域内的资本成本锚定值才会有效发挥其锚定功能，合理界域外的资本成本锚定值是不科学、不合理的，企业以此为锚所作出的投资决策亦是低效的。"调整效应"应达到的投资决策资本成本锚值合理界域依赖企业各口径、各层级资本成本估算值合理界域来确定。确定合理界域的关键就是找出合理界域的边界，即合理界域的上限和下限。锚值合理界域的上下限最好是依据企业静态锚、动态锚、内在锚和外在锚的综合考虑来取得，特殊情况下，企业也可以选择主要依据企业内在资本成本估算值的合理范围来作为锚定界域的上下限，但必须同时兼顾企业外在锚和动态锚的影响。

在资本成本锚对国有企业投资决策发挥锚定效应过程中，直接以内在企业资本成本估算值为基准来约束投资规模是比较容易做出的选择，但是对资本成本估算值的调整，或者对各种锚定值的比较和选择，则需要付出更多努力。因此，从锚值调整效应所需花费成本来看，有些企业可能会过于倚重内在的、静态的资本成本锚值，而忽视调整效应的重要性，不对静态资本成本锚和内在资本成本锚加以调整或调整不充分，进而导致资本成本锚对投资决策的锚定效应发生偏误，即锚定偏差，导致国有企业投资低效行为。

10.2　资本成本锚定的公益类国有企业投资效率提升机制设计

针对公益类国有企业兼具"经济人"和"准政治人"双重身份以及主要采取国有独资形式的特点，公益类国有企业投资决策不能以"股东利益最大化目标"为唯一标准，也无法以市场资本成本作为投资决策取舍基准，但这并不意味着对于公益类国有企业就不需要也不能够建立资本成本锚定的投资效率提升机制。反之，对于公益类国有企业而言，建立资本成本锚定机制的关键是合理确定和调整国有资本的资本成本。

10.2.1　基于资本成本的公益类国有企业投资决策规制

前文研究主要从两个维度论证了资本成本对国有企业投资决策的锚定效应，分别是资本成本作为投资决策截止点的约束功能，以及资本成本对投资决策偏离的影响效应，本书将其称为资本成本对投资决策的双重约束效应。研究表明，商业类国有企业的资本成本锚定作用发挥要优于公益类国有企业，而公益类国有企业的各层级资本成本都明显低于商业类国有企业，公益类国有企业较低的资本成本很容易加剧其非效率投资程度和损失。由于公益类国有企业旨在保障民生、服务社会、提供公共产品和服务，其重大使命决定了其资本成本约束作用软化，因为该类企业产品或服务的定价机制不能简单由市场决定（汪平等，2014）。公益类国有企业的产品或服务过高定价将会损害消费者福利，这就需要借助政府之手来制定合理的价格，以满足消费者福利，实现公益类国有企业的社会公益目标。而政府对公益类国有企业的干预势必会影响其市场运行机制，影响资本成本发挥锚定效应所需的内部运行机制与外部市场环境。

因此，本书认为，政府必须逐渐减少对公益类国有企业的参与性干预，代之以结合公益类国有企业"个性"特点设定国有资本的要求报酬率手段（即规制资本成本），发挥规制资本成本对该类国有企业投资决策的锚定作用与规制作用。具体地，公益类国有企业应当把由政府考量其社会公益目标后而设定的"规制资本成本"作为其投资决策的基准，以"规制资本成本"的约束功能使公益类国有企业投资决策在最优投资范围内进行，最大限度地减少投资决策偏离程度。

1. 两种资本成本规制：公正报酬率规制与价格上限规制

公益类国有企业只有通过科学合理的政府规制才能实现效率最优。目前，当今世界普遍采用的两种政府规制方法为公正报酬率规制与价格上限规制（汪平等，2014）。其中，公正报酬率规制的作用机理是规制者直接通过规定公正报酬率来确定公益类国有企业的资本成本，并要求企业按照该资本成本水平来获取投资报酬，被规制企业不得私自提高价格以获取超额回报。公正报酬率规制通过设定一个公平合理的报酬率水平来对公益类国有企业投入资本的投资报酬予以约束，可以使公益类企业的产品或服务价格被规制到消费者满意的状态，同时兼顾到企业财务目标。价格上限规制是通过限定公益类国有企业产品或服务的最高价格来确保消费者福利的满足。被规制企业可以在该最高价格下自由决定本企业产品或服务的价格，从而限制被规制企业通过制定垄断价格来攫取超额利润的可能性。

无论是公正报酬率规制，还是价格上限规制，它们都应依托对公益类国有企业权益资本成本的规定来实现。具体地，政府可以根据其赋予公益类国有企业的公正报酬率或价格上限来直接或间接的设立其要求报酬率目标，同时确定其股权资本成本锚。其中，公正报酬率规制设定了企业的投资者报酬率，也就是企业的资本成本，是对资本成本进行的直接规制；而价格上限机制可视为对资本成本进行的间接规制（汪平等，2014）。但是，无论是资本成本的直接还是间接规则，如果资本成本锚值偏高，导致价格过高，消费者福利受损，同时，也会使得企业在做投资预算时由于过高估计资本成本而错过很多能使企业价值增加的投资项目，导致投资不足。相反，如果资本成本锚值偏低，虽然据此制定的产品价格较低，消费者福利增加，但是对于企业来说，如果以偏低的资本成本作为判断投资项目是否可取的标准，则会导致投资过度；同时，偏低的资本成本亦难以吸引新的资本投资，企业的可持续发展受到阻碍，产品和服务的质量也可能因此而降低，由此造成的社会损失同样不容忽视。可见，政府规制行为的科学性必须通过同时满足消费者福利和企业价值最大化条件下的资本成本锚值来完成。资本成本锚的有效确定直接决定了政府规制的质量和企业的投资绩效。对于这两种通行的规制手段，本书更倾向于推广直接确定公益类国有企业公正报酬率的规制，通过规定资本成本锚来规制公益类国有企业投资规模。

2. 规制资本成本与投资规模

政府将那些关系国计民生的政策性任务下放到公益类国有企业，并通过政府规制来保证公益类国有企业政策性目标的实现，也就是通过规制公正报酬率及价格上限来直接或间接规制资本成本，进而保障公益类国有企业产品或服务价格的合理性。因此，公益类国有企业应通过规制资本成本来约束其资本投资支出，以期在完成社会目标前提下，实现其股东财富最大化目标。而所谓实现股东财富最大化，是指国有企业投资达到最佳投资规模，并不是指股东财富绝对数量越大越好，即公益类国有企业把规制资本成本作为投资决策的基准、把规制资本成本作为投资项目的取舍率标准。具体地，只有投资项目的报酬率大于等于企业的资本成本水平，或者净现值大于等于 0，该投资项目才具有投资价值。

资本成本的微小变动都会引起产品或服务价格以及资本投资支出的巨大变动，资本成本就像"锚"一样，牵引着价格和投资的走势。当

233

资本成本提高时，净现值原来处于临界点上的项目就不再具有投资价值，这时候，企业应该减少投资规模；相反，当资本成本下降时，原来处于临界点下方的投资机会可能变得具有价值，这时候企业可以扩大投资。企业应当以资本成本作为约束投资决策的理性基准，而公益类国有企业则应当以规制后的资本成本作为其投融资决策的关键约束因素。

3. 规制资本成本与投资决策偏离

要判断一个企业的投资是否符合市场理性，无论是投资不足还是投资过度，都离不开资本成本这个标尺（董裕平，2007）。如果不顾虑资本成本的高低而盲目投资，就会造成投资行为异化，使投资决策偏离效率化方向，引起投资不足或投资过度的非效率问题，减损股东财富。

当规制资本成本上升，如果公益类国有企业没有及时缩减投资规模，必然会造成投资过度；当规制资本成本下降时，如果公益类国有企业未能扩大投资，便会造成资源闲置，投资不足。不管是投资过度，还是投资不足，都会造成投资效率的损失，不利于股东财富的增加。因此，科学有效的投资决策必然是随着资本成本的变动而适时调整的，不以资本成本作为决策基准会使企业投资偏离最优投资范围。

4. 政府合理设定规制资本成本

汪平等（2014）指出，政府之所以对公益类国有企业的资本成本进行规制，是因为该类企业在社会公益目标与公司财务目标之间出现了冲突。政府规制的目标在于维护公众利益，增加消费者福利，因此，为了保证社会公益目标的实现，财务目标方面必须有一定程度的舍弃，这种舍弃短期看只是对股东财富造成一定程度的减损，但长期看会使企业失去可持续提供公共服务的能力，最终造成社会公益目标也无法实现的困境。可见，公益类国有企业也不能忽视财务效率，其效率化投资的关键之处在于政府要合理设定规制资本成本水平，既能保护消费者福利，又不至于较大程度减损股东财富。政府只有合理设定规制资本成本，才能使公益类国有企业的投资决策有据可依。

政府规制资本成本的合理性有赖于资本成本估算值的合理性。规制资本成本不能偏离企业资本成本较多（汪平等，2014），政府作为规制者，要了解被规制企业资本成本的估算及其估算值的合理界域，并参照企业真实的资本成本水平来设定公益类国有企业的规制资本成本。同时，政府对公益类国有企业资本成本的规制应伴随企业资本成本的变动而做出动态调整。政府在规制公益类国有企业的资本成本时，需要权衡以下两点：一方面，规制资本成本不能太高，要能合理约束公益类国有企业的定价行为，防止企业通过制定垄断价格谋取暴利；另一方面，规制资本成本也不能太低，要能使企业吸收到经营和投资所需要的资本，保证企业可持续发展。

综上所述，基于资本成本的公益类国有企业投资决策规则概括如下：第一，明确政府对公益类国有企业的利益诉求，明确公益类国有企业的功能定位；第二，为保障公益类国有企业公益性目标的实现，需要借助政府规制来保障公益类国有企业产品或服务价格的合理性，使公益类国有企业的产品或服务能真正惠及于民；第三，政府规制主要是对资本成本的规制；第四，以规制资本成本作为公益类国有企业投资决策理性依据与基准，使投资水平被约束在最优投资范围内，防止投资决策偏离行为，保证效率投资。另外，有效发挥规制资本成本对公益类国有企业投资决策约束功能的前提是明确公益类国有企业范围，只有先把公益类国有企业与竞争类国有企业区分开来，对国有企业的职能进行差别化定位，才能分类研究国有企业在组织运行方式、绩效考核、财务决策、治理机制等方面的改革。而发挥资本成本对公益类国有企业投资决策约束功能的核心与难点在于政府要合理设定规制资本成本水平，国有企业改革其实也是对政府介入程度的改革，显然公益类国有企业有赖于政府介入，政府需要通过规制资本成本来保障公益类国有企业政策性使命的落实。

10.2.2　基于国有股权资本成本的公益类国有企业成本控制

《指导意见》对公益类国有企业的考核标准做出规定，要重点考核公益类国有企业的成本控制。由于公益类国有企业承担着保障民生、服务社会的特殊使命，一般采用国有独资形式，所以国有股权资本成本是其资本成本的重要组成部分。这样，如何利用公益类国有企业的国有股权资本成本锚来约束这类企业的规模和成本便具有重要研究意义。

1. 通过调整国有股权资本成本锚规制公益类国有企业规模

资本成本对企业投资决策的锚定与约束功能会受到企业内部结构与外面市场环境等多维度因素的影响。前文研究表明，货币政策、市场化改革及经济政策不确定性会影响资本成本锚定效应的发挥效果。目前，我国企业正置身于风险与过剩并存的宏观经济环境，政府在对公益类国有企业进行资本成本规制时便不得不纳入宏观经济环境因素的影响。

宏观经济环境因素的冲击会影响企业的资本成本水平，而企业资本成本水平是政府规制资本成本的重要参照，同时，政府规制资本成本是公益类国有企业进行资本投资的关键约束因素，环环相扣。因此，政府对资本成本的规制行为要针对风险与过剩并存的宏观经济环境做出反应。政府作为国有资本代理人兼资本成本规制者，要适时调整国有股权资本成本，使国有股权资本成本锚既能及时充分反映投资者的风险报酬要求，又能够发挥对公益类国有企业投资决策的有效约束能力，提升资源配置效率。

2. 利用国有股权资本成本锚定作用控制公益类国有企业各类成本

当政府设定了规制资本成本锚之后，为了更好保护股东财富、创造更多价值，公益类国有企业会努力优化公司治理机制和业务流程，降低企业经营风险和财务风险，从而在规制资本成本这一约束条件下，最大限度降低企业各类成本，增加企业价值，实现企业财务目标。有别于其他企业，公益类国有企业的发展更多依赖政府资金支持，而我国企业长期以来倾向于漠视股权资本成本，导致国有企业内部资本成本锚定功能缺位，一定程度上降低了国有企业创造价值的压力和动力。因此，首先必须纠正国有股权"零报酬率要求"的错误观念，树立资本成本理念，保障投资者利益。其次将公益类国有企业中的非公益性业务剥离出来，进一步厘清公益类国有企业与商业类国有企业范围，以优化国有资本布局；允许企业资产处置，实现国有资本形态转换，把变现的国有资本向更需要的行业和领域集中。

3. 通过规制资本成本优化公益类国有企业公司治理

政府通过规制公益类国有企业资本成本，不仅能够保障公益类国有企业社会公益目标的实现，而规制资本成本也可以作为公司治理的一种优化机制，在股权结构、投资者利益保护、高管薪酬制度等方面发挥着重要作用。政府在规制资本成本的同时，可以最大限度地优化被规制企业的公司治理，提升管理水平，实现价值最大化（汪平和苏明，2016），为投资决策创造良好的内部治理环境。

综上所述，公益类国有企业的主要目标是提高公共服务效率和能力，努力在提供公共产品和服务方面做出更大贡献，为全体国民做好服务。因此，公益类国有企业不需要有太多利润，对这类企业的考核要求主要是成本要得到控制，产品服务质量和营运效率要有保障。进一步地，公益类国有企业成本控制考核的出发点与落脚点便是资本成本管控。鉴于公益类国有企业大多采用国有独资形式，那么，国有股权资本成本对公益类国有企业成本控制的重要作用便不言而喻。政府通过规制国有股权资本成本，以"倒逼"的方式促进企业降低各种成本（经营成本与资本成本），增加企业盈利空间，使公益类国有企业兼顾财务目标的实现。

10.2.3　公益类国有企业投资配套保障机制设计

党的十八届三中全会通过的《中共中央关于全面深化改革若干重大问题的决定》（以下简称为《决定》）确立了"以管资本为主"的国有资产管理体制。这意味着改革要完成从"管人管事管资产"到"管资本为主"的转变，《指导意见》也指出，要实现以管企业为主向以管资本为主的转变。而管资本最关键的就是对资本成本的管控，这也是公益类国有企业成本控制考核的出发点与落脚点。作为公益类国有企业投资决策的配套保障机制，成本控制就是以资本成本作为控制的基准，通过高质量的公司治理与高效率的内部运行机制，使各类成本降至尽可能低水平，并保持已降低的成本水平，进而使各类资本的使用成本也维持在合理范围的过程。

1. 基于资本成本锚的公益类国有企业成本控制考核设计

公益类国有企业实质上是国家保证公共利益实现的手段和工具。公益类国有企业同时具有"企业"和"政府"双重性质。一方面，公益类国有企业具有"企业"性质，它应当具备一般企业的某些特征；另一方面，它具有浓重的"政府"色彩，它肩负着政府赋予其的公益任务。正是由于公益类国有企业的双重性质，必须要使其运行机制规范化，杜绝这类企业一方面借助公益招牌逃避市场规则，另一方面又把政策性补贴挪作他用的打擦边球行为。正是公益类国有企业假借"公益"之名，罔顾成本控制活动，造成日常经济核算与财政预算脱节现象，严重浪费财政资金。未来要通过借助复杂的治理手段、精细化的管理模式，于细节处对公益类国有企业的重要经营活动、财务活动予以管理，严格政府预算管理，确保政府预算的正确投向，使国有资本被投向于能够真正保障国计民生的公益类领域，这一切都可依赖规制资本成本的约束作用来完成。

（1）预算约束必须不断硬化，恢复债务治理功能。软预算约束（Soft Budget Constraints）是指当社会主义经济中的国有企业入不敷出发生亏损时，政府通过非市场化手段给予流动性支持，从而使企业得以继续生存的一种经济现象（Kornai，1979）。软预算约束是阻碍我国国有企业投资效率提升的重要原因。公益类国有企业由于肩负着政策性负担，因此，政府往往会对公益类国有企业的亏损施加救助，导致预算约束变软。然而，在信息不对称的情况下，政府往往无法分辨其究竟应对公益类国有企业的哪些亏损负责。公益类国有企业的亏损有些是由于承担政府的政策性负担造成的，有一些是由于企业自身经营管理不善造成的。政府对公益类国有企业的软预算约束一方面会导致具有道德风险的管理者将企业全部亏损都算到政府头上，政府对其亏损的"买账"会助长企业过度投资等非效率投资行为；另一方面处于信息劣势的政府承担了企业的全部亏损，使财政补贴增加，降低了资本的配置效率。

软预算约束作为一种负向激励机制，使公益类国有企业的内部治理机制不同程度地失效，导致公益类国有企业对政府援助的过度依赖。公益类国有企业对政府救助的稳定预期扭曲了企业内部的资金配置，降低了资本成本对投资决策的约束能力，使公益类国有企业在政府的庇佑下更易滋生非效率投资行为。因此，政府必须通过规制资本成本指标的严格考核，硬化其所出资企业的预算约束，培养企业的自力更生能力。

（2）恢复商业银行债务相机治理功能。政府一方面通过财政预算向国有企业提供补贴或给予税收优惠；另一方面政府会要求其控制的国有商业银行向不符合贷款标准的国有企业发放贷款，或借款企业签订借款合约后并不严格遵守还款条件，而银行却不能使之破产（蔡吉甫，2012）。由此来看，在政府财政不足以补贴国有企业亏损时，政府会通过对国有商业银行实施软预算约束，使国有商业银行成为公益类国有企业的软预算约束支持体，导致银行信贷对投资决策的相机治理功能对软预算约束下的国有企业并未奏效。因此，政府首先要对国有商业银行实行硬预算约束，改善对国有商业银行的治理模式，使国有商业银行的事前放贷决策规范化、事后监督功能有效化，恢复债务资本成本对公益类国有企业的过度投资治理功能。

（3）加快剥离国有企业所肩负的政策性负担。《指导意见》及《国务院关于印发降低实体经济企业成本工作方案的通知》均强调加快剥离国有企业办社会职能和解决历史遗留问题，建立政府和国有企业合理分担成本的机制，减轻企业负担，增强企业投资决策的独立性（齐平和李彦锦，2017），这也是硬化国有企业预算约束的重要前提条件。同时，政府要明确区分公共管理职能与国有资产出资人管理职能，将应由政府履行的职责从企业中剥离出去，将应由企业拥有的自主决策权回归企业，切勿模棱两可。因此，国有企业分类改革要求政府要进一步剥离国有企业的政策性负担，为国有企业硬化预算约束、优化公司治理结构、效率投资决策提供环境条件。

综上所述，政府在积极引导公益类国有企业为社会提供产品和服务的同时，建立基于资本成本锚的公益类国有企业成本控制考核，企业内部决策和治理以及外部监管的目标实现都以规制资本成本的实现为基础。同时，公益类国有企业的范围应进一步细化，将公益类国有企业中的非公益性业务剥离出去，逐步硬化其预算约束，恢复债务资本成本对过度投资的相机治理功能，并适当提高公益类国有企业的治理成本、监管成本，使其建立严格规范的成本控制体系，优化内部控制体系，为规制资本成本锚定效应的发挥做好服务。

2. 基于资本成本锚的公益类国有资产保值增值考核设计

公益类国有企业的改革是国有企业改革的主要矛盾所在（卫祥云，2013）。按照《指导意见》要求，公益类国有企业的监管目标是社会效益的最大化。同时，公益类国有企业可以根据不同特点有区别地考核经营业绩指标和国有资产保值增值情况。公益类国有企业的特殊目标决定着其组织形式、运行机制、监管模式等不能笼统地效仿现代企业制度，包括其国有资产保值增值考核体系的建设、规制资本成本的锚定机制设计，均需结合其公益性质，因企施策。

（1）保持国有独资的性质，适当引入市场机制。公益类国有企业以提供公共产品和服务为主要目标，首先要保障社会公众福利，然后才可以追求经营业绩能力。这类企业往往需要政府进行规制，确保其不损害公众福利。公益类国有企业虽然一般采取国有独资形式，但具备条件的也可以推行投资主体多元化，比如通过购买服务、特许经营、委托代理等方式，鼓励非国有企业参与经营，作为提高公益类国有企业公共服务效率和能力的市场化手段。

公益类国有企业不需要赚太多钱，但必须要按照成本收益原则进行决策（石涛，2017），增强成本意识，摒弃以往不计成本、盲目决策导致国有资产使用效率低下的行事作风。公益类国有企业的成本要得到控制，公共产品和服务质量要得到保证，服务好广大民众。

（2）强化管资本职能，落实保值增值责任。国有企业名义上为人人所有，实际上却人人都没有，虽然很多部门和单位都在管理它，但没有人真正对它负责。我国国有企业的委托代理链条混乱，所有者虚位，找不到可以真正为国有企业负责的最终委托人，最终导致企业被内部人控制，并带来高额的代理成本和道德风险，造成国有资产流失。因此，确保国有资产保值增值的关键在于通过强化规制资本成本锚定作用，并找到一个能切实承担起严格考核规制资本成本责任的机构，也就是《指导意见》所提出的改组、组建国有投资、运营公司，突出国有资本运营，以市场化方式拉动国资委向管资本的职能要求转变。

通过组建国有资本投资、运营公司，打破了国资委身兼"裁判员"与"教练员"的局面，国资委只当"裁判员"，"教练员"的职责将由国有资本投资、运营公司行使。在"国资委—国有资本投资、运营公司—国有企业"的三层体制下，国资委是国有资本投资、运营公司的出资主体，对国有资本投资、运营公司履行出资人职责，同时授权国有资本投资、运营公司对授权范围内的国有资本履行出资人职责；而国有资本投资、运营公司作为国有资本市场化运作的专业平台，对所出资企业依法行使股东职责，制定合理的规制资本成本，并切实承担起规制资本成本的考核，实现国有资产保值增值责任。国资委一方面要对国有资本投资、运营公司的运作监管到位，确保其实现国有资产保值增值目标，另一方面也要保证国有资本投资、运营公司依法对所出资企业行使董事会职权。

（3）国有资本投资公司和运营公司的功能定位。针对管理国有资本成立的国有资本投资公司和运营公司是搭建起政府与企业之间的桥梁，一方面，国有资本投资公司和运营公司服务于国家和政府的战略意图；另一方面，国有资本投资公司和运营公司通过采取市场化、专业化的运作理念，以优化国有资本布局、实现国有资本保值增值为己任（骆家镕和李昌振，2016）。国有资本投资公司、运营公司的成立能够使国有资本与各类社会资本联合，降低两类国有企业的资本成本，放大其国有资本功能；也可逐步将国有资本从不适合国有资本继续投入的产业中转移出来，投入到真正的公益领域，投向可以体现国有资本功能的行业中去，使国有资本的投资效率和社会效益都大大增加。

（4）资本成本与经济增加值（EVA）考核。传统的会计利润考核没有考虑股权资本成本，会计账面利润不能体现真正的利润，而 EVA 指标考虑了投入资本成本，是企业净经营利润减去所投入的所有资本成本（包括债务资本成本和股权资本成本）后的差额，如果差额为正，才意味着企业真正实现了盈利；如果差额为负，就意味着国有资本的流失。EVA 指标把总成本分为两部分，分别是显性机会成本（全部生产经营成本）与隐性机会成本（资本成本，即公益类国有企业的规制资本成本）。可以说，EVA 指标反映了管理层能够创造和提高价值的所有方面，是企业财富真正增长之所在。

因此，EVA 指标考核对资本成本锚定的公益类国有企业治理具有重要意义：首先，基于规制资本成本的考核方式，能够切实反映出公益类企业的生产经营活动对股东财富最大化目标的实现程度，强化了资本成本意识及价值创造理念。其次，能够引导和约束管理层明晰对所有者的责任，努力降低成本，提高资金使用效率，实现国有资产保值增值要求。最后，EVA 考核方式使公益类国有企业的业绩评价更加客观可靠，将业绩考核与管理层薪酬钩挂，业绩升，则薪酬升，业绩降，则薪酬降，形成业绩考核与薪酬分配协同联动的高效激励约束机制。

综上所述，公益类国有企业主要保持单一的国有形式，也可以适当引入市场机制；要精简国资委对公益类国有企业的监管事项，通过改组、组建国有投资、运营公司对公益类国有企业进行资本成本规制，借助其市场化平台、专业化运作，放大国有资本功能，形成价值增值的内生动力；采取基于规制资本成本的 EVA 考核方式，切实反映管理层的价值创造能力及对股东财富的贡献能力，形成业绩考核与薪酬分配的协同联动。

10.3 资本成本锚定的商业类国有企业投资效率提升机制设计

与公益类国有企业不同，商业类国有企业要按照市场化要求实行商业化、资本化运作，实行优胜劣汰、有序推进。若能提高盈利能力，商业类国有企业就应该积极引入其他国有资本或各类非国有资本实现股权多元化，国有资本可以绝对控股、相对控股，也可以参股。商业类国有企业注重经济效益，这意味着对商业类国有企业的考核侧重于竞争力、盈利能力等"赚钱"能力指标。商业类国有企业尤其是充分竞争领域的商业类国有企业未来将更多承担为国家和人民创造财富的职能。

商业类国有企业的这种职能和目标决定了它要以股东财富最大化作为其行为导向，而股东财富最大化目标的实现需要以资本成本作为其投资决策的基准，因为只有投资报酬高于资本成本的投资项目才具有投资价值，才能使股东财富增加。

10.3.1 基于项目资本成本锚的商业类国有企业投资规则设计

本书第 3 章已经论证并检验：针对静态锚，商业类国有企业实施 IPO 或者配股、增发新股融资等的当年及次年，其资本成本静态锚锚定效应相对发挥较好。但以各层级资本成本为比较基础，公司股权资本成本、行业资本成本，以及公司加权平均资本成本对资本投资的锚定作用明显，而项目资本成本的静态锚定作用体现不足。针对动态锚，上一年资本成本动态锚较本年度资本成本动态锚的锚定作用强，说明动态锚有一定的滞后惯性。从层级来看，公司加权平均资本成本对锚定效应较强，其次是公司股权资本成本，而后是项目资本成本与行业资本成本。

如前所述可知，"锚定效应"锚值的选择非常关键。锚值既可以是理性的，也可以是非理性的；既可以是提供信息的数值，也可以是不提供信息的数值；既可以是随机数值，也可以是相关数值。这意味着，如果科学理性的锚值没有发挥作用，那么这个决策一定是无效率的；如果一个不科学的锚值即使发挥了锚定作用，那由它所锚定的决策也肯定是有偏的，决策效率不会很高。对于商业类国有企业而言，为了真正实现股东财富最大化目标，其投资决策应当基于项目风险估算项目资本成本，并以项目资本成本为基准进行项目投资。因此，为了能够真正提高我国商业类国有企业的投资效率，建立基于项目资本成本锚定的商业类国有企业投资规则必要而且可行。

1. 项目资本成本的锚定作用

以企业为起点，资本成本按层级（应用对象）向下深入至企业内部，相应地产生部门资本成本、项目资本成本，反之，上行至行业乃至国家层面，相应地产生不同行业的资本成本乃至不同国家的资本成本（汪平和邹颖，2012）。所谓项目资本成本，是投资者基于项目风险所提出的合理的报酬率要求，反映了投资者对资本投资的利益诉求，并作为投资者利益保护的基准。

当前，很多企业在操作资本成本的锚定作用时存在一个误区，即笼统地采用一个资本成本数值（企业层面总的资本成本）作为企业所有投资项目的取舍标准。很显然，这是一种非理性行为。资本成本是投资者基于风险所要求的补偿，不可能企业所有的投资项目都具有相同的风险，因而以同一资本成本作为所有投资项目取舍基准的做法是欠妥的。

商业类国有企业的发展要充分遵循市场经济规律和企业发展规律，以提高经营业绩和资产保值增值为首要任务。资产保值增值有赖于企业的投资活动，这就需要决策者能够科学、理性地辨别投资机会的优劣，从众多投资项目中筛选出能够增加股东财富的项目进行投资。正确做法是：商业类国有企业应该基于项目风险估算项目资本成本，以项目资本成本作为投资项目的折现率来对投资机会做出取舍，也就是发挥项目资本成本的基准性锚定作用。

2. 以项目资本成本约束投资规模

商业类国有企业无须借助政府规制来进行定价，要充分发挥市场的作用，按照市场决定资源配置的要求，使商业类国有企业成为充满生机活力的市场主体。商业类国有企业投资决策应置于项目资本成本的严格约束之下。理性的投资活动应表现为投资规模与资本成本的负相关关系，当资本成本上升时，企业应当缩减投资规模；当资本成本下降时，原来不具有投资价值的项目可能变得具有价值，企业应适当增大投资规模。

项目资本成本应充分反映项目风险，而企业资本成本高低归根结底取决于企业所投资的所有项目的风险水平。基于成本收益原则，能否获得高于项目资本成本的收益是评价项目是否具有投资价值，是否能对投资者利益做出增量贡献的唯一标准。只有保证所有投资项目都是以项目资本成本为基准做出的理性投资行为，企业的全部投资规模才能始终保持在企业资本成本约束的最优投资范围内。

3. 以项目资本成本约束投资效率

244

由于企业的投资活动是由一系列的投资项目组成的，因此，必须围绕项目来落实资本成本对投资决策的锚定约束作用。这也是资本成本锚定下的商业类国有企业投资规则与公益类国有企业投资规则的不同之处。具体而言，公益类国有企业是以规制资本成本作为其投资决策的基准，而商业类国有企业是以项目资本成本作为其投资决策的基准。究其原因，公益类国有企业需要依赖政府规制来实现其社会公益目标，而商业类国有企业遵循市场经济规律追求经营业绩的股东财富最大化。二者在企业使命与运行机制上的不同决定了资本成本对两类国有企业投资决策锚定作用的差异化影响路径。

只有确保商业类国有企业的投资活动完全按照项目资本成本的约束进行决策，才能保证其投资行为是富有效率的。相反，若罔顾项目资本成本的约束，对预期收益高于项目资本成本的项目不予投资，或对预期收益低于项目资本成本的项目进行投资，都会使投资决策发生偏离。前者会导致投资不足，后者会导致投资过度，都是投资效率的损失。只有使商业类国有企业的全部投资项目均置于项目资本成本的严格约束下，才能使企业投资向效率化方向靠拢。

10.3.2　基于股权资本成本的商业类国有企业价值管理体系设计

股权资本投资者又称为股东，是企业的所有者，是企业剩余收益的享有者，也是企业经营风险和财务风险的承担者，其资本投资报酬的实现有赖于企业科学有效的投资决策，而投资决策质量又与企业内部治理质量密不可分；债务资本投资者又称为债权人，债权人的利益由契约约定，受到法律保护，与企业治理质量关系不明显。因此，本小节内容基于股权资本成本视角，通过设计科学有效的企业价值管理体系，来保障商业类国有企业经济效益目标、资产保值增值目标的实现。《指导意见》将我国商业类国有企业按其主业所处的行业和领域细分为商业一类和商业二类两类①。本书在设计商业类国有企业的价值管理体系时也要包含二者的差异性。

1. 股权资本成本与股东利益保护机制

虽然商业一类与商业二类的社会属性成分存在差异，但二者均是以经济效益为首，社会效益为辅的商业类国有企业，均以股东财富最大化作为企业的理财目标。因此，我们认为商业类国有企业有效的股东利益保护机制必须受到股权资本成本的严格约束。

具体地，股权资本成本对股东利益保护的约束机制如下：首先，股东基于风险报酬对等原则，依据其对商业类国有企业进行投资的风险程度明确自己的报酬率要求。其次，股东的报酬率要求对企业而言即为股

245

---

① 所谓商业一类是主业处于充分竞争行业和领域的商业类国有企业，在发展目标上，重点考核经营业绩指标、国有资产保值增值和市场竞争能力；在运行方式上，原则上都要实行公司制股份制改革，要积极引入其他国有资本或各类非国有资本实现股权多元化，国有资本可以绝对控股、相对控股，也可以参股。而商业二类是主业处于关系国家安全、国民经济命脉的重要行业和关键领域、主要承担重大专项任务的商业类国有企业，在目标考核上，在考核经营业绩指标和国有资产保值增值情况的同时，加强对服务国家战略、保障国家安全和国民经济运行、发展前瞻性战略性产业以及完成特殊任务的考核；在运行方式上，要保持国有资本控股地位，支持非国有资本参股。也就是说，商业二类的社会属性要强于商业一类，因此，强调商业二类国有资本的控股地位以及对商业二类社会公益目标的考核。

权资本成本，企业以股权资本成本为数量约束开展投资活动，实现价值增值。最后，企业通过向股东派发股利、资本利得等形式增加股东财富，使股东收获高于其要求报酬率的投资报酬，从而使股东利益得到保障。因此，股权资本成本可以视为股东利益保护的量化基准。这就警示董事会和管理层必须清晰地了解股东对企业投资的报酬率要求，并以此为据选择报酬率高于或等于项目资本成本的投资项目，为股东创造价值。

2. 股权资本成本与"管资本"监管机制

《关于改革和完善国有资产管理体制的若干意见》指出，国有资产管理体制的改革方向就是从管人管事管资产，转向管资本为主，而改组组建国有资本投资公司、运营公司是实现管资本为主的重要途径。通过改组组建国有资本投资公司和运营公司，形成了政府与市场之间的"隔离带"，不再由国有资产监管机构直接对所监管企业履行出资人权利，而是改由国有资本投资公司、运营公司对所授权国有企业履行出资人权利。《国务院国资委以管资本为主推进职能转变方案》也进一步指出，要加快实现以管企业为主向以管资本为主的转变。而"管资本"本质上就是对股权资本成本的监管，即为了实现股东利益保护，国有资本投资公司和运营公司要以股权资本成本为基准来管理国有资本。

国有股权的资本成本作为国有资本管理的理性化牵引，其最终通过锚定商业类国有企业的各级别投资决策而实现对国有企业的价值管理和创造。以资本成本为锚，国有资本投资、运营公司也可以通过将国有资本从低效、无效的产业中脱身出来，转而投向于股东投资报酬率高于股权资本成本的产业中去，最终切实承担起国有资产保值增值责任。

因此，管资本的出发点与落脚点均为实现国有资产保值增值，而这一目标的实现需要国有资本投资、运营公司把股权资本成本作为其决策基准，借助国有资本投资、运营公司市场化的运作理念及专业化的操作团队，通过股权运作、价值管理、有序进退，提高资本回报，实现保值增值。

3. 股权资本成本与股东制衡机制

我国商业类国有企业股权结构的问题在于其股权结构不能在比例和类型上形成有效的制衡。由于商业类国有企业主要肩负提高经营业绩、国有资产保值增值和提高市场竞争能力的使命，简言之，这类企业被设定的功能是"多赚钱"，因此，对商业类国有企业而言，国有资本可以绝对控股、相对控股，也可以参股。商业类国有企业应致力于股权结构的优化，使股权结构在比例和类型上形成有效的制衡，完善商业类国有企业价值管理体系。商业类国有企业股权结构的优化与调整要考虑商业一类和商业二类社会属性上的差异性，有针对性地调整两类商业类国有企业的股权结构，使股东之间形成较为合理的平衡维持机制（王建文和刘伟，2016）。

　　一方面，在比例上，商业类国有企业存在一股独大和国有股持股比例过高的问题，因此，这类企业要有针对性地削减国有股持股比例，使国有资本比例逐步降低，同时，考虑到商业二类肩负着一定的社会目标，要保证这类企业中国有资本的控股地位。另一方面，在类型上，商业类国有企业要遵循市场经济规律和企业发展规律，积极引入其他各类非国有资本实现多元化股权的科学、理性混合。无论是股权比例的调整，还是股权类型的调整，其实都是对股权资本成本的调整。从价值创造的角度讲，股权结构的优化应当以降低股权资本成本为基准。通过股权结构不断优化调整，使不同性质的股东基于必要报酬率的满足进行重新博弈而达到股权资本成本最低化的均衡状态，从而形成基于合理报酬率要求的股东利益制衡机制。

　　总之，商业类国有企业的发展要逐步淡化"国有"色彩，强化政府"无为而治"思想，更多依靠市场运作和市场竞争。以股权资本成本作为股东价值创造的核心参数、以项目资本成本作为企业项目投资的基准，利用股权资本成本和项目资本成本的自然传导属性，保证两者协调一致将价值创造贯穿于企业经营的全过程，致力于"把蛋糕做大"，在提高企业绩效的同时，实现国有资本的保值增值。从技术上讲，只有在科学地测算和确定国有股权资本成本的前提下，商业类国有企业的价值管理体系才有了核心的锚定基准。

10.3.3　商业类国有企业投资配套保障机制设计

　　商业类国有企业在项目资本成本锚定作用下进行有效的投资决策，实现企业价值的增值，而股权资本成本锚定的股利政策则是其实现股东财富最大化理财目标的重要手段。同时，有效的公司治理机制是商业类国有企业效率投资的科学保障。因此，本节内容从分红制度设计与公司治理结构设计两个方面来制定商业类国有企业的投资配套保障机制。

1. 基于股权资本成本的商业类国有企业分红制度设计

股东财富的增加主要来源于两个方面：一个是企业派发的现金股利，另一个是股票价格波动而产生的资本利得。长期以来，我国国有企业倾向于漠视政府股东的投资者身份，无视对投资者的利益回报，股利支付意识淡薄，甚至采取零股利政策。虽然近年来我国政府机构通过颁布相关的政策法规来引导和监督国有企业进行股利支付，但效果令人不甚满意，这其中一个重要原因在于这些政府强制分红制度设计比较粗糙，都忽视了设定合理的股权资本成本、利用基于风险确定的股权资本成本来锚定国有企业股利政策。

因此，商业类国有企业董事会和管理层应将股利政策的制定置于股权资本成本的严格约束之下。一方面，股利政策的制定要能够实现股东的报酬率要求，股东按照风险报酬匹配原则适时调整自己的要求报酬率，而股东所获得报酬（包括现金股利和资本利得）必须要高于其要求报酬率（即股权资本成本）才能实现股东利益保护；另一方面，股利政策的制定必须确保企业的长远可持续发展，即以股权资本成本来约束股利支付率的大小，形成企业盈余在股利支付与留存收益再投资之间的理性分配。

（1）留存与分红的权衡。股利的支付构成了投资者报酬的一部分，股利支付与否，或者分红与否直接关乎股东切身利益，国有企业的分红政策是国有企业股东财富最大化目标是否得以实现的直接反映。商业类国有企业在项目资本成本的约束下通过效率投资决策为企业创造价值，涉及的是如何把蛋糕做大的问题，而国有企业的分红政策则为投资者提供了分享经济成果的机会，涉及的是如何合理分配蛋糕的问题，是有效沟通企业价值创造与股东财富持续增加的重要通道。

企业盈余不外乎有两种去向，一是用于支付股利，二是用于留存收益进行在投资。合理的分红设计必然是在理性权衡企业盈余的去留问题之后而做出的分配决策。一方面，基于投资者利益保护考虑，企业必须向国有股东分派合理数量的部分盈余，以保障股东能够获得超过其要求报酬率的收益；另一方面，盈余对企业而言是一种重要的融资来源，企业必须根据所面临的投资机会留存合理的盈余用于再投资，以使企业能够长远可持续发展。

值得注意的是，企业盈余无论是用于分红，还是用作留存收益再投资，都是以股权资本成本的满足程度作为重要基准。分红水平的高低直接反映了股利报酬率的高低，现金分红与资本利得一起构成股东要求报酬率即股权资本成本的满足，并且分红水平的高低直接决定了可用于再投资的留存收益规模，而留存收益再投资的规则便是以此股权资本成本为基础计算出某项目资本成本作为该投资项目的取舍基准。因此，合理的分红政策必然是在管理当局综合考虑股东即时回报目标与企业可持续发展目标的前提下，以股权资本成本为数量约束，在权衡盈余留存与分红后做出的理性决策。

（2）分红制度设计的核心：分红比例的确定。2007 年以来，我国国有企业改革出台了国有企业分红的重大举措，使政府股东的投资者身份逐渐得到重视。为了使国有企业树立对政府股东的投资回报意识，政府以明示的方式向被投资的国有企业提出分红要求，具体地，政府对不同行业提出了不同的分红比例要求。虽然政府明示方式可以在一定程度上保护投资者利益，但这种"一刀切"的分红比例规定只能是当时的权宜之计。随着国有企业分类改革的进一步深化，政府对商业类国有企业不断"放权让利"，商业类国有企业的运作逐渐回归市场导向，此时，由政府明示分红比例的方式显然不再妥当。因此，分红比例的确定是分红制度设计的核心问题。

国有企业的分红制度理应是公司的内部决策行为，是属于公司自治范畴的事项，其设计出发点与落脚点应当是最大化股东财富（陈艳等，2015）。毕竟，分红政策是企业的财务政策，而非国家的宏观经济政策，我国现实国情或许要求国有企业分红政策需要政府的强行管制，但长久来看，国有企业的分红问题就应该是企业内部的股利决策问题，应当以国有企业股东的股权资本成本为决策基准来决定分红比例的高低，使分红水平在国有企业可持续发展与股东财富享受之间达到均衡。

如果国有企业采用股份制管理，管理当局在设计分红机制时还要将股市特征考虑在内，在配合股东实际获得的资本利得基础上通过调整分红水平来实现股东要求报酬率的满足。具体地，在股市繁荣时期，投资者能够获得较多的资本利得以满足其股权资本成本，这时，企业可以降低分红水平，以增加留存收益，留存收益作为其内部融资来源，能够避免外源融资伴随的高资本成本现象。相反，在股市低迷时期，投资者的资本利得下降，为满足股东的报酬率要求即股权资本成本，企业应适当提高分红水平，避免股东财富减损。

综上所述，国有企业分红制度设计的基本理念如下：第一，国有企业分红决策是一种企业行为，是属于企业自治范畴的事项，政府应对商业类国有企业放权让利，形成商业类国有企业积极分红的内生动力。第二，分红决策是为投资决策服务的次要决策，分红政策的设计不仅要着眼于现金分红水平是否提高，更要关注现金分红能力和资本投资效率是否改善（陈艳等，2015）。第三，以股权资本成本为基准合理确定分红比例，形成分红与留存合理分配的局面，分红本身是为了满足股东报酬率要求，留存收益再投资的决策规则依然是以资本成本为准绳的净现值法则，资本成本使盈余去留形成了有机统一。因此，国有企业分红制度的设计要兼顾国有企业股东财富最大化目标及企业可持续发展目标，以股权资本成本为依据，结合国有企业的未来投资机会，实现公司盈余在分红与留存之间的合理分配。

2. 基于股权资本成本的商业类国有企业公司治理结构设计

（1）公司治理使命。公司治理结构是有关企业内部控制权的配置及其制衡关系，是有关企业内部激励约束关系的一整套制度安排（黎精明，2013）。良好的公司治理结构是保障企业投资效率提升的重要配套措施。现代企业所有权和经营权的分离是激励企业提高其公司治理质量的客观条件。所有权归股东所有，经营权归管理层所有。股东会在风险与报酬相互权衡的基础上，提出自己的理性报酬率要求，并以此作为对管理层让渡经营权的基本要求。因而，公司治理旨在通过设计一系列合理有效的激励约束机制，以保障管理层能够高效率地运用股东投入的资本，进而创造出能够满足股东最低要求报酬率的企业价值。

资本成本是投资者根据其承担的风险所提出的报酬率要求，也是企业进行资本投资的最低报酬率要求。企业的投资者包括股东与债权人两类。其中，债权人报酬率要求的满足由契约约束，受到法律机制保护，不需要在公司治理机制及管理行为中予以较多关注；股东报酬率要求的满足则有赖于管理层有效率的投资决策，而企业效率投资决策实现的机制保障之一就是建立高效的公司治理结构。

股权资本成本不仅是企业股东的最低要求报酬率，也是公司治理的重要锚定因素。在有效的公司治理体系中，管理者要凭借自己的经营智慧使企业的生产经营活动创造出符合股权资本成本要求的剩余现金流量，为股东提供满足其报酬率要求的收益，实现股东财富的持续增加，为股东持续增资提供动力。因此，公司治理的使命便是实现股东所要求的报酬率——股权资本成本，从而为股东获取报酬提供保护机制。

（2）完善国有企业法人治理结构。董事会、管理层、监事会作为公司治理体系的重要组成成分，要明确分工、各司其职、恪守本分。其中，董事会作为公司的决策机构，以股东财富最大化为决策依据，是股东利益保护的重要机制，要对股东负责；管理层是公司的执行机构，要凭借有效的资金运转为股东财富的持续增加奠定价值基础；监事会作为公司的监督机构，要对董事会、管理层成员的职务行为进行有效监督。值得注意的是，在我国国有企业中，普遍存在董事长兼任总经理的现象，且董事长或总经理主要由政府任命，导致董事会的决策受到政府行为的制约，严重影响了国有企业的公司治理质量。因此，作为国有企业治理结构优化的重要途径，国有企业必须完善董事会组成结构、积极探索推行职业经理人制度、提高监事会的独立性与权威性，使董事会、管理层及监事会均以股东财富最大化为行为向导，妥善解决国有企业治理体系权责不清、约束不够、缺乏制衡等问题，形成真正市场意义上的委托代理关系，而非行政意义上的委托代理关系（戚聿东和刘健，2013）。

（3）设计高管薪酬契约。在所有权与经营权两权分离的公司治理现状下，管理层很容易出于自利动机而倾向于偏离委托人的意愿行事，而股东却无法及时有效地进行监督和制约，从而出现逆向选择和道德风险等代理问题，进而导致公司理财行为的异化。因此，如何解决委托人与代理人之间的冲突对公司理财及公司治理意义重大。

根据代理理论（Jensen and Meckling，1976），必须要进行有效的薪酬契约设计实现激励相容来减轻代理冲突，而高管薪酬激励便是降低代理成本的重要手段。高管薪酬包括货币薪酬和股权薪酬两部分，分别构成了短期激励机制和长期激励机制。其中，股权激励是将管理层与股东利益协调一致的核心机制，是提升公司治理质量的重要手段。我国自

2006 年开始正式推行股权激励制度以来，越来越多的上市公司开始采取股权激励措施，管理层持股已经成为比较普遍的现象（张东旭等，2016）。股东通过授予管理层股份，让高管以股东身份参与企业经营决策、分享红利并承受相应风险，实现双方利益的趋同。

高管薪酬激励机制的本质就是股东与管理层之间利益的相互协调，使高管行为与股东利益紧密结合起来。通过货币激励或股权激励，将管理层利益与股东利益挂钩，约束管理层行为，使对管理者的监督约束由他励转变为自励。正因为高管薪酬激励机制着眼于使管理层以股东财富最大化为行为导向，因此，有效的高管薪酬激励机制必然处于股权资本成本的严格约束下，实现高管薪酬与股权资本成本的协同联动。

股东以股权资本成本作为其对管理层让渡资本使用权的报酬率要求。股东将资本的使用权让渡给管理层之后，管理层工作质量的优劣便会影响到股东财富的增减。因此，为确保股东财富增加，须以股东股权资本成本的满足程度作为回馈管理层工作质量的约束因素。管理层高效的工作质量可以降低股东对企业经营风险、治理风险、投资风险的预期，从而降低股东对企业投资的报酬率要求，即股权资本成本，当股权资本成本下降时，管理层通过优秀的管理质量而创造出的公司盈余在满足股东要求报酬率后，会有更多的留存收益用于再投资，从而为企业创造更多的价值。由此可见，管理层凭借高质量的管理行为可以获得股权资本成本的降低，此时，必须调高管理层薪酬以示激励；相反，当股权资本成本上升时，应调低管理层薪酬以示惩戒（汪平等，2014）。因此，高管薪酬设计必须能够及时反映出股权资本成本的波动，只有这样，高管薪酬制度才能充分有效地发挥其对管理者行为的激励与约束功能。

综上所述，公司治理结构的设计旨在保障商业类国有企业效率投资行为的实现，使商业类国有企业在实现股东财富最大化的基础上，通过优秀的管理行为实现价值创造的最大化，那么，如何约束管理者行为，缓解委托代理双方的利益冲突便成了公司治理的首要问题。首先，必须优化公司治理结构，明确董事会、管理层、监事会各利益相关者的权责定位，政府股东对商业类国有企业仅强调股东身份，弱化行政型治理，完善经济型治理（陈霞等，2017）；其次，通过合理的高管薪酬设计形成对管理者行为的有效激励约束机制，即要将股权资本成本的波动灵敏地反映到高管薪酬的调整中，实现对管理者行为的科学调控。

参 考 文 献

[1] 白云霞、邱穆青、李伟：《投融资期限错配及其制度解释——来自中美两国金融市场的比较》，载于《中国工业经济》2016年第7期。

[2] 白重恩、刘俏、陆洲、宋敏、张俊喜：《中国上市公司治理结构的实证研究》，载于《经济研究》2005年第2期。

[3] 北京大学中国经济研究中心宏观组：《产权约束、投资低效与通货紧缩》，载于《经济研究》2004年第9期。

[4] 蔡吉甫：《双重软预算约束、银行负债与过度投资》，载于《河北经贸大学学报》2012年第1期。

[5] 曹书军：《资本成本、现金持有与公司投资》，重庆大学博士学位论文，2010年。

[6] 曹晓军、胡达沙、吴杰：《我国上市公司股权融资效率问题探讨》，载于《科技管理研究》2007年第3期。

[7] 陈红兵、连玉君：《财务弹性对企业投资水平和投资效率的影响》，载于《经济管理》2013年第10期。

[8] 陈仕华、李维安：《并购溢价决策中的锚定效应研究》，载于《经济研究》2016年第6期。

[9] 陈霞、马连福、丁振松：《国企分类治理、政府控制与高管薪酬激励——基于中国上市公司的实证研究》，载于《管理评论》2017年第3期。

[10] 陈信元、靳庆鲁、肖土盛、张国昌：《行业竞争、管理层投资决策与公司增长/清算期权价值》，载于《经济学（季刊）》2014年第1期。

[11] 陈艳：《经济危机、货币政策与企业投资行为——基于中国上市公司数据》，载于《经济与管理研究》2012年第11期。

[12] 陈艳、李鑫、李孟顺：《现金股利迎合、再融资需求与企业

投资——投资效率视角下的半强制分红政策有效性研究》，载于《会计研究》2015 年第 11 期。

[13] 陈艳、杨鹏程：《科技型中小企业投资的双重融资约束分析》，载于《宏观经济研究》2015 年第 6 期。

[14] 陈运森、谢德仁：《网络位置、独立董事治理与投资效率》，载于《管理世界》2011 年第 7 期。

[15] 董保宝：《风险需要平衡吗：新企业风险承担与绩效倒 U 型关系及创业能力的中介作用》，载于《管理世界》2014 年第 1 期。

[16] 董裕平：《公司的资本成本与投资理性——来自沪深上市公司的证据》，载于《证券市场导报》2007 年第 11 期。

[17] 窦欢、张会丽、陆正飞：《企业集团、大股东监督与过度投资》，载于《管理世界》2014 年第 7 期。

[18] 樊纲、王小鲁、朱恒鹏：《中国市场化指数》，经济科学出版社 2014 年版。

[19] 顾功耘、胡改蓉：《国企改革的政府定位及制度重构》，载于《现代法学》2014 年第 3 期。

[20] 顾乃康、万小勇：《财务弹性与企业投资的关系研究》，载于《管理评论》2011 年第 23 期。

[21] 韩录：《基于资本成本的我国企业股东利益保护研究》，首都经济贸易大学博士论文，2011 年。

[22] 郝云宏、汪茜：《混合所有制企业股权制衡机制研究——基于"鄂武商控制权之争"的案例解析》，载于《中国工业经济》2015 年第 3 期。

[23] 何平、金梦：《信用评级在中国债券市场的影响力》，载于《金融研究》2010 年第 4 期。

[24] 何青：《我国上市公司的投资行为研究：基于新古典理论的检验》，载于《当代财经》2006 年第 2 期。

[25] 何玉、唐清亮、王开田：《碳信息披露、碳业绩与资本成本》，载于《会计研究》2014 年第 11 期。

[26] 霍晓萍：《异质机构投资者持股对资本成本的影响研究——基于沪深 A 股上市公司的数据》，载于《经济问题》2015 年第 9 期。

[27] 金宇超、靳庆鲁、宣扬：《"不作为"或"急于表现"：企业

投资中的政治动机》，载于《经济研究》2016 年第 10 期。

［28］靳庆鲁、孔祥、候青川：《货币政策、民营公司投资效率与公司期权价值》，载于《经济研究》2012 年第 5 期。

［29］康玉梅：《股权资本成本估算模型比较及合理界域研究》，首都经济贸易大学博士论文，2013 年。

［30］黎精明：《财政分权视角下的国有企业投融资效率研究》，中国财政经济出版社 2013 年版。

［31］李斌、徐富明、张军伟等：《内在锚与外在锚对锚定效应及其双加工机制的影响》，载于《心理科学》2012 年第 1 期。

［32］李常青、魏志华、吴世农：《半强制分红政策的市场反应研究》，载于《经济研究》2010 年第 3 期。

［33］李群峰：《动态面板数据模型的 GMM 估计及其应用》，载于《统计与决策》2010 年第 16 期。

［34］李延喜、曾伟强、马壮、陈克兢：《外部治理环境、产权性质与上市公司投资效率》，载于《南开管理评论》2015 年第 1 期。

［35］李悦、熊德华、张峥、刘力：《中国上市公司如何制定投资决策》，载于《世界经济》2009 年第 2 期。

［36］厉以宁、程志强：《中国道路与混合所有制经济》，商务印书馆 2014 年版。

［37］刘洪玉、徐跃进、姜沛言：《房地产企业投资的资本成本敏感性》，载于《清华大学学报（自然科学版）》2015 年第 6 期。

［38］刘建丽、张文珂、张芳芳：《中央国有企业投资管控效率队股东回报的影响——基于国有企业股权多元化目标的研究》，载于《中国工业经济》2014 年第 8 期。

［39］刘金叶、高铁梅：《我国企业投资对财政货币政策冲击反应的实证分析》，载于《技术经济与管理研究》2009 年第 6 期。

［40］刘明旭、向显湖：《环境不确定性、企业特征与财务柔性》，载于《宏观经济研究》2014 年第 4 期。

［41］刘淑莲、胡燕鸿：《中国上市公司现金分红实证分析》，载于《会计研究》2003 年第 4 期。

［42］刘星、刘伟：《监督，抑或共谋？——中国上市公司股权结构与公司价值的关系研究》，载于《会计研究》2007 年第 6 期。

[43] 刘行、叶康涛:《公司的避税活动会影响投资效率吗?》,载于《会计研究》2013 年第 6 期。

[44] 陆正飞、杨德明:《商业信用:替代性融资,还是买方市场?》,载于《管理世界》2011 年第 4 期。

[45] 罗明琦:《公司产权、代理成本与公司投资效率——基于中国上市公司的经验证据》,载于《中国软科学》2014 年第 7 期。

[46] 骆家镕、李昌振:《国有企业改革:分类、设计及实施》,载于《经济与管理研究》2016 年第 5 期。

[47] 马春爱、韩新华:《基于不同生命周期的财务弹性与投资效率关系》,载于《系统工程》2014 年第 9 期。

[48] 马连福、王丽丽、张琦:《混合所有制的优序选择:市场的逻辑》,载于《中国工业经济》2015 年第 7 期。

[49] 毛新述、叶康涛、张颐:《上市公司权益资本成本的测度与评价》,载于《会计研究》2012 年第 11 期。

[50] 欧瑞秋、李捷瑜、李广众、李杰:《部分民营化与国有企业定位》,载于《世界经济》2014 年第 5 期。

[51] 欧阳凌、欧阳令南、周红霞:《股权制度安排,信息不对称与企业非效率投资行为》,载于《当代经济科学》2005 年第 4 期。

[52] 彭方平、王少平:《我国利率政策的微观效应——基于动态面板数据模型研究》,载于《管理世界》2007 年第 1 期。

[53] 戚聿东、刘健:《深化国有企业改革的方向和路径——"深化国有企业改革研讨会"观点综述》,载于《中国工业经济》2013 年第 12 期。

[54] 齐平、李彦锦:《混合所有制改革与国有企业投资效率提升》,载于《中州学刊》2017 年第 1 期。

[55] 曲琛、罗跃嘉:《难以觉察的虚假信息锚定效应》,载于《自然科学进展》2008 年第 8 期。

[56] 饶品贵、岳衡、姜国华:《经济政策不确定性与企业投资行为研究》,载于《世界经济》2017 年第 2 期。

[57] 申慧慧、于鹏、吴联生:《国有股权、环境不确定性与投资效率》,载于《经济研究》2012 年第 7 期。

[58] 沈红波:《市场分割、跨境上市与预期资金成本——来自

Ohlson – Juettner 模型的经验证据》，载于《金融研究》2007 年第 2 期。

[59] 石涛：《在"五大转变"中推进公益类国企改革》，载于《文汇报》，2017 年 7 月 24 日。

[60] 宋文阁、刘福东：《混合所有制的逻辑：新常态下的国企改革和民企机遇》，中华工商联合出版社 2014 年版。

[61] 孙学玉、周义程：《公用事业：概念与范围的厘定》，载于《江苏社会科学》2007 年第 6 期。

[62] 唐雪松、周晓苏、马如静：《上市公司过度投资行为及其制约机制的实证研究》，载于《会计研究》2007 年第 7 期。

[63] 佟爱琴、马星洁：《公司宏观环境、产权性质与企业非效率投资》，载于《管理评论》2013 年第 9 期。

[64] 汪平、兰京：《混合所有制会影响资本成本吗?》，载于《经济与管理评论》2016 年第 5 期。

[65] 汪平、苏明：《资本成本、公正报酬率与中国公用事业企业政府规制》，载于《经济与管理评论》2016 年第 3 期。

[66] 汪平、袁光华、李阳阳：《我国企业资本成本估算及其估算值的合理界域：2000 – 2009》，载于《投资研究》2012 年第 11 期。

[67] 汪平、张丽敏：《股权资本成本波动与现金股利的动态调整》，载于《投资研究》2016 年第 1 期。

[68] 汪平、邹颖、单令彬：《资本成本、政府规制与公益性国企效率最优》，载于《宏观经济研究》2014 年第 2 期。

[69] 汪平、邹颖、兰京：《异质股东的资本成本差异研究——兼论混合所有制改革的财务基础》，载于《中国工业经济》2015 年第 9 期。

[70] 汪平、邹颖：《预期报酬率之谜：到底如何估算预期报酬率?》，载于《财会通讯》2012 年第 28 期。

[71] 汪平、邹颖、袁光华：《预期报酬率约束与公司财务政策——来自中国上市公司的经验证据》，载于《财会通讯》2013 年第 30 期。

[72] 汪平、邹颖：《资本成本之谜：到底如何应用资本成本?》，载于《财会通讯》2012 年第 31 期。

[73] 王建文、刘伟：《我国商业类国有企业股权结构改革的法律化路径》，载于《湖北社会科学》2016 年第 7 期。

[74] 王菁、孙元欣：《资本市场的绩效压力与企业投资不足——

股权制衡和两职兼任的调节作用》，载于《山西财经大学学报》2014 年第 4 期。

[75] 王满、许诺、于浩洋：《环境不确定性、财务柔性与企业价值》，载于《财经问题研究》2015 年第 6 期。

[76] 王瑞：《现代管理科学理论与实践探索》，中国农业科学技术出版社 2006 年版。

[77] 王文兵、干胜道、段华友：《企业财务保守、财务冗余与财务弹性的比较研究》，载于《华东经济管理》2013 年第 7 期。

[78] 王彦超：《融资约束、现金持有与过度投资》，载于《金融研究》2009 年第 7 期。

[79] 王义中、宋敏：《宏观经济不确定性、资金需求与公司投资》，载于《经济研究》2014 年第 2 期。

[80] 王志强、张玮婷：《上市公司财务灵活性、再融资期权与股利迎合策略研究》，载于《管理世界》2012 年第 7 期。

[81] 卫祥云：《国企改革新思路——如何把正确的事做对?》，电子工业出版社 2013 年版。

[82] 魏明海、黄琼宇、程敏英：《家族企业关联大股东的治理角色——基于关联交易的视角》，载于《管理世界》2013 年第 3 期。

[83] 魏明海、柳建华：《国企分红、治理因素与过度投资》，载于《管理世界》2007 年第 4 期。

[84] 魏志华、李茂良、李常青：《半强制分红政策与中国上市公司分红行为》，载于《经济研究》2014 年第 6 期。

[85] 温忠麟、张雷、侯杰泰、刘红云：《中介效应检验程序及其应用》，载于《心理学报》2004 年第 5 期。

[86] 吴超鹏、吴世农、程静雅、王璐：《风险投资对上市公司投融资影响的实证研究》，载于《经济研究》2012 年第 1 期。

[87] 武常岐、李稻葵：《混合市场中的企业行为》，载于《东岳论丛》2005 年第 1 期。

[88] 肖珉：《现金股利、内部现金流与投资效率》，载于《金融研究》2010 年第 10 期。

[89] 谢德仁：《企业分红能力之理论研究》，载于《会计研究》2013 年第 2 期。

［90］辛清泉、林斌、王彦超：《政府控制、经理薪酬与资本投资》，载于《经济研究》2007 年第 8 期。

［91］辛清泉、林斌、杨德明：《中国资本投资报酬率的估算和影响因素分析——1999 - 2004 年上市公司的经验》，载于《经济学》2007 年第 4 期。

［92］徐浩萍、吕长江：《政府角色、所有权性质与权益资本成本》，载于《会计研究》2007 年第 6 期。

［93］徐明东、陈学彬：《中国工业企业投资的资本成本敏感性分析》，载于《经济研究》2012 年第 4 期。

［94］徐明东、陈学彬：《中国工业企业投资的资本成本敏感性分析》，载于《经济研究》2012 年第 3 期。

［95］徐明东、田素华：《转型经济改革与企业投资的资本成本敏感性——基于中国国有工业企业的微观证据》，载于《管理世界》2013 年第 2 期。

［96］徐珊、黄健柏：《企业产权、社会责任与权益资本成本》，载于《南方经济》2015 年第 4 期。

［97］许年行、吴世农：《我国上市公司股权分置改革中的锚定效应研究》，载于《经济研究》2007 年第 1 期。

［98］雅诺什·科尔奈：《短缺经济学》，经济科学出版社 1986 年版。

［99］闫甜：《国企分红制度中的资本成本估算研究》，首都经济贸易大学，2008 年。

［100］杨红英、童露：《论混合所有制改革下的国有企业公司治理》，载于《宏观经济研究》2015 年第 1 期。

［101］杨清香、俞麟、胡向丽：《不同产权性质下股权结构对投资行为的影响——来自中国上市公司的经验证据》，载于《中国软科学》2010 年第 7 期。

［102］俞红海、徐龙炳、陈百助：《终极控股股东控制权与自由现金流投资过度》，载于《经济研究》2010 年第 8 期。

［103］喻坤、李治国、张晓蓉、徐剑刚：《公司投资效率之谜：融资约束假说与货币政策冲击》，载于《经济研究》2014 年第 5 期。

［104］曾爱民、傅元略、魏志华：《金融危机冲击、财务柔性储备和企业融资行为——来自中国上市公司的经验证据》，载于《金融研

究》2011 年第 10 期。

[105] 曾爱民、张纯、魏志华：《金融危机冲击、财务柔性储备和企业投资行为——来自中国上市公司的经验证据》，载于《管理世界》2013 年第 4 期。

[106] 张东旭、张姗姗、董小红：《管理者权力、股权激励与盈余管理——基于倾向评分匹配法和双重差分法的分析》，载于《山西财经大学学报》2016 年第 4 期。

[107] 张会丽、陆正飞：《现金分布、公司治理与过度投资——基于我国上市公司及其子公司的现金持有状况的考察》，载于《管理世界》2012 年第 3 期。

[108] 张会丽、吴有红：《内部控制、现金持有及经济后果》，载于《会计研究》2014 年第 3 期。

[109] 张军、金煜：《中国的金融深化和生产率关系的再检测：1987－2001》，载于《经济研究》2005 年第 11 期。

[110] 张琳、廉永辉、辛兵海：《宏观经济不确定性、银行异质性和信贷供给》，载于《当代经济科学》2015 年第 4 期。

[111] 张敏：《管理者过度自信与企业投资研究》，中国人民大学出版社 2011 年版。

[112] 张淑英、杨红艳：《会计稳健性选择、资本成本与企业价值》，载于《宏观经济研究》2014 年第 1 期。

[113] 张文魁：《国企需要新一轮改革》，载于《中国经济报告》2013 年第 1 期。

[114] 张勋、徐建国：《中国资本回报率的再测算》，载于《世界经济》2014 年第 8 期。

[115] 张峥、孟晓静、刘力：《A 股上市公司的预期报酬率与投资报酬率——从内部报酬率的视角观察》，载于《经济研究》2004 年第 8 期。

[116] 赵华、张鼎祖：《企业财务柔性的本原属性研究》，载于《会计研究》2010 年第 6 期。

[117] 赵玉成：《利率变动对上市公司投资影响的实证研究》，载于《经济与管理》2006 年第 2 期。

[118] CCER "中国经济观察" 研究组、卢锋：《我国资本回报率估测（1978—2006）——新一轮投资增长和经济景气微观基础》，载于

《经济学（季刊）》2007 年第 3 期。

［119］中国经济增长前沿课题组：《中国经济转型的结构性特征、风险与效率提升路径》，载于《经济研究》2013 年第 10 期。

［120］周伟贤：《投资过度还是投资不足——基于 A 股上市公司的经验证据》，载于《中国工业经济》2010 年第 9 期。

［121］周县华、吕长江：《股权分置改革、高股利分配与投资者利益保护——基于驰宏锌锗的案例研究》，载于《会计研究》2008 年第 8 期。

［122］周一虹、芦海燕：《我国上市公司重污染行业投资报酬率高吗？——基于我国 A 股上市公司 1990 - 2007 年经验数据的实证研究》，载于《科学经济社会》2011 年第 1 期。

［123］邹颖、汪平、李思：《公司投资供给效应的资本成本约束》，载于《经济管理》2016 年第 4 期。

［124］邹颖、汪平、张丽敏：《中国上市公司资本成本的理性估算与国际比较》，载于《世界经济文汇》2017 年第 1 期。

［125］Abel, A. B. , and J. CEberly. The Effects of Irreversibility and Uncertainty on Capital Accumulation. Journal of Monetary Economics, Vol. 44, No. 3, December 1999, pp. 339 - 377.

［126］Agha, M. , and R. Faff. An investigation of the asymmetric link between credit re-ratings and corporate financial decisions: "Flicking the switch" with financial flexibility. Journal of Corporate Finance, Vol. 29, No. 2, 2014, pp. 37 - 57 .

［127］Allen, F. , J. Qian, and M. Qian. Law, Finance, and Economic Growth in China. Journal of Financial Economics, Vol. 77, 2005, pp. 57 - 116.

［128］Almeida, H. , M. Campelloand, and M. S. Weisbach. The cash flow sensitivity of cash. Journal of Finance, Vol. 59, No. 4, 2004.

［129］Arellano, M. , and S. Bond. Some Tests of Specification for Panel Data: Monte Carlo Evidence and an Application to Employment Equations. Review of Economic Studies, Vol. 58, No. 2, December 1991, pp. 277 - 297.

［130］Arslan - Ayaydin, Ö. , C. Florackis, and A. Ozkan. Financial flexibility, corporate investment and performance: Evidence from financial crisis. Review of Quantitative Finance and Accounting, Vol. 42, No. 2, 2014.

[131] Averch, H., and L. L. Johnson. Behavior of the Firm under Regulatory Constraint. American Economic Review, Vol. 52, No. 5, 1962.

[132] Baker, S., N. Bloom., and S. Davis. Measuring Economic Policy Uncertainty. The Quarterly Journal of Economics, Vol. 131, 2016, pp. 1593 – 1636.

[133] Baumol, W. J., and A. K. Klevorick. Input Choices and Rate-of-return Regulation: An Overview of the Discussion. Bell Journal Of Economics And Management Science, Vol. 1, No. 2, 1970.

[134] Beaudry P., M. Caglayan, F. Schiantarell. Monetary Instability, the Predic tability of Prices, and the Allocation of Investment: An Empirical Investigation Using U. K. Panel Data. The American Economic Review, No. 91, 2001, pp. 648 – 662.

[135] Bernanke, B. S., and K. N. Kuttner. What Explains the Stock Market's Reaction to Federal Reserve Policy. Journal of Finance, No. 60, 2005, pp. 1221 – 1257.

[136] Brandt, L., and H. Li. Bank Discrimination inTransition Economies: Ideology, Information, or Incentives? Journal of Comparative Economics, No. 31, 2003, pp. 387 – 413.

[137] Brealey, R. A., S. C. Myers, and F. Allen. Brealey, Myers, and Allen on Valuation, Capital Structure, and Agency Issues. Journal of Applied Corporate Finance, Vol. 20, No. 4, 2008, pp. 49 – 57.

[138] Brigham, Eugene F., and Michael C. Ehrhart. Financial Management: Theory and Practice. 12thed. Mason, Ohio: ThomsonSouth – Western, 2008.

[139] Brigham, F. Hurdle Rate for Screening Capital Expenditure Proposals. Financial Management, Vol. 4, No. 3, 1975, pp. 17 – 26.

[140] Chapman, G., and E. Johnson. Incorporating the Irrelevant: Anchors in Judgments of Belief and Value. Gilovich, T., D., Griffin and D., Kahneman. Heuristics and Biases, Cambridge University Press, Vol. 19, No. 1, 2002, pp. 120 – 138.

[141] Chatelain, B., A. Generale, I. Hernando, U. VonKalckreuth,

and P. Vermeulen. New Findings On Firm Investment and Monetary Transmission in the Euro Area. Oxford Review of Economic Policy, No. 1, 2003, pp. 73 – 83.

[142] Chatelain, J., A. Generale, I. Hernando, et al. New Findings on Firm Investment and Monetary Transmission in the Euro Area. Working Papers, 2002.

[143] Chen, G., M. Firth, and O. Rui. Have China's Enterprise Reforms Led to Improved Efficiency and Profitability? Emerging Markets Review, No. 1, 2006, pp. 82 – 109.

[144] Cheng, M., B. Lin, and M. Wei. How Does the Relationship between Multiple Large Shareholders Affect Corporate Valuations? Evidence from China. Journal of Economics and Business, Vol. 70, 2013, pp. 43 – 70.

[145] Chirinko, R. S., S. M. Fazzari, and A P. Meyer. How Responsive is Business Capital Formation to Its User Cost? An Exploration with Micro Data. Journal of Public Economics, Vol. 74, No. 1, 1999, pp. 53 – 80.

[146] Chordia, T., A. Sarkar, and A. Subrahmanyan. An Empirical Analysis of Stock and Bond Market Liquidity. Review of Financial Studies, Vol. 18, No. 1, 2005, pp. 85 – 129.

[147] Cronqvist, H., and R. Fahlenbrach. Large Shareholders and Corporate Policies. The Review of Financial Studies, Vol. 22, No. 10, 2009, pp. 3941 – 3976.

[148] Cull, R., and L. C. Xu. Institutions, Ownership and Finance: the Determinants of Profit Reinvestment among Chinese Firms. Journal of Financial Economics, No. 77, 2005, pp. 117 – 146.

[149] Damodaran online, http://pages. stern. nyu. edu/adamodar.

[150] Dean, J. Capital Budgeting. New York: Columbia University Press, 1951.

[151] DeAngelo, H., and L. DeAngelo. Capital structure, payout policy and financial flexibility. University of Southern Calfornia, Working paper, 2007.

[152] DeAngelo, H., and L. DeAngelo. The Irrelevance of the MM Dividend Irrelevance Theorem. Journal of Financial Economics, No. 79, 2006,

[153] DeAngelo, H. , L. DeAngelo. and T. M. Whited. Capital structure dynamics and transitory debt. Journal of Finance and Economics, Vol. 99, No. 2, 2011.

[154] Denis, D. J. and S. B. McKeon. Debt financing and financial flexibility: Evidence from proactive leverage increases. Review of Financial Studies, Vol. 25, No. 6, 2012.

[155] Denis D J, Osobov I. Why Do Firms Pay Dividends? International Evidence on the Determinants of Dividend Policy. Journal of Financial Economics, Vol. 89, 2008, pp. 62 – 82.

[156] Duchin, R. , O. Ozbas, and B. Sensoy. Costly external finance, corporate investment and the subprime mortgage crisis. Journal of Finance and Economics, Vol. 97, No. 3, 2010.

[157] Edwards, J. R. , and L. S. Lambert. Methods for Integrating Moderation and Mediation: A General Analytical Framework Using Moderated Path Analysis. Psychological Methods, Vol. 12, No. 1, 2007, pp. 1 – 22.

[158] Elton, E. J. Expected Return, Realized Return, and Asset Pricing Tests. Journal of Finance, Vol. 54, No. 4, 1999, pp. 1199 – 1220.

[159] Epley, N. , and T. Gilovich. Are Adjustments Insufficient? Personality and Social Psychology Bulletin, Vol. 30, No. 4, 2004, pp. 447.

[160] Epley, N. , and T. Gilovich. The Anchoring-and-adjustment Aeuristic: Why the Adjustments are Insufficient. Psychological Science, Vol. 17, No. 4, 2006, pp. 311.

[161] Epley, N. , and T. Gilovich. When Effortful Thinking Influences Judgmental Anchoring: Differential Effects of Forewarning and Incentives on Self-generated and Externally Provided Anchors. Journal of Behavioral Decision Making, Vol. 18, No. 3, 2005, pp. 199 – 212.

[162] Ezra Solomon. Measuring a Company's Cost of Capital. The Journal of Business, 1955.

[163] Fama, E. , and K. French. Multifactor Explanations of Asset Pricing Anomalies. The Journal of Finance, Vol. 5, No. 1, 1996, pp. 55 – 84.

[164] Fama, E. F. , and K. R. French. Industry Costs of Equity. Journal of Financial Economics, Vol. 43, No. 2, pp. 153 – 193.

［165］ Fama, E. F. , and K. R. French. The Corporate Cost of Capital and the Return on Corporate Investment. The Journal of Finance, Vol. 54, No. 6, 1999, pp. 1939 – 1967.

［166］ Fama E F, French K R. Disappearing Dividends: Changing Firm Characteristics or Lower Propensity to Pay. Journal of Financial Economics, Vol. 60, 2001, pp. 3 – 43.

［167］ Fama E F, French K R. Testing Trading – Off and Pecking Order Predictions about Dividends and Debt. Review of financial Studies, Vol. 15, 2002, pp. 1 – 33.

［168］ Fazzari, S. R. , H. Glenn, and P. Bruce. Financing Constraints and Corporate Investment. Brooking Papers on Economic Activity, 1988, pp. 141 – 195.

［169］ Fazzari S, Hubbard R G, Petersen B C. Financing Constraints and Corporate Investment. Brookings Paper on Economic Activity, Vol. 26, 1988, pp. 141 – 195.

［170］ Fiegenbaum, A. , S. Hart, and L. Dan. Strategic Reference PointTheory. Strategic Management Journal, Vol. 17, 1996, pp. 219 – 235.

［171］ Franco, M. , and M. H. Miller. The Cost of Capital, Corporation Finance and the Theory of Investment. American Economic Association, No. 3, 1958, pp. 261 – 297.

［172］ Gamba, A. and A. Triantis. The value of financial flexibility. Journal of Finance, Vol. 63, No. 5, 2008.

［173］ Giaccotto, C. , J. Golec, and J. Vernon. New Estimates of the Cost of Capital for Pharmaceutical Firms. Journal of Corporate Finance, Vol. 17, No. 3, 2011, pp. 526 – 540.

［174］ Gilchrist, S. , and E. Zakrajsek. Investment and The Cost of Capital: New Evidence from the Corporate Bond Market. NBER Working Paper, No. 13174, 2007.

［175］ Gilchrist, S. , and E. Zakrajsek. Investment and the Cost of Capital: New Evidence from the Corporate Bond Market. Social Science Electronic Publishing, Vol. 10, No. 3, 2007, pp. 953 – 961.

［176］ Gilson, S. C. and J. B. Warner. Junk bonds, bank debt and financial flexibility. SSRN eLibrary, 1997.

[177] Gitman, L. J., and J. R. Forrest er. A Survey of Capital Budgeting Techniques Used by Major U. S. Firms. Financial Management, No. 6, 1977, pp. 66 – 71.

[178] Goldstein, R., N. J. Ju, and H. Leland. An ebit – based model of dynamic capital structure. Journal of Business, Vol. 74, No. 4, 2001.

[179] Graham, J. R. and C. R. Harvey. The theory and practice of corporate finance: Evidence from the field. Journal of Financial Economics, Vol. 60, No. 2 – 3, 2009.

[180] Gregory, A., and M. Michou. Industry Cost of Equity Capital: UK Evidence. Journal of Business Finance and Accounting, Vol. 36, No. 5 – 6, 2009, pp. 679 – 704.

[181] Hassett, K. A., and R. G. Hubbard. Tax Policy and Investment. National Bureau of Economic Research, No. 5683, 1996.

[182] Helm, D. InfrastructureInvestment, the Cost of Capital and Regulation: An Assessment. Oxford Review of Economic Policy, Vol. 25, No. 3, 2009.

[183] Higgins, R.. Analysis for financial management. Homewood, IL: Business One Irwin, 1992.

[184] Holderness, C. G. The Myth of Diffuse Ownership in the United States. The Review of Financial Studies, Vol. 22, No. 4, 2009, pp. 1377 – 1408.

[185] Hoshi T, Kashyap A, Scharfstein D. Corporate Structure, Liquidity, and Investment: evidence from Japanese Industrial Groups. Quarterly Journal of Economics, No. 11, 1991, pp. 33 – 60.

[186] Jacowitz, K. E., and D. Kahneman. Measures of Anchoring in Estimation Tasks. Personality and Social Psychology Bulletin, Vol. 21, No. 11, 1995, pp. 1161 – 1166.

[187] Jaffee D M, Russell T. Imperfect Information, Uncertainty and Credit Rationing. Quarterly Journal of Economics, Vol. 90, No. 4, 1976, pp. 651 – 666.

[188] Jensen, M., and W. Meckling. Theory of the Firm: Managerial

Behavior, Agency Costs and Ownership Structure. Journal of Financial Economics, Vol. 3, No. 4, 1976, pp. 305 – 360.

［189］Jensen M C. Agency Costs of Free Cash Flow, Corporate Finance and Takeovers. American Economic Review, Vol. 76, May, 1986, pp. 324 – 329.

［190］Johnson, D. , R. Hies, and L. Boles. Alternative Reference Points and Outcome Evaluation: The Influence of Affect. Journal of Applied Psychology, No. 97, 2012.

［191］Jong, A. D, M. Verbeek, and P. Verwijmeren. Does financial flexibility reduce investment distortion? The Journal of Financial Research, Vol. 35, No. 2, 2012.

［192］Jorgenson, D. W. . Capital theory and investment behavior. American Economic Review Papers and Proceedings, Vol. 53, No. 2, 1963.

［193］Kahneman, D. , and A. Tversky. Prospect Theory: An Analysis of Decision under Risk. Econometrica, Vol. 47, No. 2, 1979, pp. 263 – 291.

［194］Kashyap A. K. , Stein J. C. and Wilcox D. E. Monetary Policy and Credit Conditions: Evidence from the Composition of External Finance. American Economic Review, No. 83, 1993, pp. 78 – 98.

［195］Kenneth, J. , McKenzie, Aileen J. Thompson. Taxes, the Cost of Capitaland Investment: A Comparison of Canada and the United States. Working Paper, 1997.

［196］Kester G. W. , R. Chang, E. S. Echanis et al. . Capital Budgeting Practices in the Asia – Pacific Region: Australia, Hong Kong, Indonesia, Malaysia, Philippines, and Singapore ［J］ . Financial Practice & Education, No. 9, 1999, pp. 25 – 33.

［197］Lamont O. Cash flow and investment: Evidence from internal capital markets. Journal of Finance, Vol. 52, No. 1, 1997, pp. 83 – 109.

［198］Li, DD. , and MS. Liang. Causes of the Soft Budget Constraint: Evidence on Three Explanations. Journal of Comparative Economics, No. 1, 1998, pp. 104 – 116.

［199］Lins, K. V. , H. Servaes, and P. Tufano. What drives corporate liquidity? An international survey of cash holdings and lines of credit. Journal of Financial Economics, Vol. 98, No. 1, 2010.

[200] Marchica, M. T. and R. Mura. Financial flexibility, investment ability and firm value: Evidence from firms with spare debt capacity. Financial Management, Vol. 39, No. 4, 2010.

[201] Maury, B., and A. Pajuste. Multiple Large Shareholders and Firm Value. Social Science Electronic Publishing, Vol. 29, No. 7, 2005, pp. 1813 – 1834.

[202] Merton, H. Miller, and Franco Modigliani. Dividend Policy, Growth, and the Valuation of Shares. The Journal of Business, 1961.

[203] Michael, C., and Ehrhart. The Search for the Value: Measuring the Company's Cost of Capital. Boston, MA: Oxford University Press, 1994.

[204] Miller, M. H., and F. Modigliani. Some Estimates of the Cost of Capital to the Electric Utility Industry, 1954 – 57. American Economic Review, Vol. 57, No. 3, 1966, pp. 333 – 391.

[205] Miller M, Modigliani F. Dividend Policy, Growth and Valuation of Shares. Journal of Business, Vol. 34, 1961, pp. 411 – 433.

[206] Minton, B. A., and C. Schrand. The Impact of Cash Flow Volatility on Discretionary Investment and the Costs of Debt and Equity Financing. Journal of Financial Economics, Vol. 54, No. 3, 1999, pp. 423 – 460.

[207] Modigliani, F., and M. H. Miller. The Cost of Capital, Corporate Finance and the Theory of Investment. American Economic Review, Vol. 48, No. 3, 1958, pp. 261 – 297.

[208] Modigliani, F., and M. H. Miller. The Cost of Capital, Corporation Finance, and the Theory of Investment. American Economic Review, Vol. 49, No. 4, 1959, pp. 655 – 669.

[209] Modigliani, F and Miller, M. H. The Cost of Capital, Corporate Finance, and the Theory of Investment. American Economic Review, Vol. 48, No. 1, 1958, pp. 178 – 197.

[210] Mojon, B., F. Smets, and P. Vermeulen. Investment and Monetary Policy in the Euro Area. Journal of Banking and Finance, Vol. 26, No. 11, 2002, pp. 2111 – 2129.

[211] Myers S C, Majluf N S. Corporate Financing and Investment De-

cisions When Firms Have Information That Investors do not have. Journal of Financial Economics, Vol. 13, No. 2, 1984, pp. 187 – 221.

[212] Myers S C. Determinants of Corporate Borrowing. Journal of Financial Economics, Vol. 5, No. 1, 1977, pp. 147 – 175.

[213] Opler, T. , L. Pinkowitza and R. Stulza. The determinants and implications of corporate cash holdings. Journal of Financial Economics, Vol. 52, No. 1, 1999.

[214] Richardson, S. Over-investment of Free Cash Flow. Review of Accounting Studies, No. 7, 2006, pp. 159 – 189.

[215] Riddick, L. A. and T. M. Whited. The Corporate propensity to save. Journal of Finance, Vol. 64, No. 4, 2009.

[216] Roodman, D. . How to do xtabond2: An introduction to difference and system GMM in Stata. Stata Journal, Vol. 9, No. 1, 2006.

[217] Rozeff M S. Growth, Beta and Agency Costs as Determinants of Dividend Payout Ratio. Journal of Financial Research, Vol. 5, 1982, pp. 249 – 259.

[218] Schaller H. Asymmetric Information, Liquidity Constraints and Canadian Investment. Canandian Journal of Economics, Vol. 26, 1993, pp. 552 – 574.

[219] Schmidt, U. Insurance Demand and Prospect Theory. Kiel Institute for the World Economy Working Paper, 2012.

[220] Schwartz, A. , J. Goldberg, and G. Hazen. Prospect Theory, Reference Points, and Health Decisions. Judgment and Decision Making, No. 5, 2008.

[221] Seth Armitage. The Cost of Capital: Intermediate Theory. Cambridge: Cambridge University Press, 2005.

[222] Shleifer, A. , and R. Vishny. Politicians and Firms. Quarterly Journal of Economics, No. 109, 1994.

[223] Simmons, J. P. , R. A. Leboeuf, and L. D. Nelson. The Effect of Accuracy Motivation on Anchoring and Adjustment: Do People Adjust from Provided Anchors? Journal of Personality and Social Psychology, Vol. 99, No. 6, 2010, pp. 917 – 932.

[224] Stack, F., and T. Mussolini. Explaining the Enigmatic Anchoring Effect: Mechanisms of Selective Accessibility. Journal of Personality and Social Psychology, No. 73, 1997, pp. 437 – 446.

[225] Stanovich, K. E., and R. F. West. Individual Differences in Reasoning: Implications for The Rationality Debate? Behavioral and Brain Sciences, Vol. 23, No. 5, 2000, pp. 665 – 726.

[226] Stein, J.. Agency, information and corporate investment. In George Constantinides, Milt Harris, and Rene Stulzed. Handbook of the Economics of Finance, Elsevier, 2003.

[227] Stiglitz J E, Weiss A. Credit Rationing in Markets with Imperfect Information. American Economic Review, Vol. 71, No. 3, 1981, pp. 393 – 410.

[228] Stones, C. J. Risk Sharing, the Cost of Equityand the Optimal Capital Structure of the Regulated Firm. Review Of Industrial Organization, Vol. 30, No. 2, 2007.

[229] Tobin, J. A General Equilibrium Approach to Monetary Theory. Journal of Money, Credit, Banking, Vol. 1, No. 1, 1969, pp. 15 – 29.

[230] Tversky, A., and D. Kahneman. Judgment under Uncertainty: Heuristics and Biases. Journal of Marketing Research, Vol. 185, No. 4157, 1974, pp. 1124 – 1131.

[231] Vogt, S. C. The Cash Flow/Investment Relationship: Evidence from U. S. Manufacturing Firms. Financial Management, No. 23, 1994, pp. 3 – 20.

[232] Von E H, Megginson W L. Dividends and Share Repurchases in the European Union. Journal of Financial Economics, Vol. 89, No. 2, 2008, pp. 347 – 374.

[233] Wang, Q., T. J. Wong, and L. J. Xia. State Ownership, Institutional Environment and Auditor Choice: Evidence from China. Journal of Accounting and Economics, Vol. 46, No. 1, 2008, pp. 112 – 134.

[234] Windmeijer, F. A.. Finite sample correction for the variance of linear efficient two-step GMM estimators. Journal of Econometrics, Vol. 126, No. 1, 2005.